더 많이 빚진 사람

◈ 박삼우 목사 설교집 ◈

쿰란출판사

설교집을 내면서

2019년 은퇴 후 이제 와서 설교집을 내는 것은 제 설교를 아는 모든 분에게 예의라는 생각이 들었기 때문입니다. 인터넷에 제 설교가 있지만 책에는 동영상에는 없는, 동영상과는 다른 격조가 있고 또 설교집은 한 사람의 설교에 대한 기념비적인 성격도 있습니다. 비록 소수일지라도 제 설교집을 갖고 싶은 분들이 있을 텐데, 이분들에게 제 설교집을 갖게 해 드리는 것이 예의라는 생각이 들었습니다.

제 삶의 흔적이라는 생각도 들었습니다. 서른한 살에 담임목사가 되어 본문의 의미가 무엇이며, 그 의미가 오늘 우리에게 무엇을 말씀하는가를 전하기 위해 나름 평생 씨름했는데, 설교집이 그 삶의 작은 흔적이 되겠다는 생각이 들었습니다.

나아가 한평생 설교할 수 있게 도우신 하나님의 은혜에 대한 감사의 표식도 될 수 있으리라 감히 생각했습니다.

그동안 제 설교에 특별한 내조를 한 아내에게 설교집이 좋은 선물이 되겠다 싶었습니다. 아내는 은퇴할 때부터 설교집을 내자고 했으니 설교집이 나오면 가장 기뻐할 것입니다. 가족에게도 좋은 선물이 되겠다 싶었습니다. 평생 설교자로 살아온 저를 아빠로 둔 두 딸이 있고, 장인으로 둔 두 사위가 있고, 할아버지로 둔 세 손주들이 있는데 이들에게도 설교집을 남기는 것이 옳겠다는 생각이 들었습니다.

제가 했던 설교 중 24편을 골랐습니다. 믿음을 위한 말씀, 은혜를 위한 말씀, 생활을 위한 말씀 각 6편과 시편 23편 연속 강해 6편입니다. 주제별 분류는 꼭 그렇게 맞는 것은 아닙니다. 모양새를 위해 인위적으로 구분한 면도 있습니다. 이 설교집이 나오도록 격려하고 도와주신 분들에게 감사드리며 사랑하는 부민교회 모든 교우와 지금도 저를 위해 기도해 주시는 모든 분, 그리고 이 설교집을 읽는 모든 분에게 하나님의 복을 빕니다.

2025년 11월
박삼우 목사

설교집을 내면서_   - 2

1부. 믿음을 위한 말씀

1. 복음(요 3:16)   - 8
2. 신앙인의 자화상(민 13:30-33, 14:8-9)   - 21
3. 두려워하지 말라(사 43:1-7)   - 34
4. 말씀을 향한 자세(행 2:42)   - 47
5. 옷에 손을 댄 여인(막 5:25-34)   - 61
6. 꿈이 무너질 때(롬 15:22-29)   - 75

2부. 은혜를 위한 말씀

1. 하나님의 사랑 확인(롬 5:6-10)   - 90
2. 더 많이 빚진 사람(눅 7:36-50)   - 103
3. 범사에 감사하라(살전 5:16-18)   - 116
4. 예수 이름의 의미(마 1:18-25)   - 129
5. 선으로 바꾸시는 하나님(창 50:15-21)   - 142
6. 사랑을 받는 마음(갈 4:12-20)   - 155

3부. 생활을 위한 말씀

1. 눈에 보이지 않는 것(마 25:1-13) — 170
2. 하나님께서 구하시는 것(미 6:6-8) — 183
3. 요나의 고민(욘 4:1-11) — 197
4. 뜻을 정한 사람들(단 1:8-17) — 210
5. 복 있는 사람(시 1:1-6) — 223
6. 실로암 망대 사건이 주는 말씀(눅 13:1-5) — 236

4부. 시편 23편 강해

1. 여호와는 나의 목자(시 23:1) — 250
2. 눕게 하시는 하나님(시 23:2) — 263
3. 소생시키시는 하나님(시 23:3) — 276
4. 사망의 음침한 골짜기(시 23:4) — 289
5. 넘치는 잔(시 23:5) — 302
6. 영원한 삶(시 23:6) — 315

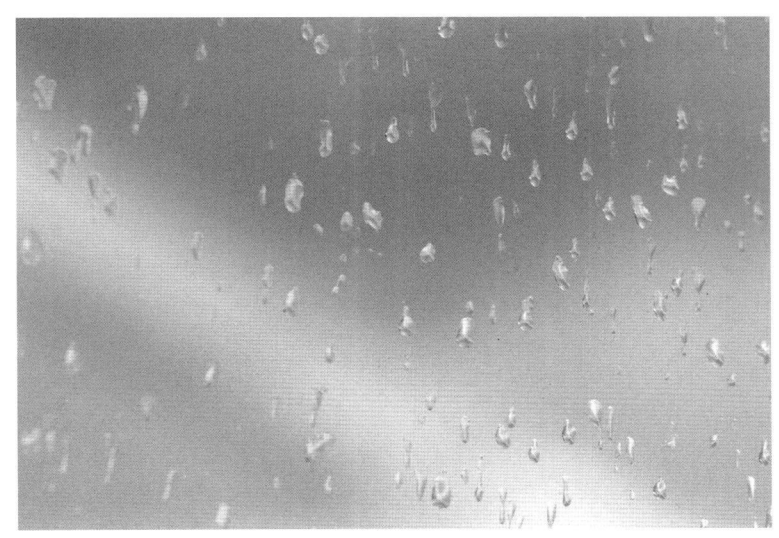

1부

믿음을 위한 말씀

1.
복음

(요 3:16)

    한 가지 질문을 하겠습니다. 세상에서 가장 기쁘고 좋은 소식은 무엇이겠습니까? 세상에서 가장 기쁘고 좋은 소식은 아마 사람마다 다를 것입니다. 예를 들어 원하는 대학에 시험을 치르고 결과를 기다리는 학생이 있다고 합시다. 그에게 가장 좋은 소식은 합격했다는 합격 통보입니다. 합격 통보가 그 가정에는 가장 기쁘고 좋은 소식일 겁니다. 또 예를 들어 어떤 사람이 중병으로 아주 위험한 수술을 받는다고 합시다. 가족들이 수술실 밖에서 초조하게 결과를 기다리고 있습니다. 그들에게 가장 기쁜 소식은 무엇이겠습니까? 수술을 마치고 나온 의사의 수술 성공했다는 통보입니다. 당연히 그럴 것입니다. 하나만 더 예를 들어봅시다. 죄를 짓고 교도소에 있는 사람이 있다고 합시다. 그에게 가장 기쁜 소식은 무엇이겠습니까? 대통령이 그를 사면해준다면 그에게는 이것이 가장 기쁘고 좋은 소식이 될 것입니다. 감옥에 있는 사람에게는 사면이야말로 가장 기쁘고 좋은 소식일 것입니다.

그런데 여러분, 이 모든 것보다 더 기쁘고 더 좋은 소식이 있습니다. 수험생에게 합격했다는 소식보다, 환자의 가족에게 수술이 성공했다는 소식보다, 죄수에게 사면령보다 더 기쁘고 좋은 소식이 있습니다. 그런 소식이 어떻게 있을 수 있느냐고요? 있습니다. 이 소식이 너무 좋아 우리는 이 소식을 '복음'이라고 부릅니다. 복음이란 말 그대로 '복된 소식'이라는 뜻입니다. 세상에서 제일 복된 소식이라는 뜻입니다. 저는 이 시간 여러분에게 바로 이 복음, 이 복된 소식을 알려드리겠습니다.

여기 성경 말씀이 있습니다. 함께 한 번 읽겠습니다.

> "하나님이 세상을 이처럼 사랑하사 독생자를 주셨으니 이는 그를 믿는 자마다 멸망하지 않고 영생을 얻게 하려 하심이라."

지금 제가 들고 있는 이 책이 성경책입니다. 성경책은 하나님의 말씀입니다. 하나님께서 사람들에게 감동을 주셔서 하나님의 말씀을 기록한 책입니다. 이 성경책 속에는 많은 내용이 있습니다. 그 모든 내용을 요약했다고 할 수 있는 말씀이 바로 오늘 이 말씀입니다. 이 짧은 말씀 속에 기독교의 진리가 다 들어 있습니다. 앞서 말씀드린 복음이 무엇인지 이 간단한 말씀 속에 나타나 있습니다.

여기 "하나님이 세상을 이처럼 사랑하사"라고 했습니다. 하나님이라고 했는데, 하나님이 누구입니까? 하나님은 천지 만물과 사람을 만드신 한 분밖에 없는 신입니다. 하나님은 사람을 만드셨고 천지 만물을 만드셨습니다. 사람과 천지 만물의 주인입니다. 한 분이라고 해서 하나, 하나님이라고 부릅니다.

하나님이 세상을 사랑하신다고 했는데, 여기 세상은 부산 혹은 대한민국, 이렇게 우리가 사는 이 세상을 말하는 것이 아닙니다. 세상은 세상에 있는 사람들을 가리킵니다.

세상을 사랑한다고 했으니 사람들 즉, 우리 인생을 사랑한다는 뜻입니다. 그렇습니다. 하나님은 우리를 사랑하십니다. 하나님은 여러분을 사랑하십니다. 여러분 중에서 많은 분이 지금까지 하나님의 사랑을 알지 못하고 살아왔습니다. 여러분은 하나님의 사랑을 몰랐지만, 하나님은 여러분을 사랑하고 계십니다.

'하나님이 우리를 사랑하신다, 하나님이 나를 사랑하신다.' 얼마나 놀라운 이야기인지 모릅니다. 여러분, 대통령이 나를 사랑해도 놀라운 이야기이지 않겠습니까? 그런데 천지 만물을 만드시고 온 세상의 주인이신 하나님이 나를 사랑하십니다. 나는 초라하고 보잘것없는 사람인데 이런 나를 하나님이 사랑하십니다. 참으로 신비로운 사실입니다. 여러분이 지금까지 그 사랑을 받지 못한 것은 그 사랑을 몰랐기 때문입니다. 여러분은 모르고 있었지만 하나님은 여러분을 사랑하고 계십니다.

이렇게 우리를 사랑하시는 하나님은 그 사랑의 표식으로 독생자를 주셨습니다. 오늘 성경말씀에 "하나님이 세상을 이처럼 사랑하사 독생자를 주셨으니"라고 했습니다. "이처럼 사랑하사"라는 말은 이만큼 사랑했다는 뜻인데 얼마만큼 사랑했습니까? 독생자를 주실 만큼 사랑하셨다는 것입니다. 하나님은 나를 사랑하셔서 나를 위해 독생자를 주셨습니다.

여러분, 누가 누구를 사랑한다고 할 때 어느 정도 사랑하는지를 어떻게 알 수 있습니까? 여러 가지로 알 수 있습니다만 가장 정확한 것이 무엇을 주느냐입니다. 무엇을 주는가? 사랑은 누가 뭐래도 주는 만큼 사랑이 있습니다. 보십시오. 사위가 오면 장모는 슈퍼마켓에 가서 좋은 재료를 사서 식사를 대접합니다. '우리 사위가 무슨 음식을 좋아하나? 무엇이 맛있나? 무엇이 몸에 좋은가?' 돈 드는 것, 비싼 것 상관없습니다. 정성껏 식사를 준비해서 사위를 대접합니다.

그렇게 해서 사위를 대접해 보냈는데 며칠 후 시골에서 시조카가 왔습니다. 시조카, 귀한 손님입니다. 역시 대접을 해야겠기에 슈퍼마켓에 갔습니다. 그런데 가서 물건을 보니 값이 왜 그렇게 비쌉니까? 동태 한 마리를 봐도 너무 비쌉니다. 며칠 동안에 물가가 올라서 그렇습니까? 아닙니다. 사위는 사랑하는데, 시조카는 사랑하지 않기 때문입니다. 그렇습니다. 사랑하면 줍니다. 주고도 아깝지 않습니다. 여러분, 자녀들에게 주지 않습니까? 희생하고 돌보고 학비도 주고 용돈도 주고 여러 가지를 줍니다. 주면서도 아깝지 않습니다. 오히려 줄 수 있어서 기쁩니다. 이유는 사랑하기 때문입니다. 그렇습니다. 사랑은 주는 것입니다. 주는 만큼 사랑이 있습니다.

하나님은 우리에게 독생자를 주셨습니다. 독생자란 쉽게 말하면 '외아들'이라는 뜻입니다. 하나님의 독생자, 하나님의 외아들은 예수님이십니다. 하나님은 우리를 사랑하셔서 외아들인 예수님을 우리를 위해 주셨습니다.

외아들이 어떤 아들입니까? 외아들이 얼마나 귀한 아들입니까? 외아들은 내 생명보다 더 귀한 아들입니다. 여러분, 여러분은 누군가를 사랑해서 그 사람에게 외아들을 줄 수 있겠습니까? 꿈도 못 꿀 일입니다. 그런데 하나님은 우리를 사랑하셔서 외아들을 주셨습니다. 있을 수가 없는 일인데, 이게 사실입니다.

주셨다는 말을 좀 더 설명해야 합니다. 예수님은 원래 하나님이십니다. 하늘나라에 계셨습니다. 이제 주셨기에 세상으로 옵니다. 우리에게로 오십니다. 그래서 예수님이 2천 년 전 베들레헴 마구간에 탄생하셨습니다. 그날이 크리스마스, 성탄절입니다. 세상에 오셔서 33년 동안 사시면서 그중 3년 동안 사역을 하셨습니다. 말씀을 전하셨고 병든 자를 고치셨습니다. 그리고 마지막에는 갖은 고난과 조롱을 다 당하시고 십자가에 못 박혀 죽으셨습니다.

십자가는 당시 로마제국 시대의 가장 흉악한 죄인을 처형하는 가장 고통스러운 사형틀입니다. 십자가를 땅에 놓고 그 위에 사람을 눕혀 양손과 양발에 못을 박습니다. 그리고는 일으켜 세워 고정시켜 놓습니다. 못 자국으로 살이 찢어져 떨어지지 않도록 양팔과 양다리를 십자가에 묶어 놓습니다. 그러면 손과 발의 못 자국으로 피가 흘러 극심한 고통 가운데 서서히 죽습니다. 이렇게 고통스러운 십자가

였기에 당시 가장 흉악한 죄인들만 십자가 처형을 했습니다. 로마 시민은 아무리 큰 죄를 지어도 십자가 처형을 하지 않았습니다.

하나님의 독생자, 예수님은 죄가 없으신 분입니다. 죄 없으신 하나님의 독생자께서 왜 십자가에서 죽으셨겠습니까? 이게 중요합니다. 바로 우리를 위하여 우리 죄를 대신해서 죽으신 것입니다. 우리가 받을 죄의 벌을 십자가에서 대신 받으신 것입니다.

우리는 다 죄인입니다. 흔히 나는 죄 없다고 생각하는 사람이 있습니다. 하지만 깊이 생각해 보십시오. 정말 죄가 없겠습니까? 우리는 늘 죄를 짓습니다. 말로 행동으로 무엇보다 마음으로 죄를 짓습니다. 세상에 죄 없는 사람은 한 사람도 없습니다. 죄가 없다고 생각하는 사람은 자신을 속이는 사람입니다. 우리는 다 죄인입니다. 내가 죄인이라는 것은 나 자신이 제일 잘 알고 있습니다.

죄는 거룩하고 의로우신 하나님 앞에서 용납될 수가 없습니다. 하나님 앞에서 죄는 벌을 받아야 합니다. 죄의 벌은 영원한 멸망입니다. 죄인은 영원히 멸망을 당해야 합니다. 그런데 하나님은 죄인인 우리를 사랑하십니다. 어떻게 해야 합니까? 여기 하나님의 딜레마가 있었습니다.

'아, 하나님이 온 세상의 주인이시니 하나님이 사랑하신다면 그냥 살려주면 될 것 아닌가?' 그렇지 않습니다. 여러분, 어떤 판사가 자기가 사랑하는 사람을 재판하게 되었습니다. 이 판사가 자기가 사랑하는 사람이라고 피고를 그냥 무죄 석방하면 어떻게 됩니까? 난리 납니다. 부패한 판사가 됩니다. 당장 옷 벗어야 합니다. 절대로 정의로운 판사라 할 수 없습니다.

하나님은 정의로우신 분입니다. 사랑하신다고 죄인을 그냥 살려주실 수는 없습니다. 그러면 정의로운 하나님일 수가 없습니다. 어떻게 해야 합니까? 사랑이 살려주려 하니 정의가 안 된다고 하고 정의대로 벌을 주려 하니 사랑이 가만히 있지를 않습니다. 이 문제를 어떻게 해결해야 합니까? 여기에서 나온 하나님의 지혜가 죄 없는 누군가가 대신 벌을 받으면 된다는 것입니다. 그런데 세상에 죄 없는 사람은 아무도 없습니다. 죄 없으신 분은 하나님의 독생자 예수님밖에 없습니다. 또 사람은 혹 죄가 없어도 한 사람이 한 사람밖에 대신할 수 없지만, 예수님은 하나님이시니 한 분이 모든 인류의 죄를 대신할 수 있습니다. 그래서 죄 없으신 예수님께서 우리 죄를 대신해서 십자가에서 죽으신 것입니다. 나 대신 십자가에서 죽으신 것입니다. 우리 대신 십자가에서 죄의 벌을 받으셨습니다.

미국의 한 아파트에서 대형 화재가 발생한 일이 있었습니다. 그 화재로 미처 빠져나오지 못한 많은 사람이 죽었습니다. 그런데 그 수많은 주검 가운데 보는 이들의 마음을 유독 안타깝게 하는 것이 있었습니다. 한 아파트에 아버지와 아기가 갇혔습니다. 주민들은 그 집에 아기와 아버지가 있다는 사실을 소방대원들에게 알려 주었습니다. 그러나 불길이 너무 심해 들어갈 수가 없었습니다. 불을 다 끄고 난 다음 소방대원들은 그 집을 뒤졌습니다. 아기와 아버지는 화장실에서 발견되었습니다. 그런데 놀랍게도 아기는 살아 있었습니다. 그 무서운 불 속에서 아이는 살아 있었습니다. 아기를 변기 속에 넣고 아버지가 그 위를 덮은 것입니다. 아버지는 아기의 방패막이가 되어 타죽었습니다. 그러나 그 아버지 덕분에 아기는 목숨을 건질 수 있었습니다.

예수님이 십자가에서 죽으신 것이 꼭 이와 같습니다. 죄에 대한 그 무서운 벌을 우리 대신 받으셨습니다. 우리가 하나님 앞에 지은 모든 죄의 벌은 주님 십자가에서 대신 받고 죽으신 것입니다. 하나님이 우리를 사랑하셔서 독생자 예수님을 우리 대신 죽음에 내어 주신 것입니다. 이 진리를 두고 성경은 하나님이 세상을 이처럼 사랑하사 독생자를 주셨다고 말씀하신 것입니다.

그다음 이는 그를 믿는 자마다 멸망하지 않고 영생을 얻는다고 했습니다. 순서를 바꾸어 멸망하지 않고 영생은 얻는다는 말씀을 먼저 설명하겠습니다. 영생을 얻는다고 했는데, 영생은 말 그대로 영원히 산다는 뜻입니다. 그냥 오늘 살고 내일 살고 이렇게 해서 영원히 산다는 뜻이 아닙니다. 그렇게 계속 살면 지루하지 않겠습니까? 영생은 하나님과 함께 영원히 사는 것입니다.

세상에서도 하나님과 함께 삽니다. 예수 믿는다고 내 환경이 바뀌는 것 아닙니다. 예수 믿어도 병에 걸립니다. 사업 잘못하면 실패합니다. 다른 사람들이 당하는 것 똑같이 당합니다. 겉모습 달라지는 것 없습니다. 그러나 이제부터는 마음속에 하나님이 오셔서 하나님과 함께 삽니다. 하나님과 함께 살기 때문에 하나님의 도움으로 어떤 환경에서도 기뻐합니다. 감사합니다. 참된 평안을 누립니다. 삶의 진정한 의미와 보람을 느끼며 삽니다.

그렇게 살다가 죽은 다음 천국에서 하나님과 함께 영원히 삽니다. 요즈음은 사람들이 임종을 대부분 병원에서 합니다. 제가 처음 목회할 때는 임종을 집에서 했습니다. 병원에 있던 분들도 세상 떠날 때가 되면 구급차에 싣고 집에 왔습니다. 그리고 임종할 때가 되면 저에게 와서 예배를 드려달라고 했습니다. 그래서 저는 사람들이 세상 떠나는 모습을 많이 지켜보았습니다.

죽음은 두렵고 무서운 것입니다. 그런데 예수님을 믿는 사람은 죽을 때 보면 그렇게 평안할 수가 없습니다. 제가 직접 두 눈으로 보았습니다. 죽음이 가까이 오는데 얼굴이 평안해집니다. 죽음 앞에서 정말 얼굴이 그렇게 환하고 평안할 수가 없습니다. 얼굴이 천사의 얼굴과 같습니다. 어떤 분은 죽기 이틀 전부터 귀에서 찬송 소리가 들린다고 했습니다. 찬송을 틀어놓지 않았는데 우리에게는 안 들리는데 세상 떠나는 그분은 귀에 찬송 소리가 들린다는 것입니다.

여기서는 미국이 보이지 않습니다. 그러나 비행기를 타고 태평양을 건너가면 미국이 보이기 시작합니다. 지금 우리 귀에는 천국의 찬송 소리가 들리지 않습니다. 그러나 이제 세상을 떠나는 사람들 그래서 천국에 점점 가까이 다가가는 사람들, 그들의 귀에는 천국이 가까워지니 천국의 찬송 소리가 들리는 것입니다. 여러분, 죽는 사람이 무슨 할 일이 없어 말을 지어내겠습니까? 이 사람들이 거짓말할 이유가 없습니다. 하고 싶다고 되는 일도 아닙니다. 실제 찬송 소리가 들리는 것입니다. 영생의 복을 누리게 되는 것입니다. 천국 가는 것입니다. 천국 가서 하나님과 함께 영원히 삽니다.

이제 중요한 것은 예수님은 우리 죄를 대신해서 죽으셨고 우리에게 영생을 예비하셨는데 어떻게 하면 내가 이 복을 받느냐는 것입니다. 어떻게 하면 내가 영생을 얻느냐는 것입니다. 간단합니다. 오늘 말씀에 뭐라고 했습니까? "이는 그를 믿는 자마다"라고 했습니다. 그를 믿으면 된다는 것입니다.

그를 믿는다는 말은 예수님을 믿는다는 뜻이고, 예수님을 믿는다는 말은 예수님이 나를 대신해서 십자가에서 죽으신 것을 믿는다는 뜻입니다. 왜 믿어야 합니까? 믿는다는 말은 받아들인다는 뜻입니다. 예수님이 나를 위해 십자가에 죽으셨다는 이 진리를 받아들이기만 하면 영생을 얻습니다. 그러나 믿지 않는 것은 받아들이지 않는 것입니다. 아무리 중요한 진리도 내가 받아들이지 않으면 소용이 없습니다.

보십시오. 여기 2층으로 된 유치원 건물에 불이 났다고 가정해 봅시다. 놀란 어린이들이 옥상으로 올라갔습니다. 아래에서 사람들이 푹신푹신한 것들을 많이 깔아놓고 뛰어내리라고 합니다. 뛰어내려도 다치지 않으니 뛰어내리라고 외칩니다. 이 말을 믿고 뛰어내리면 삽니다. 그러나 믿지 못해 뛰어내리지 못할 때 방도가 없습니다. 믿는다는 말이 바로 이런 뜻입니다. 이 진리를 내가 받아들이는 것입니다. 아무리 좋은 진리가 있어도 내가 받아들이지 않으면 나와 상관없습니다. 내가 그 진리를 받아들일 때 그 진리가 내 것이 됩니다. '예수님 내 죄를 대신해서 십자가에서 죽으셨다.' 이 진리를 믿을 때 내 문제가 해결되고, 영생을 얻습니다. 그러나 믿지 아니할 때 이 진리는 나와 아무 상관이 없습니다. 믿지 아니할 때 구원을 받을 수가 없습니다.

쉽게 한 번 더 예를 들어봅시다. 여기 불치의 병으로 죽어 가는 사람이 있습니다. 그 병을 고칠 수 있는 약을 발명했습니다. 이 약을 먹으면 삽니다. 그러나 아무리 좋은 약도 내가 먹지 않으면 소용없습니다. 먹어야 합니다. 받아들여야 합니다. 믿어야 합니다.

그런데 사람들이 이 진리를 믿지 않습니다. 크게 두 가지 이유가 있습니다. 하나는 확인해보지 않아서 못 믿겠다고 합니다. '천국이 있다고? 죽어서 확인해보아야 알지. 가보지도 못했는데 어떻게 아느냐' 생각합니다. 그런데 여러분, 보세요. 내가 죽었다고 합시다. 죽었는데 지옥이 앞에 딱 놓여 있으면 어떻게 하시겠습니까? 그때는 세상으로 다시 돌아와서 예수님을 믿을 수가 없습니다. 때는 늦었습니다. 돌이킬 수가 없습니다. 어떻게 할 수가 없습니다. 지금 믿어야 합니다.

한번 생각해 보십시오. 여러분, 세상의 진리를 내가 다 알고, 내가 다 경험하고, 믿습니까? 아닙니다. 한번 생각해보세요. 내가 경험하지 않아도 믿을 만한 것은 믿습니다. 내가 믿는 것들 중 내가 경험한 것보다 경험하지 않는 것이 훨씬 더 많습니다. 경험하지 않아도 믿을 만한 것은 믿습니다.

하나만 생각해 봅시다. 앞서 이천 년 전에 십자가는 당시 가장 흉악한 사형틀이라고 했습니다. 그런데 지금 십자가를 그렇게 생각하는 사람 아무도 없습니다. 지금 십자가는 무엇입니까? 평화와 생명의 상징입니다. 영세 중립국 스위스를 비롯하여 많은 나라의 국기가 십자가입니다. 병원의 표지가 십자가고 약국의 표지가 십자가입니다. 사람을 살리고 도와주는 대표적 기구가 적십자사입니다. 그 끔찍한 사형틀이 어떻게 이렇게 바뀌었습니까? 예수님이 십자가에 못 박히셨기 때문입니다. 예수님이 십자가에 못 박혀 평화의 생명을 이루셨기 때문에 십자가가 평화와 생명의 상징으로 바뀐 것입니다. 이 사실 하나만 해도 십자가 사건은 믿을 만한 진리입니다. 내가 경험해 보지 못해도 믿을 것은 믿어야 합니다.

또 한 가지, 사람들은 구원의 길이 너무 쉬워서 믿지를 않습니다. 구원을 얻으려면, 영생을 얻으려면 내가 무엇인가를 해야지 어떻게 그렇게 쉽게 얻을 수 있느냐고 생각합니다. 세상 모든 종교가 그렇습니다. 구원을 얻으려면 내가 선행을 많이 해야지, 도를 닦아야지, 공로를 쌓아야 된다고 생각합니다. 그런데 "예수님이 나 대신 십자가에 죽으셨으니 나는 믿기만 하면 된다"라고 하면 너무 쉬워서 받아들이지 않습니다. 세상에는 공짜가 없다는 생각이 있습니다. 그런데 믿기만 하면 공짜로 구원받는다고 하니 잘 믿지를 못합니다.

하지만 여러분, 생각해 보십시오. 우리는 어차피 죄인들입니다. 죄인들이 공로를 세우면 얼마나 세우겠습니까? 착한 일을 하면 얼마나 하겠습니까? 우리는 아무리 착한 일을 많이 해도 하나님 앞에 내어놓으면 헌 누더기와 같습니다. 아무것도 아닙니다. 착한 일로, 공로로 되는 것이 아닙니다. 믿기만 하면 됩니다. 믿으면 영생을 얻습니다. 예수를 믿기로 결심합시다. 예수를 믿기로 결단함으로 영생을 얻는 여러분 되기를 바랍니다.

2.
신앙인의 자화상

(민 13:30-33, 14:8-9)

　서울의 어느 대형 교회 목사님이 하신 이야기입니다. 교회의 직원 중에 항상 우울하고 어두운 한 여성 직원이 있었습니다. 모든 일에 소극적이고 부정적이었습니다. 한번은 두 주간 휴가를 가졌는데 휴가를 마치고 와서는 사람이 완전히 다른 사람이 되었습니다. 어둡고 부정적이던 사람이 밝고 명랑하게 바뀌었습니다. 매사에 의욕적이요 적극적인 사람으로 바뀌었습니다. '어떻게 두 주간이라는 짧은 기간에 이렇게 바뀔 수가 있을까?' 목사님 신기했습니다. 그래서 휴가 기간에 무슨 일이 있었냐고 물었답니다. 그랬더니 그 여직원이, "목사님, 목사님만 아셔야 해요." 다짐을 받더니 한다는 말이 휴가 기간 중에 코를 성형수술 했다는 겁니다. 전에는 코가 못생겨서 부끄러워 남자들을 똑바로 쳐다보지도 못했답니다. 남자들뿐 아니라 여자들 앞에도 자신 있게 설 수가 없었습니다. 심지어 사람들이 "너는 왜 코가 그렇게 못생겼니?" 비웃는 것 같았답니다. 그렇게 열등감에 사로잡혀 있었는데 코를 성형수술을 하고 나니 얼굴에 자신이 생기면서 사람이 완전히 바뀌어버린 것입니다. 그런데 그 목사님의 그다음 말이 재미있습니다. 여직원의 말을 듣고 자기가 여직원의 코를 자세히 살펴보았는데 아무리 보아도 어떻게 달라졌는지 모르겠더라고 했습니다.

그 여직원에게 실제 중요했던 것은 코가 아니라 자신의 생각이었습니다. 이전에는 스스로 못났다고 생각했고, 이제는 스스로 잘생겼다고 생각합니다. 나는 어떤 사람이라는 이 생각, 내가 잘 생겼다, 못생겼다. 나는 어느 정도라는 이 자신의 평가, 이게 자화상입니다. 자기가 그린 자기 모습, 자화상, 이 자화상이 중요하다는 진리입니다. 자화상을 어떻게 그리는가, 여기에 따라 어떤 삶을 사느냐가 결정됩니다. 스스로 무능하고 못났다고 자화상을 그리는 사람, 무능한 삶을 살 수밖에 없습니다. 스스로 무능하다고 생각하는데 어떻게 그 이상의 삶을 살 수 있겠습니까? 자신에 대해 밝고 긍정적인 자화상을 그릴 때, 긍정적인 삶을 삽니다. 자신을 과장하거나 과대평가하자는 것 아닙니다. 교만하자는 것은 더더욱 아닙니다. 항상 겸손하되 자화상은 밝고 긍정적인 자화상을 가져야 한다는 것입니다.

이스라엘 백성들이 하나님의 은혜로 애굽을 나와, 홍해를 건너고 시내 광야를 거쳐서 마침내 바란 광야 가데스바네아까지 이르렀습니다. 가나안 땅 남쪽 경계까지 온 겁니다. 여기서부터 약속의 땅 가나안입니다. 사실상 광야 여정이 끝난 셈입니다. 꿈에도 그리던 약속의 땅을 눈앞에 두고 이스라엘 백성은 가나안 땅에 정탐꾼을 보냅니다. 각 지파에서 한 사람씩 열두 명의 정탐꾼을 보냈습니다. 요즈음 식으로 말하면 공격을 하기 전에 정보를 수집하기 위해, 적진에 스파이를 보낸 것입니다.

열두 정탐꾼이 40일간의 정탐을 마치고 돌아와서 보고하는데 본문 앞부분을 보면 가나안 땅에서 가져온 과일을 보여주면서 젖과 꿀이 흐르는 비옥한 땅이라고 했습니다. 성이 높고 견고하고 거민은 크고 강하고, 거인도 있다고 했습니다. 여호수아, 갈렙도 여기에 이의를 제기하지 않았습니다. 사실이니까 사실 그대로 모두가 본 것입니다.

이렇게 똑같이 상대방을 보았는데 그 땅을 점령하는 일에 있어서는 의견이 180°로 달랐습니다. 13장 30-33절 함께 읽겠습니다.

"갈렙이 모세 앞에서 백성을 조용하게 하고 이르되 우리가 곧 올라가서 그 땅을 취하자 능히 이기리라 하나 그와 함께 올라갔던 사람들은 이르되 우리는 능히 올라가서 그 백성을 치지 못하리라 그들은 우리보다 강하니라 하고 이스라엘 자손 앞에서 그 정탐한 땅을 악평하여 이르되 우리가 두루 다니며 정탐한 땅은 그 거주민을 삼키는 땅이요 거기서 본 모든 백성은 신장이 장대한 자들이며 거기서 네피림 후손인 아낙 자손의 거인들을 보았나니 우리는 스스로 보기에도 메뚜기 같으니 그들이 보기에도 그와 같았을 것이니라."

열 명의 정탐꾼은 그 땅은 거민들의 장대하니 우리가 그 땅을 치는 것은 어림없는 일이라고 하였습니다. 싸우면 무조건 진다는 것입니다. 갈렙은, 여기 우리 본문에는 갈렙만 나오지만, 나중 14장을 읽어보면 여호수아도 갈렙과 같은 말을 합니다. 여호수아와 갈렙은 '거민들이 장대한 것은 사실이지만 올라가서 땅을 취하자, 우리가 능히 이길 수 있다'고 보고하였습니다.

어디서 이런 차이가 왔습니까? 똑같은 땅을 보고 똑같이 평가했는데 어떻게 한쪽은 그 땅을 치는 일은 어림없는 일이라고 하고 한쪽은 얼마든지 이길 수 있다고 합니까? 우리는 이 차이를 쉽게 '믿음의 차이'라고 생각합니다. 열 정탐꾼은 믿음이 없었고 여호수아와 갈렙은 믿음이 있었기 때문이라는 것입니다. 맞는 말입니다. 하지만 정확한 답은 아닙니다. 이건 대충, 두루뭉술 맞춘 겁니다. 성경을 정확하게 보아야 합니다. 정확한 이유, 결정적 이유가 무엇입니까? 자화상입니다. 자화상이 달랐기 때문입니다. 점령할 땅에 대한 평가는 같았습니다. 그러나 그 땅을 점령할 자신들에 대한 평가가 달랐습니다. 자신에 대한 평가가 다르니 전쟁에 대한 견해가 다를 수밖에 없었습니다.

보십시오. 열 정탐꾼은 '거민들이 장대해서 우리는 스스로 보기에 메뚜기 같았다'고 자신들을 평가했습니다. 메뚜기 자화상을 그렸습니다. 우리가 메뚜기 같은데 어떻게 그 강한 사람들을 이깁니까? 싸울 수 없다고 생각할 수밖에 없었습니다. 그러나 여호수아와 갈렙은 '거민들이 장대한 것은 사실이지만 우리는 그들보다 더 강하고 위대하다'고 생각했습니다. 가나안 거민보다 더 강하고 위대한 자화상을 그렸습니다. 그래서 능히 올라가서 이길 수 있다고 생각했습니다.

우리가 잘 아는 대로 백성들은 열 정탐꾼의 보고가 맞다고 생각했습니다. 밤새도록 울면서 광야에서 차라리 죽었으면 좋았을 뻔했다고 하나님 원망하고 모세와 아론에게 불평했습니다. 애굽으로 돌아가자고 아우성을 쳤습니다. 마침내 하나님께서 진노하셨습니다. 결국 그들은 이 일 때문에 가나안 땅 목전에서 가나안 땅에 들어가지 못하고 방향을 바꾸어 그 이후 38년간, 여기까지 오는 데 2년 걸렸으니, 38년간 광야를 방황합니다. 그리고 그들이 죽었으면 좋겠다고 한 대로 여호수아와 갈렙을 제외하고는 20세 이상은 모두 가나안 땅에 들어가지를 못하고 광야에서 죽습니다. 잘못된 자화상이 얼마나 무서운 결과를 가져왔는가를 보여줍니다.

열 정탐꾼은 왜 메뚜기 자화상을 그렸습니까? 이게 중요합니다. 이걸 알아야 합니다. 우리가 열 정탐꾼과 똑같은 시각과 가치관을 가지고 있으면 우리도 똑같은 자화상을 그릴 수밖에 없기 때문입니다. 열 정탐꾼이 왜 이런 자화상을 그렸습니까?

두 가지 잘못이 있습니다. 하나는 가나안 족속과 자기들을 비교해서 자화상을 그린 것입니다. '가나안 거민은 장대하고 거인도 있는데 우리는 초라하다'고 비교한 것이지요. 이게 잘못입니다. 우리는 하나님의 걸작품입니다. 걸작품은 어느 것이 낫다, 이런 비교하지 않습니다. 베토벤의 작품과 모차르트의 작품을 두고 어느 것이 낫다,

이런 말 하지 않습니다. 그런 말 하면 바보 취급받습니다. 걸작이기 때문입니다. 우리는 하나님의 걸작입니다. 나 한 사람이 독립적으로 가치 있는 존재입니다. 그런데 다른 사람과 비교해서 자화상을 그린 것이 잘못입니다.

또 한 가지 잘못은 겉만 보고 비교한 것이 잘못입니다. 가나안땅 거민을 보고 자기들과 비교했는데 무엇을 보고 비교했습니까. 눈에 보이는 겉모습만 보고 비교했습니다. 사람들이 장대하니 우리는 그 앞에 메뚜기 같다고 했습니다. 다른 사람 겉모습 보고 나와 비교해서 자화상 그린 것입니다. 이게 잘못입니다.

오늘날도 다른 사람 겉모습 보고 나를 비교해서 자화상을 그립니다. '돈을 얼마나 가졌는가? 어떤 자리에 있는가?' 이것만 봅니다. 돈 많은 사람, 높은 자리에 앉은 사람 앞에 가면 기가 죽습니다. 메뚜기 자화상을 그립니다.

돈 많다고 행복한 것 아닙니다. 물론 우리가 사는 데 돈은 필요합니다. 그러나 돈 많다고 행복한 것은 아닙니다. 제가 전에 다른 교회에서 목회할 때 돈 많은 사람 보았는데 사는 것 똑같았습니다. 밥 네 끼 먹는 것도 아니고 반찬 더 많이 먹는 것도 아닙니다. 사는 것 똑같습니다. 오히려 돈 없는 사람은 전혀 신경 쓰지 않는 일에 신경 쓰는 것을 보았습니다. 그리고 사람들이 가까이 오는 것을 경계한다는 느낌을 받았습니다. 그러다 보니 친한 사람이 없었습니다. 외롭겠다고 생각했습니다. 돈 많다고 행복한 것 아닙니다.

높은 자리도 그렇습니다. 높은 자리에만 오르면 성공한 것이겠습니까? 그 사람의 내부적인 사정 우리가 모릅니다. 성공과 실패, 행복과 불행의 기준이 겉모습에 있는 것 아닙니다. 우리는 눈에 보이는 대로 판단하는 실수를 범하지 말아야 합니다.

눈으로는 보이지 않는 속이 있습니다. 이 눈에 보이지 않는 속이 중요합니다. 당시 가나안 땅은 죄가 관영했기 때문에 하나님께서 가나안 족속을 멸하시려 하고 있습니다. 좀 더 직설적으로 말하면 가나안 족속은 지금 그들의 죄로 인하여 하나님의 심판을 받게 되었고, 이스라엘 백성이 그 도구로 사용되도록 되어 있습니다. 그들에게는 지금 멸망밖에 남은 것이 없습니다. 그런데 열 정탐꾼은 그것을 보지 못했습니다. 그들의 죄를 보지 못했고, 죄에 대한 하나님의 심판을 보지 못했습니다. 속은 보지 못하고 성이 높고 사람이 장대하다는 것만 보고, 그 앞에 기가 죽어 스스로 메뚜기 자화상을 그리면서 낙심하고 절망했습니다.

우리는 이런 잘못 범하지 말아야 합니다. 세상과 비교해서 자화상을 그리지 말아야 하고 나아가 세상을 볼 때는 겉만 볼 것이 아니라 속도 볼 줄 알아야 합니다.

그러면 여호수아와 갈렙은 어떻게 스스로 가나안 거민보다 더 강하게 생각할 수 있었습니까? 어떻게 가나안 거민보다 더 강한 자화상을 그릴 수 있었습니까? 하나님을 보고 자신을 보았기 때문입니다. 여호수아와 갈렙은 세상 보고 자신을 본 것이 아니라 하나님을 보고 자신을 보았습니다. 세상 보고 세상과 비교한 내 모습이 내 참된 자화상 아닙니다. 내 참된 모습은 하나님과의 관계 속에 있습니다. 여호수아와 갈렙은 하나님과의 관계 속에서 자화상을 그렸습니다. '하나님과의 관계 속에서의 내 모습', 이것이 중요합니다.

하나님과의 관계에서 나를 볼 때 내가 어떤 존재입니까? 첫째 하나님의 사랑 받는 존재입니다. 14장 8절을 보면 여호수아와 갈렙이 백성들 앞에서 이렇게 말합니다.

> "여호와께서 우리를 기뻐하시면 우리를 그 땅으로 인도하여 들이시고 그 땅을 우리에게 주시리라."

여기 '여호와께서 우리를 기뻐하시면'이라고 했는데 '기뻐하시면'이라고 하니 '기뻐하는지 안 하는지 모르겠는데 기뻐하신다면', 이런 뜻이 아니고 '기뻐하시기 때문에'라는 뜻입니다. 하나님은 우리를 기뻐하신다는 겁니다. 사람을 기뻐한다는 말은 그 사람을 좋아하고 사랑한다는 뜻입니다. 누구를 생각하면 기쁘다. 그건 그 사람을 사랑하기 때문입니다. 사랑하는 사람은 생각하면 기쁩니다. 하나님 우리를 기뻐하신다는 말은 하나님 우리를 사랑하신다는 겁니다. '하나님 우리를 사랑하신다.' 여기에 여호수아와 갈렙이 위대한 자화상을 그린 첫 번째 근거가 있습니다.

여호수아와 갈렙이 생각해봅니다. '왜 하나님 그토록 많은 이적을 행하시면서 이 백성을 애굽에서 인도하여 내셨는가? 왜 홍해가 갈라지게 하셨고 지금까지 광야에서는 왜 그토록 많은 역사를 행하셨는가?' 하나님께서 이 백성을 사랑하시니 이 백성이 하나님께 소중하기 때문입니다. 하나님께 소중하니 그토록 보살피시는 것입니다. 하나님의 사랑을 받아 하나님께 소중한 존재니 귀하고 소중할 수밖에 없습니다.

우리도 마찬가지입니다. 우리는 부족하고 연약한 인간들입니다. 우리는 가진 것 많지 않습니다. 높은 자리에 있는 것 아닙니다. 게다가 실수할 때도 많고, 심지어 하나님 앞에서 죄를 범할 때도 있습니다. 그러나 그럼에도 불구하고 우리는 하나님의 특별한 사랑의 대상입니다.

하나님이 나를 사랑하시니 내가 하나님께 그만큼 소중합니다. 보세요. 하나님이 나를 사랑하셔서 나를 구원하시기 위해 독생자를 주셨습니다. 하나님 사랑하셔서 십자가에서 예수님의 생명을 값으로 주고 나를 사셨습니다. 하나님 보실 때 내가 독생자의 생명을 희생하고라도 살려내야 할 만큼 가치 있는 존재라는 겁니다.

어떤 사람이 자기의 목숨이 위험한 것을 무릅쓰고 물에 빠진 아이를 건져 구해주었습니다. 소년은 그 사람에게 "선생님! 정말 고맙습니다. 고맙습니다" 하며 감사했습니다. 그러자 그 사람은 소년에게 다음과 같이 말했습니다. "나는 마땅히 해야 할 일을 한 것뿐이다. 다만 한 가지 너는 어떤 사람이 자기의 목숨을 걸어놓고 구해낼 만큼 가치 있는 사람인 것을 잊지 말고 살기를 바란다." 그렇지요. 소년은 어떤 사람이 자기 목숨을 걸어놓고 구해낼 만큼 가치 있는 사람이지요.

여러분, 우리는 하나님이 독생자를 희생하시면서 구해주실 만한 가치 있는 사람입니다. 이것이 나의 가치요 내 모습입니다. 나 자신만 놓고 생각하면 나는 아무것도 아닙니다. 그러나 하나님은 나를 사랑하셔서 독생자의 생명을 주고 사셨습니다. 내 가치는 예수님의 생명하고 똑같습니다. 내가 얼마나 귀하고 소중한지 모릅니다. 이렇게 귀하고 소중한 존재, 이게 나의 자화상이라는 것입니다. 이걸 잊지 말아야 합니다. '나는 하나님의 사랑 받는 가치 있는 존재다.' 이것을 기억하고 귀하고 소중한 자화상을 그려야 합니다.

또 한 가지 여호수아와 갈렙이 긍정적 자화상을 그린 근거는 하나님께서 함께하신다고 믿었기 때문입니다. 14장 9절 함께 읽겠습니다.

> "다만 여호와를 거역하지는 말라. 또 그 땅 백성을 두려워하지 말라. 그들은 우리의 먹이라. 그들의 보호자는 그들에게서 떠났고 여호와는 우리와 함께하시느니라."

여기 마지막에 여호와는 우리와 함께하신다고 했습니다. 여호수아와 갈렙은 하나님께서 함께하신다고 믿었습니다. 하나님께서 지난날 함께하셨습니다. 그래서 당시 세계 최강의 나라 애굽이 열 가지 재앙을 받으면서 꼼짝을 못했습니다. 벌벌 떨었습니다. 바로의 군대가 홍해에 수장되었습니다. 전혀 전쟁 준비도 안 된 이스라엘 백성이 그 무서운 아말렉과의 전쟁에서도 승리했습니다. 그 하나님이 지금도 함께하십니다. 가나안 땅 점령할 때도 함께하십니다. 하나님 함께하시니 하나님 앞으로 이스라엘을 위해 싸우십니다. 하나님이 싸워주시는 이스라엘, 강하고 위대할 수밖에 없습니다. 강하고 위대한 자화상을 그렸습니다. 가나안 땅도 얼마든지 정복할 수 있다고 믿었습니다.

하나님은 오늘 우리와 함께하십니다. 지난날 우리와 함께하셨습니다. 이 하나님은 우리를 떠나지 않습니다. 히브리서 13장 5절에 말씀하셨습니다.

"내가 결코 너희를 버리지 아니하고 너희를 떠나지 아니하리라."

하나님의 약속입니다. 하나님은 거짓말하시지 않습니다. 떠나지 않는다고 약속하셨으면 떠나지 않습니다. 그러니 지금도 떠나지 않았습니다. 환경을 볼 것이 아니라, 세상을 볼 것이 아니라 함께하시는 하나님을 믿고 보아야 합니다.

하나님이 나와 함께하시는 것이 무엇을 의미합니까? 하나님이 내 곁에서 그냥 구경하시는 것 아닙니다. 함께하시는 하나님은 나를 보호하시고 나를 주관하시고 나를 책임지십니다. 하나님이 함께하시면 하나님 더하기 내가 됩니다. 나만 떼어서 생각하면 나는 정말 아무것도 아닙니다. 그러나 하나님이 더해질 때 내가 얼마나 강하고 위대한지 모릅니다. 함께하시는 하나님을 믿고 강하고 위대한 자화상을 그려야 합니다.

이제 다시 한번 생각해 보십시오. 여러분은 지금 어떤 자화상을 그리며 살고 있습니까? 안데르센의 "미운 오리새끼"라는 동화가 있습니다. 오리가 알을 품었는데, 어떻게 잘못되어서 거기 백조알 하나가 섞였습니다. 함께 부화되었습니다. 오리 새끼들 속에 백조 새끼 한 마리가 섞이게 된 것입니다. 못난 오리들 틈에서 우아하고 아름답고 기품 있는 백조가 함께 자라갑니다. 그러나 이 어린 백조는 늘 불만이요 고민입니다. 첫째, 혼자 못생겼습니다. 다 잘 생겼는데 혼자 이상하게 생겨가지고는 부모로부터 그리고 형제들로부터도 손가락질당합니다. 둘째, 하는 행동이 다릅니다. 우는 소리도 다르고 헤엄치는 스타일도 다르고, 걷는 것도 다릅니다. 행동이 다릅니다. 그러니 놀다 보면 꼭 외톨이가 되고, 왕따당합니다. 열등감과 불만 속에 고민하며 살아갑니다. 여러분, 이것이 우리의 자화상은 아닙니까?

분명히 아십시오. 하나님의 사랑 받고, 하나님 함께하시는 우리는 오리들 속에 있는 백조입니다. 우리야말로 오리들 속의 백조입니다. 내가 얼마나 아름답고 얼마나 강하고 얼마나 위대한지 모릅니다. 내 모습을 바로 깨달아야 합니다.

여러분, 사도 바울이 유대에서 재판을 받을 때 최후 진술을 무엇이라고 했는지 아십니까? 유대에서 2년에 걸쳐 재판을 받고 황제의 재판을 받기 위해 유대를 떠나기 전에 마지막 재판정에 섰는데, 그 재판정에 베스도 총독이 있었고 아그립바 왕이 있었으며 유대의 높은 사람들이 있었습니다. 그 자리에 죄수인 바울이 최후 진술을 했습니다. 무슨 말을 했습니까? 사도행전 26장 29절에 "오늘 내 말을 듣는 모든 사람도 다 이렇게 결박된 것 외에는 나와 같이 되기를 하나님께 원하나이다"라고 했습니다. "오늘 내 말을 듣는 모든 사람이 이렇게 결박된 것 외에는 나와 같이 되기를 원하나이다." 내가 제일 행복하고, 한마디로 내가 최고라는 겁니다. 총독과 왕과 고관대작 앞에서 당신들이 불쌍하다고, 당신들이 나와 같이 되었으면 좋겠다고 했습니다. 놀라운 고백입니다. 바울이 무엇을 가졌습니까? 아무것도 없습니다. 무슨 직위가 있습니까? 직위는커녕 초라한 죄수의 몸입니다. 그런데 어떻게 이렇게 당당하고 위대한 자화상을 그립니까? '나는 아무것도 아니지만 내가 하나님의 사랑을 받고 있습니다. 하나님이 나와 함께하십니다.' 이것만으로 바울은 세상 누구보다 행복했고 세상 누구보다 위대했습니다.

우리도 하나님의 사랑을 받고 있습니다. 하나님이 지금 나와 함께하십니다. 비록 세상적으로는 가진 것 없고 내놓을 것 없어도 하나님은 나를 사랑하시고 하나님이 나와 함께하십니다. 하나님의 사랑받는 나, 하나님이 함께하시는 나, 얼마나 강하고 얼마나 위대한지 모릅니다. 소중하고 밝고 강하고 위대한 자화상을 그립시다. 밝고 건강한 자화상으로 항상 승리하며 살아가는 여러분 다 되기를 바랍니다.

3.
두려워하지 말라

(사 43:1-7)

    현대인들은 여러 가지 두려움에 사로잡혀 세상을 살아가고 있습니다. 대표적인 두려움이 질병에 대한 두려움입니다. 우리나라는 세계 어느 나라보다 건강보험 제도가 잘 되어 있어 20세가 넘으면 무료로 2년에 한 번 건강검진을 해줍니다. 놀라운 것은 무료로 해주는 이 건강검진을 받지 않는 사람들이 많다는 것입니다. 아니 무료인데, 공짜인데 왜 받지 않습니까?

    제가 건강검진 받지 않는 한 집사님에게 물어보았습니다. 대답이 병에 걸린 것 알게 될까 봐 겁이 나기 때문이라고 했습니다. 그 말을 듣고 할 말이 없었습니다. 병은 빨리 발견할수록 치료하기 쉽습니다. 발견이 늦으면 위험합니다. 그래서 병에 걸린 것 빨리 알기 위해 건강검진 받는 건데, 병에 걸린 것 알게 될까 봐 겁이 나서 건강검진 안 받는다고 하니 이걸 어떻게 이해해야 합니까? 병에 걸렸을까 봐, 특히 암에 걸렸을까 봐 두려운 거지요. 두려워서 아예 건강검진을 안 받는 겁니다. 두려움이 얼마나 잘못된 결과를 가져오는지 잘 보여주고 있습니다.

건강에 대한 두려움만 있는 것 아닙니다. 경제적인 두려움도 있습니다. 경제적으로 어려우면 이러다가 망하는 것은 아닌가, 노년에 먹고살 것이 있을까, 두려워합니다. 자녀의 미래에 대한 두려움도 있습니다. 자녀가 조금 잘못하면 내 자녀가 잘못된 길로 가는 것은 아닌가, 두려워합니다. 그 외에도 사업이 잘못된 것은 아닌가, 직장생활에 어려움이 생기는 것은 아닌가, 인간관계에 문제가 생기는 것은 아닌가, 두려워합니다. 정말 우리는 이런저런 두려움을 안고 세상을 살아가고 있습니다.

두려움은 두려움만으로 끝나는 것이 아닙니다. 사람이 두려움에 사로잡히면 밝고 긍정적인 삶을 살지 못합니다. 신앙인다운 삶을 살지 못합니다. 나중에는 건강마저 해칠 수 있습니다. 어떤 실험실에서 이런 실험을 했습니다. 쥐 열 마리를 철망 속에 가두어 놓은 후 그 주위에 무서운 고양이들을 풀어 쥐를 위협하게 만들었습니다. 백일 후에 쥐를 꺼내어 해부해 본 결과 대부분의 쥐가 심장병, 암, 위장병으로 고생하고 있었습니다. 쥐들이 고양이에 대한 두려움 때문에 오장육부가 쪼그라들어 있더라는 이야기입니다. 사람도 마찬가지입니다. 두려움이 질병의 원인이 됩니다. 확실히 오늘 우리에게 두려움이 문제입니다.

여러분, 하나 물어보겠습니다. 성경에서 하나님이 우리에게 가장 많이 주신 명령이 무엇일 것 같습니까? 성경에서 가장 많이 주신 명령. 하나님을 사랑하라? 아닙니다. 서로 사랑하라? 아닙니다. 기도하라, 전도하라, 겸손하라 모두 기독교의 중요한 가르침이기는 하지만 가장 많이 주신 명령은 아닙니다. 성경에서 가장 많이 나오는 하나님의 명령은 놀랍게도 "두려워하지 말라"는 말씀입니다.

20세기에 리처드 범브란트 라는 목사님이 있었습니다. 루마니아가 공산주의 국가였을 때 루마니아에서 목사님으로서 굽히지 않고 복음을 전했던 분입니다. 결국 공산주의 루마니아에서 14년 동안 감옥에서 모진 어려움을 당했습니다. 나중에 석방해서 서방으로 추방했는데, 이 목사님을 20세기의 살아 있는 순교자라고 부릅니다. 목사님이 감옥에서 두려워, 성경에 두려워하지 말라는 말씀이 몇 번 나오는지 살펴보니 365번이나 나오더랍니다. 그래서 목사님이 365번, '아 365일 날마다 하나님 우리에게 두려워하지 말라고 말씀하시는구나' 생각했다고 합니다. 365번. 이만큼 많이 나오는 하나님의 명령은 없습니다. 두려움이 그만큼 우리를 해롭게 하기 때문입니다. 그리스도인으로 승리하며 살기 위해서는 두려움을 이겨야 합니다.

오늘 본문은 멸망을 앞둔 이스라엘 백성들을 향한 하나님의 약속의 말씀입니다. 지금 이스라엘은 그들의 지은 죄가 너무도 엄청납니다. 선지자들을 통한 끝없는 하나님의 책망에도 불구하고 돌이키지 아니했습니다. 이제는 한계를 넘었습니다. 하나님이 선지자를 보내어 멸망을 선언하셨습니다. 나라는 망하고 예루살렘 성은 무너지고 성전은 불탈 것입니다. 그러나 그것으로 끝이 아닙니다. 하나님은 이 무서운 멸망을 넘어 그들의 회복을 계획하십니다. 이스라엘이 다시 구원의 은총을 누리고 하나님의 백성으로 회복될 것을 약속하십니다.

오늘 본문은 바로 이 이스라엘의 회복을 약속하시는 말씀입니다. 이 이스라엘의 회복은 그들이 포로에서 돌아옴으로 부분적으로 이루어졌지만, 궁극적으로는 예수님이 오시고 구속 사역이 이루어짐으로 온전히 이루어집니다. 그러므로 오늘 본문은 사실상 예수님이 구원을 이룬 신약시대의 오늘 우리에게 주시는 말씀입니다.

본문이 강조하는 것이 무엇입니까? 두려워하지 말라는 것입니다. 두려워하지 말라. 두려워하지 말라는 것이 오늘 본문의 핵심입니다. 왜 두려워하지 말라고 했습니까? 어떻게 두려워하지 않을 수 있습니까? 본문은 세 가지로 그 이유를 말씀합니다.

첫째, 우리는 하나님의 것이기 때문입니다

1절 함께 읽겠습니다.

> "야곱아 너를 창조하신 여호와께서 지금 말씀하시느니라 이스라엘아 너를 지으신 이가 말씀하시느니라 너는 두려워하지 말라 내가 너를 구속하였고 내가 너를 지명하여 불렀나니 너는 내 것이라."

하나님이 우리에게 "너는 내 것이니 두려워하지 말라" 말씀하십니다. 여러분, 여러분이 하나님의 것이라는 사실을 아십니까? 많은 그리스도인이 생각합니다. '하나님 나에게 관심이 있을까? 세상에 이 수많은 사람 중에 하나님 내게도 관심이 있을까? 교인들도 나를 잘 모를 텐데, 한편 구석에 있는 나를 하나님 과연 아시기는 하실까?'

본문에 하나님 무엇이라 말씀하셨습니까? "내가 너를 구속하였고, 내가 너를 지명하여 불렀나니 너는 내 것이라"라고 하셨습니다. 하나님께서 여러분을 지명하여 불렀다고 하셨습니다. 우연히 내가 예수님을 믿게 된 것이 아닙니다. 하나님은 이 땅의 팔십억 사람 가운데 나를 지명하여 부르셨습니다. 정확하게 '대한민국 부산시 어디 어디에 있는 아무개', 이렇게 지명하여 여러분을 부르셨습니다. 지명해서 불러내시고 "너는 내 것"이라고 선언하십니다.

내 것이라는 말이 무슨 뜻입니까? 아이들이 있는데 한 아이가 어떤 물건을 두고 "이건 내 거야" 했습니다. 무슨 뜻입니까? 이건 내 것이니 아무도 손대지 못한다는 뜻입니다. 다른 아이가 그 물건 만지려면 그 아이의 허락을 받아야 합니다. 허락받지 못했는데 손대려면 싸워서 이겨야 합니다. 그러지 않고는 손대지 못합니다.

하나님이 나를 향해 '내 거'라고 했습니다. 그러므로 우리를 해치려는 세력이 우리에게 손대려면 하나님의 허락을 받아야 합니다. 하나님이 허락하시지 않습니다. 구속하시고 지명해서 불러 '내 것' 삼았는데 허락할 리 없습니다.

그러면 그 세력이 하나님과 싸워 이겨야 합니다. 하나님과 싸워 이길 세력이 어디 있습니까? 요한복음 10장 29절에 예수님이 말씀하셨습니다.

"내 아버지는 만물보다 크시매 아무도 아버지의 손에서 빼앗을 수 없느니라."

하나님은 만물보다 크시다. 하나님보다 더 큰 자는 세상에 없습니다. 하나님의 손에서 우리를 빼앗을 세력은 세상에 없습니다. 세상에 하나님보다 더 강한 세력이 어디 있습니까? 내 아버지는 만물보다 크시매 아무도 아버지의 손에서 빼앗을 수 없습니다.

여러분, 여러분은 하나님의 것입니다. '나는 하나님의 것이다.' 이것을 믿어야 합니다. 하나님의 것이니 나를 해칠 수 있는 세력은 세상에 없습니다. 아무것도 두려워할 것 없습니다.

예수님은 마태복음 10장 29-31절에서 제자들을 전도자로 보내면서 말씀하셨습니다.

> "참새 두 마리가 한 앗사리온에 팔리지 않느냐 그러나 너희 아버지께서 허락하지 아니하시면 그 하나도 땅에 떨어지지 아니하리라 너희에게는 머리털까지 다 세신 바 되었나니 두려워하지 말라 너희는 많은 참새보다 귀하니라."

앗사리온은 가장 낮은 화폐 단위입니다. 참새 두 마리가 한 앗사리온, 그만큼 참새는 보잘것없는 것이라는 뜻입니다. 그런데 그 참새도 하나님의 허락 없이는 땅에 떨어지지 않는데, 다시 말해 하나님이 주관하시는데, 그런 하나님께서 독생자 생명을 값으로 주고 '내 것'이라고 한 자기 백성을 보호하시지 않겠느냐는 말씀입니다. 당연히 보호하십니다. 그러니 두려워할 것 없습니다. 우리는 하나님의 것이니 아무것도 두려워할 것 없습니다. 내가 하나님의 것임을 믿고 모든 두려움을 이겨야 합니다.

두 번째는 하나님이 함께하시기 때문입니다
2절 함께 읽겠습니다.

> "네가 물 가운데로 지날 때에 내가 너와 함께할 것이라. 강을 건널 때에 물이 너를 침몰하지 못할 것이며 네가 불 가운데로 지날 때에 타지도 아니할 것이요 불꽃이 너를 사르지도 못하리니."

물 가운데로 지나지 않는 것 아닙니다. 물 가운데로도 지나갑니다. 이것 분명히 아셔야 합니다. 피해 가는 것 아닙니다. 그리스도인이라 해서 땅 위의 어려움에서 예외가 되는 것은 아닙니다. 사업이 실패해서 망하기도 하고, 병에 걸려 수술을 받기도 합니다. 환난을 당하고 시험을 통과합니다. 그러나 물이 침몰시키지 못하고 불이 사르지 못합니다. 영원히 망하지는 않습니다. 하나님이 함께하시기 때문입니다. 네가 물 가운데로 지날 때에 내가 너와 함께할 것이라고 하셨습니다. 하나님이 함께하시기 때문입니다. 그래서 시편 성도도 시편 37편 24절에서 말씀했습니다.

> "그는 넘어지나 아주 엎드러지지 아니함은 여호와께서 그의 손으로 붙드심이로다."

넘어집니다. 넘어질 때 많습니다. 그러나 아주 엎드러지지는 않습니다. 하나님께서 손을 붙들고 계시기 때문입니다.

요한복음 14장에서 16장은 예수님이 십자가 지기 전날 밤에 제자들에게 하신 설교 말씀입니다. 예수님은 내일 아침이면 십자가를 지십니다. 지금 다가오고 있는 십자가를 바라보십니다. 긴장되고 어려운 순간입니다. 말도 안 되는 불의한 재판이 기다리고 있습니다. 부끄러움을 당하고 십자가 처형의 고통을 당해야 합니다. 이런 상황에 그동안 함께했던 제자들은 전부 도망가버립니다. 참 어려운 시간입니다. 그러나 주님의 마음은 한없이 평안하였습니다. 조금도 흔들리지도 두려워하지도 않으셨습니다. 비결이 무엇입니까? 주님은 제자들에게 조용히 말씀하셨습니다. 16장 32절에 "보라 너희가 다 각각 제 곳으로 흩어지고 나를 혼자 둘 때가 오나니 벌써 왔도다 그러나 내가 혼자 있는 것이 아니라 아버지께서 나와 함께 계시느니라"라고 하였습니다. "너희들은 다 각각 흩어지고 나를 혼자 두지만 내가 혼자가 아니라…" 누가 나와 함께 계신다고요? "아버지께서 함께 계시느니라. 아버지께서 나와 함께하시느니라" 아버지께서 함께하십니다. 하나님이 함께하시기에 주님의 마음은 평안했습니다.

어느 목사님이 기차 여행을 하는데 옆에 앉은 청년과 대화하는 중에 그가 믿음이 약한 기독교인임을 알았습니다. 대화해보니 여러 가지 시험으로 괴로움을 당하고 있는데 청년은 당한 시험을 도무지 이겨낼 수 없는 상황이었습니다. 목사님은 어떻게 권면할까 궁리하시다가 지혜를 내셨습니다. 가방에서 책과 만년필을 끄집어내고는 청년에게 물었습니다. 이 책 위에 만년필을 세울 수 있겠습니까? 청년이 몇 번 해보지만 만년필이 세워질 리가 없습니다. "이게 어떻게 세워지겠습니까?" "나는 세울 수 있습니다." "그걸 어떻게 세운단 말입니까?" "자, 그럼 내가 한번 세워보지요. 자, 보십시오." "아니 목사님이 손으로 잡고 계시지 않습니까?" 목사님이 말씀하십니다. "당연하지요. 어떻게 만년필이 책 위에 스스로 서 있을 수 있겠습니까? 내가 붙잡아 주니까 서 있을 수 있지요." 그러면서 말을 잇습니다. "연약한 기독교인이 세상에서 어떻게 스스로 혼자 서 있을 수 있겠습니까? 하나님께서 붙들어주시니 서 있을 수 있지요."

그렇습니다. 함께하시는, 붙들어주시는 하나님을 믿어야 합니다. 하나님이 나와 함께하십니다. 하나님이 나를 붙들고 계십니다. 이것을 믿고 어떤 여건에서도 두려움을 이겨야 합니다.

세 번째로 하나님이 우리를 속량하셨기 때문입니다

이것이 중요합니다. 내가 하나님의 것임을 믿고 하나님의 함께하심도 믿습니다. 그러나 여전히 문제는 있습니다. 내가 그 은혜를 받을 자격이 없다고 생각합니다. 하나님의 보호를 받을 만한 공로와 의가 내게 없다는 것을 내가 압니다. 하나님의 보호를 믿고 싶은데 내 죄악이, 내 허물이 내 앞에 있습니다. 다른 사람 몰라도 나는 내 죄를 압니다. 이것이 나를 괴롭힙니다. 이것이 문제입니다. 죄 때문에 나는 그 은혜를 누릴 자격이 없다고 생각합니다.

본문의 이스라엘이 그러합니다. 지금 죄 때문에 망합니다. 하나님 앞에 지은 죄가 너무 엄청납니다. 죄 때문에 괴롭습니다. 그런데 어떻게 하나님의 은혜를 누릴 수 있겠느냐는 것입니다.

이에 하나님께서 말씀하십니다. 3절 함께 읽겠습니다.

"대저 나는 여호와 네 하나님이요 이스라엘의 거룩한 이요 네 구원자임이라 내가 애굽을 너의 속량물로, 구스와 스바를 너를 대신으로 주었노라."

내가 애굽을 너의 속량물로 주었다고 했는데, 여기 '속량'이라는 말씀이 중요합니다. 속량이란 말은 '대신 값을 치렀다'는 뜻입니다.

다시 생각해봅시다. 두려움의 근본 원인이 무엇입니까? 처음부터 생각해봅시다. 두려움이 언제부터 생겼습니까? 아담과 하와가 선악과를 따먹었을 때 두려움이 찾아왔습니다. 창세기 3장 9절 이하를 보면 "여호와 하나님이 아담을 부르시며 그에게 이르시되 네가 어디 있느냐 이르되 내가 동산에서 하나님의 소리를 듣고 내가 벗었으므로 두려워하여 숨었나이다"라고 하였습니다. "두려워하여 숨었나이다." 죄를 짓고 난 다음, 두렵다고 했습니다. 죄로 인해 두려움이 찾아왔습니다. 왜 죄로 인해 두려워하게 되었습니까? 하나님이 선악과를 먹으면 죽는다고, 죄에는 벌이 있음을 말씀하셨습니다. 죄에는 벌이 있음을 말씀하셨는데 죄를 지었습니다. 이제 벌을 받을 것입니다. 벌을 받을 것이라고 생각하는, 바로 여기에 두려움의 뿌리가 있습니다.

제가 약 50년 전 군에서 생활할 때 단체기합이라는 것이 있었습니다. 뭔가 잘못하면 전부 몽둥이를 몇 대씩 맞았습니다. 상관이 어떤 잘못을 저지르면 몽둥이로 맞는다고 선언했습니다. 선언을 했는데 그 잘못을 저지르면 몽둥이로 맞습니다. 당장 맞는 것이 아니라 보통 저녁 먹고 나서 맞았습니다. 제일 괴로운 시간이 잘못하고 나서 맞을 때까지입니다. 맞을 것을 생각하니 괴롭습니다. 두렵습니다. 맞을 때도 저기서부터 때려오면 퍽퍽 소리가 납니다. 나한테까지 오는 그 시간이 두렵습니다. 얼마나 두려운지 모릅니다. 그러다가 막상 맞고 나면 아프긴 아파도 속이 후련합니다. 맞았기 때문입니다. 맞았으니 끝났습니다. 맞고 나면 두려워할 이유가 없습니다.

속량했다는 말이 무슨 뜻입니까? 매를 맞았다는 것입니다. 받을 벌을 받았다는 겁니다. 단지 내가 받은 것이 아니라 다른 사람이 받았습니다. 나 대신 다른 사람이 벌을 받는 것이 속량입니다. 중요한 것은 벌을 받았기에 끝이 났다는 사실입니다. 벌을 받았기에 끝이 났습니다. 그러니 이제는 두려워할 이유가 없습니다.

본문에 하나님이 애굽을 너의 속량물로, 구스와 스바를 너를 대신하여 주었다고 했습니다. 구스와 스바는 에티오피아입니다. 애굽과 에티오피아를 속량물로 주었다는 말씀입니다. '애굽과 에티오피아가 대신 벌을 받았다. 똑똑히 보아라. 너희를 살리기 위해 많은 애굽 사람과 에티오피아 사람이 대신 벌을 받았다. 내가 너희를 속량했다. 이제 너희들은 벌 받지 않는다. 그러니 두려워하지 말라' 말씀하십니다.

여러분, 십자가를 바라보십시오. 왜 예수님께서 십자가에 돌아가시고, 나를 속량하셨다고 말씀하시는 것입니까? 우리의 모든 죄악과 허물에 대해 벌을 받았다는 것입니다. 죄는 벌을 받아야 하는데, 내 죄에 대해 주님이 대신 벌을 받았습니다. 죄의 벌은 죽음인데, 주님이 십자가에서 죽임을 당하셨습니다. 그래서 벌을 다 받았으니 끝났습니다. 이제는 두려워할 것 없습니다.

우리가 병에 걸리면, 혹은 큰 어려움을 당하면 죄가 생각납니다. 많은 성도가 죄 때문에 어려움 당한다고 생각합니다. 그래서 두려워합니다. 물론 죄는 짓지 말아야 합니다. 혹 지었으면 회개해야 합니다. 그러나 한 가지 분명히 해야 할 것은 우리에게 죄의 벌은 없다는 사실입니다. 예수님이 대신 벌을 받으셨기 때문입니다. 예수님 십자가의 그 고통과 죽음이 내 죄의 벌을 받은 것입니다. 예수님 그렇게 대신 벌을 다 받았는데, 내가 어떻게 또 벌을 받을 수 있겠습니까?

어떤 사람 그런 말 합니다. "다윗은 죄를 짓고 회개했는데도 벌을 받았지 않은가?" 맞습니다. 다윗은 회개했는데도 벌을 받았습니다. 그러나 정확하게 아셔야 합니다. 다윗은 구약 시대 사람입니다. 십자가 이전 사람입니다. 십자가의 은혜를 온전히 누리지 못했습니다.

십자가 이후에는 죄의 벌이 없습니다. 물론 우리가 죄를 짓고 회개하지 않을 때 징계를 당할 수는 있습니다. 징계는 벌이 아닙니다. 벌은 진노지만 징계는 죄를 깨달으라는 하나님의 사랑입니다. 징계는 죄를 깨닫고 회개하면 끝납니다. 우리에게 벌은 없습니다. 다시 한번 분명히 합시다. 로마서 8장 1절에 선언하십니다.

"그리스도 예수 안에 있는 자에게는 결코 정죄함이 없나니." 정죄가 없습니다.

그러므로 내가 당하는 모든 어려움도 다 하나님이 나를 사랑하기 때문에 주신 것입니다. 사랑하기에 주신 것이니 결국은 유익될 것입니다. 선을 이룰 것입니다. 이것을 믿어야 합니다. 믿고 하나님께 맡겨야 합니다. 그리할 때 아무것도 두려워할 것 없습니다.

우리는 아무것도 두려워할 것 없습니다. 어떤 여건 속에서도 하나님을 믿고 두려움을 이깁니다. 여기에 그리스도인의 진정한 승리의 생활이 있습니다. 다시 한번 하나님의 말씀에 귀기울입시다.

"야곱아 너를 창조한 여호와께서 지금 말씀하시느니라 이스라엘아 너를 지으신 이가 말씀하시느니라 너는 두려워하지 말라 내가 너를 구속하였고 내가 너를 지명하여 불렀나니 너는 내 것이라 네가 물 가운데로 지나갈 때에 내가 너와 함께할 것이라 강을 건널 때 물이 너를 침몰하지 못할 것이며 네가 불 가운데로 지날 때에 타지도 아니할 것이요 불꽃이 너를 사르지도 못하리니 대저 나는 여호와 네 하나님이요 이스라엘의 거룩한 이요 네 구원자임이라 내가 애굽을 너의 속량물로, 구스와 스바를 너를 대신하여 주었노라."

이 말씀 믿고 의지함으로 모든 두려움을 이기는 여러분 다 되기를 바랍니다.

4.
말씀을 향한 자세

(행 2:42)

    우리 신앙생활에 말씀만큼 중요한 것은 없습니다. 신앙생활을 말씀으로 시작합니다. 믿지 않는 사람이 어떻게 예수를 믿습니까? 어떻게 중생합니까? 말씀을 들어야 중생합니다. 선교사를 왜 보냅니까? 예수 믿는 사람이 없는 곳, 거기에 있는 사람들에게 선교사를 보내지 않고 예수 믿게 해달라고 기도만 하면 안 됩니까? 안 됩니다. 왜 안 됩니까? 그 사람들이 예수 믿으려면 말씀을 들어야 합니다. 말씀이 그 심령 속에 들어가고 성령님이 역사할 때 중생의 역사가 일어납니다. 말씀을 안 듣고 예수 믿을 수 있는 길은 없습니다. 그러니 선교사를 보내 말씀을 전해야 합니다. 우리 주위에 믿지 않는 사람들도 마찬가지입니다. 왜 교회 오라고 합니까? 와서 말씀을 들어야 중생하기 때문입니다. 신앙생활이 말씀으로 시작합니다.

    중생은 새 생명이 태어나는 것인데 이 생명이 무엇으로 자랍니까? 베드로전서 2장 2절 함께 읽겠습니다.

"갓난아이들같이 순전하고 신령한 젖을 사모하라 이는 그로 말미암아 너희로 구원에 이르도록 자라게 하려 함이라."

구원에 이르도록 자라기 위해, 여기 구원은 예수 믿고 구원받는 그 구원이 아니고 예수를 믿은 다른 새 생명이 성장하는 것을 가리킵니다. 구원에 이르도록 자라기 위해 어떻게 하라고 했습니까? 순전하고 신령한 젖을 사모하라고 했습니다. 신령한 젖이 무엇입니까? 말씀입니다. 우리 새 생명은 말씀을 먹고 자랍니다. 그러니 우리 신앙생활은 말씀으로 시작해서 말씀으로 계속됩니다. 우리의 새 생명은 말씀으로 성장하고 말씀으로 힘을 얻습니다. 우리가 주일마다 예배 시간에 설교를 듣는 이유도 여기 있습니다. 우리 신앙생활이 말씀에 달려 있기 때문입니다.

오늘 읽은 본문 말씀은 예루살렘 교회 성도들이 신앙생활 하는 모습입니다. 여러분이 잘 아시다시피 오순절 성령 강림하시고 베드로가 설교해서 삼천 명이 회개했습니다. 그리고 교회가 섰습니다. 그것이 바로 예루살렘 교회입니다. 그러니 신약성경에서 나타나는 최초의 교회입니다. 성령님이 임하시고 베드로가 설교해서 곧바로 교회가 세워졌으니 아직 오염될 시간이 없었습니다. 변질될 시간이 없었습니다. 가장 순수한 교회의 모습, 교회의 원형이라고 할 수 있는 모습이 본문에 나타나는 예루살렘 교회의 모습입니다. 주님이 다시 오실 때까지 신약교회의 교과서요 모형이라고 할 수 있는 교회입니다. 바로 그 교회의 모습이 본문에 나타납니다. 본문에 나타나는 예루살렘 교회의 그리스도인들이 신앙생활을 하는 모습은 우리가 항상 묵상하면서 배우고 닮아가야 합니다. 우리가 사모하고 배워야 합니다. 우리 신앙생활의 모델이요 본이기 때문입니다.

본문을 가만히 보면 이 아름다운 예루살렘 교회 교인들이 먼저 힘쓴 것이 있습니다. 세 가지가 있습니다. 이 세 가지가 무엇입니까? 42절 함께 읽겠습니다.

"그들이 사도의 가르침을 받아 서로 교제하고 떡을 떼며 오로지 기도하기를 힘쓰니라."

여기 '오로지 힘썼다'라고 했는데 우리말은 기도만 오로지 힘쓴 것처럼 보입니다. 그러나 원문은 그렇게 되어 있지 않습니다. 원문을 그대로 영어로 옮긴 NIV 성경을 보겠습니다.

"They devoted themselves to the apostles' teaching and to the fellowship, to the breaking of bread and to prayer."

그들이 그들 자신을 헌신했다, 어디에 헌신했는가? 사도들의 가르침을 받는 데에, 서로 교제하고 떡을 떼는 데에, 기도하는 데에, 이렇게 되어 있습니다. 오로지 힘쓴 것이 세 가지에 다 걸려 있습니다. 떡을 떼는 것은 식사로도 볼 수 있고 성찬식으로도 볼 수 있습니다.

어떤 경우든 넓게 보면 교제입니다. 그러니 예루살렘 교회 성도들이 오로지 힘쓴 것은 세 가지였습니다. 말씀, 교제, 기도입니다. 이 셋 중에서도 제일 먼저 나오는 것이 말씀입니다.

42절 다시 함께 읽겠습니다.

"그들이 사도의 가르침을 받아 서로 교제하고 떡을 떼며 오로지 기도하기를 힘쓰니라."

'그들이 사도의 가르침을 받아'라고 했습니다. 사도들은 가르치고 그들은 배웠다는 뜻인데, 여기에 오로지 힘썼다고 했으니 이 일을 중요하게 생각하고 이 일에 최선을 다했다는 뜻입니다. 이 일을 우선순위로 앞에 두고 먼저 최선을 다했다는 뜻입니다.

생각해보면 예수님이 지상에 계실 때 앞으로 교회가 생기면 어떤 일을 하라고 가르치시지 않았습니다. 그러신 적 없습니다. 그런데 누가 시킨 것도 아닌데 교회가 탄생하자마자 자연스럽게 사도들은 가르쳤고 그들은 배웠습니다. 이 일에 최선을 다했습니다.

지금 우리가 생각할 때 교회는 당연히 말씀을 가르치고 배우는 곳이지만 처음부터 자연스럽게 이렇게 이루어진 것이 신비롭습니다. 성령님께서 인도하신 것입니다. 생각해보면 오늘날 교회에서도 이것이 가장 중요한 이야기입니다. 하나님의 말씀을 잘 가르치고 잘 배우면 됩니다. 이것 잘 되면 교회가 은혜롭습니다. 교회가 능력이 있습니다. 개인적으로도 내 신앙생활이 은혜롭습니다. 승리하는 신앙생활, 능력 있는 신앙생활 할 수 있습니다. 그러나 이것이 잘 안되면 다른 것 다 잘 갖추어도 소용없습니다.

죄송한 이야기입니다만 설교하면서 보면 주무시는 분들이 많습니다. 왜 설교 시간에만 그렇게 잠이 오는지 모르겠습니다. 습관적으로 주무시는 분들이 있습니다. 설교 시작하면 눈 감고 정확하게 설교 끝나면 눈 뜹니다. 평생 주무시는 분들도 있습니다. 안타까운 이야기입니다. 설교 시간에 주보 보는 분들도 있습니다. 이때까지 무엇 하다가 이제 주보를 봅니까? 앞뒤 좌우를 두리번거리는 분들도 있습니다. 이러니 신앙생활이 제대로 안 되는 것입니다.

한 사람의 신앙생활이 언제부터 달라집니까? 말씀 대하는 자세가 달라질 때부터 신앙이 변합니다. 늦게 오던 사람이 일찍 오고, 뒤에 앉던 사람이 앞에 앉습니다. 말씀을 듣는 자세가 변합니다. 초롱초롱하게 눈을 뜨고 설교자를 뚫어지게 쳐다보면서 말씀을 사모하며 듣습니다. 말씀이 그 심령 속에서 역사하기를 시작합니다. 이때부터 말씀이 은혜가 되고 능력이 되고, 그 능력으로 성공적 신앙생활을 할 수 있게 됩니다.

본문에서 그들이 사도의 가르침을 받았다고 할 때 생각해야 할 것 두 가지가 있습니다.

첫째는 겸손입니다

본문에 겸손이 어디 있나, 생각할 수 있습니다. 보십시오. 저희가 사도의 가르침을 받았다고 했으니 가르치는 사람은 사도들입니다. 사도들의 본래 직업이 무엇입니까? 갈릴리 어부 출신이 제일 많습니다. 어부들 공부 많이 한 사람들 아닙니다. 나중에 사도행전 4장 보면 산헤드린 공회가 베드로, 요한을 붙잡아 왔을 때 베드로와 요한이 말을 기탄없이 잘하는 것을 보고 놀랍니다. 베드로와 요한이 어부 출신이라 본래 학문 없는 범인(행 4:13)인 줄 알았는데, 말을 잘하는 것을 보고 공회원들이 놀란 것입니다. 거기 '학문 없는 범인'이라는 말, 헬라어로 '아그람마타'(ἀγράμματα)라는 말인데, '아'(α)라는 말은 영어로 'no', '없다'는 뜻이고, '그람마'(γράμμα)는 '문자'라는 뜻입니다. 영어 'grammar'도 여기에서 나온 말입니다. 그러니 우리말로 하면 '불학무식'이라는 뜻입니다. 어부 출신이라 불학무식한 사람들인 줄 알았던 것입니다. 실제 어부들 공부 많이 한 사람 아닙니다.

가르침을 받는 사람들은 누구입니까? 예루살렘 사람들이었습니다. 당시 예루살렘 사람들은 갈릴리 시골 출신들과는 신분이 달랐습니다. 그중에는 관원도 있었을 것이고 부자도 있었을 것이고 공부 많이 한 사람들도 많이 있었을 것입니다. 그런데 이들이 갈릴리 어부들 앞에 하나님의 말씀을 배우기 위해 겸손하게 무릎을 꿇었습니다. 이게 겸손 아니고 무엇이겠습니까? 겸손이지요. 얼마나 귀한 모습인지 모릅니다. 다른 것 배운다면 고개 숙일 이유가 없습니다. 그러나 하나님의 말씀은 사도들이 전문가입니다. 그래서 사도들 앞에 겸손히 고개를 숙인 것입니다.

여러분, 겸손한 자세가 중요합니다. 말씀 앞에서는 겸손해야 합니다. 하나님의 은혜는 아래로 흘러 내려갑니다. 아래로 아래로만 흘러갑니다. 겸손할수록 그 심령에 말씀이 은혜로 역사합니다. 절대로 위로 올라가지 않습니다. 그러니 교만한 심령에는 은혜가 역사하지 않습니다.

'설교 한 번 들어보자. 어떻게 하나 들어보자.' 아닙니다. "하나님! 말씀하세요. 종이 듣겠나이다." 이런 마음이어야 합니다.

제가 신약에서 좋아하는 사람 중 고넬료라는 사람이 있습니다. 성경 사도행전 10장을 보면 고넬료에 관한 이야기가 나타납니다. 고넬료, 직업이 무엇입니까? 로마 군대 백부장이었습니다. 백부장이면 지금 군대에서 부하가 백 명인 지휘관으로 중대장쯤 됩니다. 별로 높은 사람 아닙니다. 그러나 당시로는 막강한 사람이었습니다. 로마의 귀족이요 높은 사람이었습니다. 더구나 식민지 땅에 와 있는 점령군 군대의 백부장이었습니다. 옛날 우리나라 일제 강점기에 일본군 헌병 대장쯤 된다고 생각하면 됩니다. 어마어마한 사람이었습니다. 이 고넬료가 천사의 지시로 욥바에 머물고 있는 베드로를 청하여 집에 모셔서 말씀을 듣게 됩니다. 종을 보내어 베드로를 모셔오게 하고 자기는 권속들을 다 불러 모아 놓고 말씀을 들을 준비를 했습니다. 중요한 것은 베드로가 고넬료 집에 들어올 때 고넬료가 어떻게 맞이했는가 하는 것입니다. 사도행전 10장 25-26절 함께 읽겠습니다.

"마침 베드로가 들어올 때에 고넬료가 맞아 발 앞에 엎드리어 절하니 베드로가 일으켜 이르되 일어서라 나도 사람이라 하고."

여기 고넬료가 베드로에게 발 앞에 엎드리어 절했다고 했습니다. 여기 이 절은 코가 땅에 닿도록 엎드려 절하는, 가장 큰절을 뜻합니다. 얼마나 큰절을 했던지, 베드로가 놀라서 "일어서라, 나도 사람이라"고 말하고 있습니다. 사람에게 하는 절을 하지 않았다는 뜻입니다. 당시 신들에게 경배할 때 하는 절을 한 것입니다. 로마 백부장이 식민지 어부 출신에게, 그야말로 하나님을 대하듯 하고 있습니다.

왜 그렇게 합니까? 고넬료는 베드로를 모릅니다. 베드로에 대해 아는 것이 없습니다. 나이가 몇 살인지 직업이 무엇인지 아무것도 모릅니다. 알고 있는 것은 단 한 가지, 이 사람이 나에게 말씀을 전하기 위해 오는 사람이라는 한 가지입니다. 다른 것은 알지도 못하고 또 알 필요도 없습니다. 말씀 가지고 온다는 사실 하나로 그야말로 엎드려 부복하고 있습니다. 하나님의 말씀이 귀하기에 그 말씀 전하는 사람도 귀한 것입니다. 말씀 앞에 겸손했기에 그 말씀 전하는 사람 앞에서도 엎드려 절을 하는 것입니다. 이 얼마나 아름다운 겸손한 모습입니까?

말씀이 귀하기에 말씀 전하는 사람도 귀하게 여겨야 합니다. 그래야 그분이 전하는 말씀이 내게 은혜가 됩니다. 한번은 길을 가는데 저기서 담임목사님이 오고 있습니다. 얼마나 반갑습니까? '가까워지면 인사해야지' 다짐하고 준비하고 가다가 목사님이 가까이 와서 인사를 하니 목사님이 다른 곳을 보고 있습니다. 본 척도 하지 않는 겁니다. '이럴 수가 있나? 나는 가난하다고 무시하는구나.' 마음이 상했습니다. 다음 주일날 예배드리는데 설교에 은혜가 됩니까? 될 리가 없습니다. 다시 생각해봅시다. 목사님이 나를 무시했겠습니까? 아닙니다. 다른 생각하시느라 못 본 것입니다. 목사님이 나를 못 본 척 할 리가 없지 않습니까? '목사님이 다른 생각에 골몰하시느라 못 보셨구나' 이렇게 생각하면 되는데, 자꾸 안 좋은 방향으로 생각합니다. 그거 마귀가 주는 생각입니다. 모든 일이 마찬가지입니다. 좋은 방향으로 생각해서 목사님과 좋은 관계를 가져야 합니다. 그래야 내가 말씀에 은혜를 받을 수 있습니다.

고넬료가 권속들을 다 모아놓고 베드로를 통해 하나님의 말씀을 듣기 전에 하는 말이 있습니다. 10장 33절 함께 읽겠습니다.

> "내가 곧 당신에게 사람을 보내었는데 오셨으니 잘하였나이다 이제 우리는 주께서 당신에게 명하신 모든 것을 듣고자 하여 다 하나님 앞에 있나이다."

"주께서 당신에게 명하신 모든 것을 듣고자 하여 다 하나님 앞에 있나이다." 얼마나 감격스러운 고백입니까? '당신 말을 듣기 위해 당신 앞에 있나이다'가 아닙니다. 하나님의 말씀을 듣기 위해 하나님 앞에 있다고 했습니다. 우리가 주일날 말씀 들을 때 이런 마음 가지면 왜 말씀이 은혜가 되지 않겠습니까? 목사의 말씀을 듣는 것이 아니라 하나님께서 목사님을 통해 내게 주시는 말씀을 듣는 것입니다.

목사님 앞에 있는 것이 아니라 하나님 앞에 있는 것입니다. 말 그대로 겸손한 자세였습니다. 이런 겸손한 자세였기에 고넬료의 집에서 베드로가 말씀을 전할 때 성령님이 임하십니다. 이방인 중에 공식적으로 최초로 복음을 받는 복을 받습니다. 오늘도 이런 겸손한 자세에 말씀이 생명의 역사를 이룹니다. 여러분, 말씀 앞에 겸손하십시오. 말씀 앞에 겸손한 자세를 가지는 여러분 다 되시기를 바랍니다.

둘째는 사모하는 마음입니다

본문에 "오로지 힘썼다"라고 했습니다. 오로지 힘썼다는 말이 무슨 뜻입니까? 사도들의 가르침을 받는 데 오로지 힘썼다고 했습니다. 여러분, 가르침은 그냥 배우면 되는 것 아닙니까? 설교는 그냥 들으면 되는 것 아닙니까? 그런데 오로지 힘썼다는 말은 무슨 뜻입니까? 어떻게 하는 것이 오로지 힘쓰는 것입니까? 한마디로 사모했다는 뜻입니다. 간절한 마음, 사모하는 마음으로 말씀을 들었다는 뜻입니다. 그것이 가르침을 받는 데에 오로지 힘쓴 것입니다.

현대 그리스도인들에게는 말씀을 사모하는 마음이 없습니다. 여기 문제가 있습니다. 태평양 바다 한복판에 병이 떠 있어도 입구가 마개로 닫혀 있으면 물 한 방울 들어갈 수 없습니다. 비가 아무리 내려도 그릇을 엎어 놓으면 물 한 방울 그 속에 들어갈 수 없습니다. 사모하는 마음, 받아들이겠다는 마음이 없으면 은혜가 폭포처럼 흘러도 그 심령 속에는 한 방울도 들어갈 수가 없습니다. 오늘 우리의 설교 듣는 자세는 어떻습니까? 아무 생각이 없지 않습니까? 아무런 준비가 없지 않습니까? 사모하는 마음을 다시 찾아야 합니다. 은혜를 받겠다는 간절한 마음으로 말씀을 들어야 합니다.

제가 서울에서 목회할 때 강남금식기도원에서 저를 설교하러 오라고 한 적이 있습니다. 당시 강남금식기도원은 오순절 계열의 기도원이었습니다. 저는 오순절 스타일이 아니지 않습니까? 그래서 처음에 제가 이 사람들이 전화를 잘못한 것 아닌가 생각했습니다. 그런데 저한테 전화한 것 맞다는 겁니다. 목사가 설교하러 오라는데 못 갈 이유가 없지 않습니까? 그래서 약속을 하고 가서 설교를 했습니다. 놀란 것은 본 교회에서 설교할 때보다 더 은혜가 되더라는 겁니다. 말씀을 빨아 당기는 것 같았습니다. 은혜의 역사가 있었습니다. 그 후 3개월에 한 번씩 설교했습니다. 제가 설교를 잘해서가 아니었습니다. 설교를 마치고 나갈 때 작은 방이 있는데 그곳에 한 스무 명 정도 기도제목을 들고 저를 기다리고 있었습니다. 설교할 때 이분들에게 기도제목 보고 안수기도 해주기로 약속했었습니다. 그래서 마치고 안수기도를 하는데, 기도제목을 보니 "저는 췌장암입니다." "저는 대장암 말기입니다." "저는 폐암입니다." 전부 이렇습니다. 이러니 이분들이 어떤 마음으로 설교를 듣겠습니까? '그냥 들어보자' 하고 앉아 있을 수 없습니다. 말씀을 붙들고 그 말씀으로 일어서려고 생명을 걸고 말씀을 듣는 것입니다. 그러니 말씀이 은혜가 되지 않을 수 없었던 것입니다. 그때 제가 알았습니다. 말씀은 전하는 사람도 중요하지만 듣는 사람도 중요하다는 것입니다. 은혜를 사모해야 합니다. 사모해야 말씀이 역사합니다.

여러분 자녀가 저녁에 학교에서 집에 오면서 군것질을 잔뜩 하고 들어왔습니다. 떡볶이, 어묵 잔뜩 먹고 왔습니다. 배가 고프지 않습니다. 집에 와서 저녁 먹습니까? 저녁을 먹일 수 있습니까? 못 먹입니다. 먹일 길이 없습니다. 배가 고파야지요. 먼저 사모하는 심령이 중요합니다. 사모하는 심령에 은혜가 임합니다. 그래서 시편 107편 9절에 "그가 사모하는 영혼에게 만족을 주시며 주린 영혼에게 좋은 것으로 채워주심이로다"라고 했습니다. 사모하는 영혼에게 만족을 주시며 주린 영혼에게 좋은 것으로 채워주십니다.

'오늘 주일 말씀으로 내가 한 주간을 산다. 말씀에 은혜받아야 한 주간 승리한다. 그렇지 않으면 승리할 수 없다.' 이런 마음으로 은혜를 간절히 사모해야 합니다.

현대 그리스도인들이 잃어버린 것 중 하나가 말씀의 은혜를 사모하는 마음입니다. 중요한 이유 중 하나가 말씀이 너무 흔해서입니다. 말씀이 너무 흔하다 보니 귀한 줄을 모릅니다. 인터넷에서도 전부 설교요, 방송에서도 설교가 쏟아지고 있습니다. 너무 흔하다 보니 말씀이 소중하다는 사실을 잃어버렸습니다. 사모하는 마음이 없습니다. 말씀의 생명력 있는 역사가 일어날 수가 없는 것입니다.

어느 목사님 한 분이 북한에 가셨습니다. 평양 시내를 관광하는데 안내인이 안내를 합니다. 안내를 하지만 동시에 감시인입니다. 다른 행동 못하도록 딱 붙어서 감시를 하는 것입니다. 그런데 이 목사님 평양 시내를 돌아다니면서 옆구리에 성경책을 끼고 다녔습니다. 성경책은 누가 보아도 성경책인 줄 압니다. 목사님 의도가 있었습니다. '이 평양 시내에도 예수 믿는 사람 있을 것이다. 그 사람들에게 이 성경책이 무언의 위로와 격려가 되지 않겠는가,' 그런 마음으로 성경책을 옆구리에 끼고 다녔습니다. 그런데 가만히 보니 누군가가 따라오는 것 같습니다. 돌아보니 보이지 않고 아무도 없습니다. 이상하다 생각하고 다녔는데 한번은 안내인이 무슨 일이 있어서 잠깐 자리를 비웠습니다. 목사님이 혼자 길에 서 계시게 되었습니다. 그랬더니 아니나 다를까 할머니 한 분이 쪼르르 목사님에게 다가왔습니다. 대뜸 하시는 말씀이 "목사님이시지요?" "예, 제가 목사 맞습니다." "그 옆구리에 끼고 계시는 책 성경책 맞지요." "예, 성경책 맞습니다." "목사님, 그 성경책 저 주실 수 없겠습니까?" "할머니, 이 책을 제가 할머니 드리는 것은 어렵지 않지만 할머니께서 저에게서 이 책 받았다는 것 당국이 알면 할머니가 곤란해지실 텐데요." 여러분, 무슨 말씀인지 아시겠지요. 북한에서 예수 믿는다는 것이 알려지면 그날로 끝나는 것이지요. 바로 처형당합니다. 목사님 말씀의 뜻이 그 뜻이었습니다. "책을 드리는 것이야 하나도 어렵지 않지만 할머니께서 저에게서 이 책 받았다는 것 당국이 알면 할머니가 곤란해지실 텐데요." 그랬더니 그 할머니가 이렇게 대답하시더랍니다. "목사님! 저 한번 보세요." 보니 나이가 80은 넘었을 것 같은, 정말 연로한 할머니셨습니다. "목사님! 제가 이제 살면 얼마다 더 살겠습니까? 제 남은 생애 그 하나님의 말씀 한 번 실컷 읽어볼 수만 있다면 저는 죽어도 아무 여한이 없습니다."

여러분, 이런 마음으로 말씀을 사모하는 사람들도 있습니다. 우리는 말씀이 너무 흔해서 귀한 줄을 모릅니다. 사모하는 마음을 다시 찾아야 합니다.

　그래서 겸손한 마음, 사모하는 마음으로 말씀을 대할 때 말씀이 우리 심령 속에서 은혜가 되고 능력이 됩니다. 말씀이 우리 심령 속에서 살아 있는 역사를 이룹니다. 이 말씀이 나를 사로잡고 나를 인도합니다. 말씀이 나를 보호하고, 말씀이 나를 축복합니다. 말씀 앞에 겸손한 마음, 사모하는 마음가짐으로 말씀의 은혜와 능력으로 승리하는 여러분 다 되기를 바랍니다.

5.
옷에 손을 댄 여인

(막 5:25-34)

어느 책에서 이런 이야기를 읽었습니다. 서양 어느 나라에서 왕이 학자들을 불러 인류 역사를 책으로 써오라고 했습니다. 학자들이 오랜 시간을 걸쳐 책을 써왔는데 두꺼운 책이었습니다. 왕은 책이 너무 두꺼우니 줄여 오라고 했습니다. 학자들이 다시 줄여 책을 만들었는데 왕은 그것을 보고 이것도 두꺼우니 더 줄이라고 했습니다. 학자들이 다시 줄였는데 왕은 그것도 두껍다고 했습니다. 학자들은 다시 줄이고 이렇게 몇 번 반복하다 보니 나중에는 책이 한 페이지짜리가 되었습니다. 그 속에는 커다란 글씨로 "고난과 고통"이라고 기록되어 있었다고 합니다.

제 생각에 이 이야기는 누군가가 지어낸 이야기 같습니다. 그러나 그 내용, 인류의 역사를 요약하면 고난과 고통이라는 내용은 진리라고 생각합니다. 인류의 역사뿐 아니라 한 사람의 생애도 마찬가지입니다. 한 사람의 생애를 요약하면 고난과 고통이 될 것입니다. 확실히 우리에게는 이런저런 고통이 있습니다.

오늘 본문에서 우리는 고통 받는 한 여인을 봅니다. 예수님이 지상에 계실 때 예수님을 만나러 왔던 사람들 대부분이 고통받는 사람들이었습니다만 이 여인은 그런 사람들의 대표라고 할 수 있는 사람입니다. 여인에게 어떤 고통이 있었습니까?

첫째, 질병의 고통이 있었습니다. 본문 25절에 "열두 해를 혈루증으로 앓아 온 한 여자가 있어"라고 했습니다. 열두 해를 혈루증으로 앓았다고 했습니다. 혈루증이란 아래로 피가 끊임없이 흘러내리는 고질적인 부인병입니다. 당시 의학이 발달하지 못했던 시대에 이런 병에 걸렸다는 것은 치명적이었습니다. 이 혈루증을 십이 년 동안 앓았다고 했습니다. 여자의 나이가 몇 살인지 성경에 나타나지는 않지만, 십이 년 동안 이 병을 앓았다고 했으니 아마 여자로서의 좋은 시절은 전부 이 병으로 보냈을 것 같습니다.

그래서 많은 의사를 찾아가 보았습니다. 26절에 "많은 의사에게 많은 괴로움을 받았고"라고 했습니다. 아니 의사는 병을 고치는 사람인데 왜 의사에게서 괴로움을 받습니까? 당시 의학으로 혈루증 같은 병은 고칠 수가 없었습니다. 그렇다면 의사들이 솔직하게 못 고친다고 해야 할 텐데, 그렇게 하지 않았다는 뜻입니다. 많은 의사들이 돈을 노리고 병을 치료한다고 하면서 터무니없는 방법으로 괴로움만 더한 것입니다. 지금 우리로서는 상상도 할 수 없는 별 희한

한 방법을 다 사용했을 것입니다. 의심할 여지 없이 이 가여운 여인은 이러한 무모한 치료법의 대상이 된 것입니다. 십이 년이라는 긴 세월 동안 우리가 상상도 할 수 없는 여러 가지 엉터리 치료법으로 의사들이 여인을 괴롭혔습니다. 그래서 본문은 많은 의사에게 많은 괴로움을 받았다고 말씀하고 있습니다.

본문에 계속해서 "가진 것도 다 허비하였으되 아무 효험이 없고 도리어 더 중하여졌다"라고 했습니다. 십이 년 동안의 치료비로 재산 다 날려버렸습니다. 그런데도 치료는 효험이 없고 오히려 병은 더욱 중하여지기만 하였습니다.

둘째, 부끄러움의 고통이 있었습니다. 여자는 누구나 아름답게 보이고 싶은 마음이 있습니다. 언젠가 텔레비전을 보니 미혼 여성들이 결혼 대상 남성을 찾을 때 조건이 20대, 30대, 40대, 세대별로도 달랐습니다. 세대 별로 결혼 대상자의 첫째 조건이 달랐습니다. 그런데 미혼 남성이 결혼 대상 여성을 찾을 때는 20대나 30대나 40대나 조건이 똑같았습니다. 무엇일 것 같습니까? 20대도 30대도 40대도 첫째 조건은 '예쁜가?'였습니다. 남자들이 이러니 여자가 예쁘게 보이고 싶어 하는지 모르겠습니다만 아무튼 여성이 예쁘게 보이고 싶은 것은 당연한 이야기입니다. 그러나 이 여인은 그럴 수가 없었습니다.

이스라엘은 사막지대이기에 물이 귀합니다. 마실 물마저 귀한 형편에 목욕을 자주 하는 것은 상상하기도 어려운 일입니다. 또한 지금처럼 철 따라 옷을 갈아입고, 날마다 내의를 바꾸어 입는 형편이 아니었습니다. 옷 한 벌이 재산이요 옷 한 벌을 대를 물려가며 입는 때였습니다. 그런데 보십시오. 12년 동안 치료비로 재산 다 날렸습니다. 두 벌 옷이나 있었겠습니까? 목욕도 못 하고 옷마저 제대로 갈아 입을 수가 없습니다. 당연히 기저귀나 용품 같은 것 없습니다. 천으로 대충 처리해야 합니다. 얼마나 무더운 곳입니까? 한번 상상해 보세요. 냄새가 오죽했겠습니까? 그렇잖아요. 여자에게서 얼마나 지독한 냄새가 났겠습니까?

보십시오. 여인이 예수님께로 왔을 때 예수님 뒤로 왔습니다. 모든 사람이 주님 만날 때 앞으로 왔습니다. 그러나 여인은 뒤로 왔습니다. 왜 뒤로 왔습니까? 왜 뒤로 왔는지 생각해보셨습니까? 그런가 하면 그토록 어렵게 주님 가까이 나왔으면서도 감히 입을 열지 못했습니다. 아무 말도 안 했습니다. 예수님을 찾았던 모든 사람이 주님께 나아왔을 때 자기의 사정을 고했습니다. 심지어 한센병자들까지도 고쳐 달라고 큰 소리로 부르짖었습니다. 그러나 여인은 바로 예수님 곁에까지 왔으면서도 무엇이라 말을 할 수가 없었습니다. 뒤로 와서 옷에 손을 대었습니다. 옷에 손을 대었다는 말은 옷을 붙잡았다는 뜻이 아니고 요렇게 살짝 옷에 손을 대었다는 뜻입니다. 왜 옷에 요렇게 했겠습니까? 모르게 하기 위해서입니다. 알릴 수가 없습니다. 모두에게, 심지어 예수님에게까지 숨기기 위해 옷에 손 댄 것입니다. 주님에게까지 와서도 이렇게 숨겨야만 하는 이 부끄러움, 이해하시겠습니까?

셋째, 더 큰 고통이 있었습니다. 외로움이었습니다. 레위기 15장에

의하면, 하혈하는 여인의 몸이 닿았던 것은 사람이든 물건이든 하루가 부정합니다. 하루가 부정하다는 말은 여인의 몸에 닿은 물건은 하루 동안 사용할 수 없다는 뜻입니다. 하루 안에 무엇이 거기 닿으면 그것도 부정해집니다. 사람도 마찬가지입니다. 그런데 이 여인은 항상 하혈하니 항상 부정합니다. 그러면 생각해봅시다. 여인이 식사를 준비했습니다. 준비하면서 그릇을 만지고 숟가락을 만졌습니다. 누군가가 그 그릇으로 식사하거나 그 숟가락을 사용하면 그 사람 부정해집니다. 그러니 이미 이 여인에게는 가족이 없습니다. 결혼했건 하지 않았건 가족이 없습니다. 누구도 함께 살 수 없습니다. 당연히 가까이 지내는 사람도 없습니다. 여인은 아무도 가까이할 수 없고, 누구와도 교제해서는 안 되는 외로움을 안고 살아야 했습니다.

그뿐이 아닙니다. 여자는 하나님께 예배하는 성전에도 들어갈 수 없었습니다. 성전에는 여인들이 들어가서 기도할 수 있는 뜰이 있었습니다. 그러나 이 여인은 부정하다 하여 성전 뜰에마저 출입할 수 없었습니다. 그는 결국 하나님으로부터도 버림을 받은 처지에 있었습니다. 모든 사람으로부터, 모든 것으로부터 버려진 사람, 여러분, 이 고통, 생각할 수 있겠습니까? 말 그대로 죽음보다 더한 외로움이었을 것입니다. 누구에게서도 위로받지 못하고, 아무에게서도 싸매임 받지 못하는 사람, 어쩔 수 없이 모든 고통을 홀로 안고 살아가야 하는 외로운 사람이었습니다.

그러면 이제 이 여인이 어떻게 문제 해결을 받는지 살펴봅시다. 먼저 이 여자가 예수님께 나왔습니다. 27절을 함께 읽겠습니다.

"예수의 소문을 듣고 무리 가운데 끼어 뒤로 와서 그의 옷에 손을 대니"(27절).

이미 온갖 치료도 다 받아보았고, 가산도 다 탕진했습니다. 병은 오히려 더 중하여졌고 기력은 쇠하여질 대로 쇠하여졌습니다. 그는 자신의 병이 불치의 병임을 잘 알고 있었습니다. 그러나 예수님의 소문을 들었을 때 다시 소망을 가졌습니다. 그리고는 예수님을 찾아서 마침내 예수님께 나오게 된 것입니다.

먼저 나와야 합니다. 문제 해결의 첫걸음은 주님께 나오는 일입니다. 주님께 나오지 아니할 때 어떤 은혜도 복도 받을 수 없습니다. 나오지 않으면 아무것도 시작이 될 수 없습니다. 주님께 나와야 합니다.

하지만 알아야 할 것이 있습니다. 나오기만 한다고 문제가 다 해결되는 것은 아니라는 사실입니다. 본문에도 보면 이 여자가 무리 가운데 끼었다고 했습니다. 무리가 주님을 따르고 있었다는 이야깁니다. 무리가 누구입니까? 주님을 만나러 온 사람들입니다. 그중에는 구경 온 사람들도 있었겠지만 많은 사람이 고통받고 있기에 왔습니다. 문제 해결 받으러 왔습니다. 그러나 그들은 예수님을 따라다니기만 했지, 예수님을 구경만 했지, 아무런 은혜도 받지 못했습니다. 다른 사람 병 낫고, 다른 사람 복 받는 것, 구경만 했습니다.

오늘날도 마찬가지입니다. 수많은 사람이 예수님께 나오지만 구경만 하고 돌아갑니다. 주위에 둘러서서 따라만 다니고, 다른 사람 은혜받는 것 구경만 하고 있습니다.

무리와 여자가 달랐던 점이 무엇이었습니까?

첫째, 믿음이 있었습니다

28절을 함께 읽겠습니다.

"이는 내가 그의 옷에만 손을 대어도 구원을 받으리라 생각함일러라."

여인은 "내가 그의 옷에만 손을 대어도 구원을 받으리라" 하고 믿었습니다. 이 믿음이 중요합니다. 한번 상상해봅시다. 여인은 고통 중에 예수님의 소문을 들었을 것입니다. 그에 관한 모든 소문을 아마 자기가 알고 있는 성경 지식과 맞추어 보았을 것입니다. 그리고는 예수님이 메시아임을 확신했습니다. 그리고는 예수님께만 가면 구원을 받는다는 믿음을 가졌습니다.

지금까지 많은 사람에게 속아왔기에 여인의 믿음은 더욱 귀합니다. 사람들의 마음을 지배하는 것이 보편적 진리, 소위 통계적 진리라는 것입니다. 열 사람 중 아홉 사람에게 속으면 나머지 한 사람은 저절로 믿을 수 없게 됩니다. 찾아가 보나 마나가 됩니다. 제가 소화 기능이 좋지 않습니다. 한 8년 고생했습니다. 검사도 했고, 좋은 약도 썼습니다. 한방 치료를 포함해 여러 가지 치료를 받았습니다. 좋다는 것은 다 해보았습니다. 안 나았습니다. 자, 이제 누가 저한테 어디 가면 낫는다고 하면 제가 가겠습니까? 안 가겠습니까? 안 갑니다. 가도 안 낫는다는 것이 제 마음에 보편화된 것입니다. 여자를 보십시오. 얼마나 많은 사람에게 속았습니까? 한번 생각해 보십시오. 누구에게 가면 낫는다, 틀림없이 낫는다, 이런 말을 얼마나 많이 들었겠습니까? 그런데 나중 보니 다 아니었습니다. 이렇게 되면 이제 사람을 믿을 수가 없게 됩니다.

그런데 여자는 주님은 다르다고 믿었습니다. 이것이 중요합니다. 여러분, 주님은 다르다고 믿어야 합니다. 주님은 다릅니다. 다른 사람 다 내 문제 해결해주지 못했지만, 주님은 내 문제를 해결해주실 수 있습니다. 다른 사람은 다 실망케 했지만 주님은 실망케 하지 않습니다. 다른 사람 다 고치지 못했지만, 주님은 고칠 수 있습니다. 이것을 믿어야 합니다. '주님은 해결해주실 수 있다. 주님은 실망시키지 않는다. 주님은 어떤 어려움도 해결해주실 수 있다.' 이것을 믿어야 합니다. 이 믿음이 중요합니다. 이 믿음으로 주님께 나와야 합니다.

둘째, 겸손이 있었습니다

여자가 무리들과 달랐던 또 하나의 특징이 겸손이었습니다. 여자에게는 겸손이 있었습니다.

"내가 그의 옷에만 손을 대어도 구원을 받으리라 생각함일러라" (28절).

여러분, 이 말이 주는 느낌이 무엇입니까? "옷에만 손을 대어도", 나같이 부끄럽고 부정한 사람이야 옷에만 손을 대어도 된다는 것입니다. 주님이 뭐, 굳이 말씀하시고 그러지 않아도 나 같은 사람은 옷에만 손을 대어도 된다는 것입니다. "개들도 주인의 상에서 떨어지는 부스러기는 먹는다"라고 했던 수로보니게 여인의 고백을 생각나게 합니다. '나는 부스러기 은혜라도 족합니다.' '나는 옷에만 손을 대어도 됩니다.' 얼마나 아름다운 겸손한 마음입니까?

겸손한 마음이 은혜를 받습니다. 여러분! 바리새인과 세리의 기도를 생각해 보십시오. 하나님은 바리새인의 기도를 듣지 아니하시고 세리의 기도를 들으셨습니다. 세리의 기도가 어떤 기도였습니까? 감히 하늘을 우러러보지도 못하고, 가슴을 치며 "나는 죄인입니다. 나를 불쌍히 여기소서!" 기도했습니다. 하나님은 그 기도를 기뻐하셨습니다. 겸손한 자에게 은혜가 임합니다. 겸손한 사람이 하나님의 능력을 체험합니다. 여러분, 겸손하게 구하십시오. '나는 옷에만 손을 대어도 된다', '나는 은혜의 부스러기라도 된다'고 믿고 "주님, 나를 불쌍히 여겨주시옵소서" 겸손하게 구할 때 은혜의 역사가 일어납니다.

셋째, 간절한 마음이 있었습니다

한번 생각해보세요. 이 여인이 그 수많은 인파를 헤치고, 주님 뒤로 다가갈 때 어떠한 마음을 가졌겠습니까? 주님 주위의 무리를 간단하게 생각하면 안 됩니다. 예수님 집 안에 계실 때는 중풍병자를 메고 온 사람들이 사람들 때문에 예수님께 다가갈 수 없어 지붕 위로 올라가서 지붕을 뚫었습니다. 길을 가실 때 삭개오 같은 남자도 주님 주위의 인파를 헤칠 수가 없어서 나무 위에 올라갔습니다. 그런데 보세요. 이 여인은 열두 해를 피를 흘렸으니 몸은 이미 쇠약해질 대로 쇠약해졌습니다. 거기에 재산 다 탕진했습니다. 식사를 든든하게 먹을 수 있는 형편도 아닙니다. 무슨 힘이 있겠습니까? 이 여인이 그 사람들을 헤치고 주님께 간다는 불가능한 이야기였습니다.

그런데도 여인은 무리를 헤치고 주님께 다가갔습니다. 어떻게 이것이 가능합니까? 여인은 이것이 마지막이라 생각했습니다. '내가 여기서 주님 만나지 못하면 내 인생은 끝이다. 여기서 주님을 만나지 못하면 나는 죽는 길 외에 다른 길이 없다. 기어코 주님 만나야 한다.' 이런 간절함으로 초인적인 힘을 발휘해서 주님께 다가갔던 것입니다. 정말 간절함 마음이 있었습니다.

오래 예수를 믿을 때 빠지게 되는 가장 큰 위험은 하나님에 대한 간절함이 사라지는 것입니다. 하나님을 찾는 데 아무런 간절함이 없습니다. 그저 타성에 젖어 습관적으로 기도하고 습관적으로 찬송 부릅니다. 습관적으로 예배드립니다. 습관적으로 말씀 듣습니다. 이런 마음에는 하나님의 역사가 나타나지 않습니다.

여러분! 주일마다 하나님 앞에 나옵니다. 어떤 마음으로 나옵니까? 그냥 주일이니까 아무 생각 없이 오는 것은 아닙니까? 지난 주일도 왔고 그래서 오늘도 왔고 다음 주일도 오고, 주일날 하는 행사로

오는 것 아닙니까? 깊이 생각해보아야 합니다.

예배가 무엇입니까? 예배는 공식적으로 하나님을 만나는 것입니다. 우리는 공동체로 모여 하나님께 감사하고 하나님의 은혜를 받는 것이 예배입니다. 하나님을 만나는 것이 얼마나 벅차고 감격스러운 일입니까? 그런데 예배드리기 전에 하나님을 만난다는 설렘이 있습니까? 주일날 예배당에 나올 때 오늘 하나님을 만난다는 기대가 있습니까? 예배당에 들어오면 물론 다른 교우들과 인사합니다. 그러나 인사를 했으면 그다음에는 기도로 주님을 만날 준비를 해야 합니다. "하나님! 오늘 예배 시간에 마음을 하나님께 집중하게 해주세요. 오늘 꼭 하나님 만나게 해주세요." 간절히 기도해야 합니다. 그리고 예배드릴 때는 순서마다 마음으로 집중에서 간절함으로 은혜를 기대하며 주님을 바라보아야 합니다. 이것이 마지막이라는 절박함과 간절함을 가지고 하나님을 바라보아야 합니다. 오늘 이 설교를 들으면서 어떤 일이 있어도 기어코 은혜를 받아야겠다는 간절함이 있어야 합니다. 그리할 때 하나님을 만나고 그리할 때 은혜를 받습니다. 그리할 때 그 심령에 역사가 일어납니다.

이렇게 여자가 예수님 뒤로 와서 예수님의 옷자락을 만졌더니 예수님이 "누가 내 옷에 손을 대었느냐?" 물으셨습니다. 이 말씀을 들은 제자들이 "무리가 에워싸 미는 것을 보시며 '누가 내게 손을 대었느냐?' 물으시나이까?" 대답했습니다. 무슨 뜻입니까? 이렇게 많은 사람이 따르고 있어 밀고 밀리는데 옷이 좀 닿았기로 어찌 그것을 말씀하십니까, 하는 뜻입니다. 인기가 좋아서 많이 모였고, 모였으니 밀고 밀리는 것이요, 그러다 보니 옷에 손이 닿을 수도 있는 것 아니겠습니까, 라는 뜻입니다.

　제자들의 말 옳습니다. 수많은 사람이 밀고 밀리는데, 옷에 손을 댄 사람이 한두 사람 아닐 것입니다. 그러나 예수님, 어쩌다 옷에 손을 댄 사람, 그런 사람 찾으시는 것 아닙니다. 주님은 다르다는 믿음을 가지고 옷만 만져도 된다는 겸손한 마음으로 그리고 이것이 마지막이라는 간절함을 가지고 옷을 만진 여인, 주님은 그 한 사람을 찾으십니다. 오늘 우리나라에서 수백만 명이 예배를 드립니다. 그러나 하나님은 어쩌다 아무 생각 없이, 그저 습관적으로 예배당에 앉아 있는 그런 사람 찾으시는 것 아닙니다. 믿음과 겸손함을 가지고 떨리는 마음으로 간절히 은혜를 사모하는, 그 한 사람을 하나님은 오늘도 찾으시고 만나주십니다.

　보십시오. 여자가 병엔 걸린 십이 년, 그동안 그 누구도 여자를 거들떠보지 않았습니다. 여자는 홀로 외로워하며 괴로워했습니다. 그러나 주님은 달랐습니다. 주님 지금 사실 회당장 야이로의 딸이 병들어 고치러 가시던 중입니다. 그 딸이 위독하기에 바쁜 걸음을 옮기시는 중입니다. 그러나 주님은 그 바쁜 와중에서도 발걸음을 멈추시고 여인을 찾았습니다. 본문을 정확하게 보면 29절에 여인은 예수님 옷에 손을 댈 때 이미 병이 나았습니다. 병이 나았으면 끝난 것 아닙니까? 그런데 왜 주님 발걸음 멈추시고 굳이 여자를 찾으십니까? 여자를 만나주시고 위로하시고 은혜를 주시기 위해서입니다. 만나주시고 위로하시고 은혜를 주시기 위해서입니다.

주님이 여인을 찾자 여인은 두려워하며 떨며 주님 앞으로 나아와 모든 사실을 말씀드립니다. 왜 두려워하며 떨었습니까? 몰래 옷에 손을 댔는데 주님이 찾으시니 얼마나 놀랐겠습니까? 더구나 예수님의 옷에 손을 대었으니 자기가 예수님을 부정하게 만들었습니다. 있을 수가 없는 일을 했습니다. 얼마나 두렵습니까? 그러자 예수님 말씀하십니다.

"딸아, 네 믿음이 너를 구원하였으니 평안히 가라 네 병에서 놓여 건강할지어다"(34절).

"네가 나를 부정하게 한 것이 아니다. 내가 너를 정결하게 했다. 네 믿음이 너를 구원했다." 병 고침 받은 은혜에 구원의 은혜까지 주십니다. "평안히 가라. 걱정할 것 없다. 평안히 가라. 네 병에서 놓여 건강할지어다." 이미 받은 치유까지 확인해주십니다. 얼마나 은혜로운 말씀입니까? 참으로 은혜롭고 복된 주님의 말씀입니다. 여자의 마음이 어떠했겠습니까? 기쁨과 감격과 감사에 가슴이 터질 것 같았을 것입니다.

예수님은 어제나 오늘이나 영원토록 동일하십니다. 오늘도 주님만 만나면 된다는 믿음을 가지고, 옷자락에만 손을 대어도 된다는 겸손한 마음으로 기어코 주님을 만나겠다는 간절함으로 주님을 사모할 때 주님 우리의 심령 깊은 곳에서 우리를 만나주시고 말씀하십니다. "네 믿음이 너를 구원하였으니 평안히 가라. 네 병에서 놓여 건강할지어다."

여러분 모두 심령 깊은 곳에서 이 말씀 들으시고, 이 말씀이 여러분의 심령에 능력이 되고, 이 말씀이 여러분을 치료하고, 이 말씀이 여러분의 심령에 역사하기를 바랍니다.

6.
꿈이 무너질 때

(롬 15:22-29)

유명한 사회심리학자 에리히 프롬(Erich Fromm)은 인간을 정의하기를 '호모 에스페란스'(homo esperans)라고 했습니다. 라틴어로 '호모'라는 말은 '사람'이라는 말이고 '에스페란스'란 말은 '희망'이라는 말입니다. 그러니 호모 에스페란스라는 말은 "사람은 희망의 존재다"라는 뜻입니다. 사람의 사람됨이 꿈과 희망을 갖는 데 있다는 뜻입니다. 사실이 그렇습니다. 동물에게는 꿈이나 희망이 없습니다. 동물은 그저 본능으로 삽니다. 그래서 천 년 전이나 지금이나 사는 모습이 똑같습니다. 그러나 사람은 꿈과 희망을 갖기에 꿈을 바라보고 새로운 삶을 개척합니다. 꿈이 있기에 꿈이 이루어지든 이루어지지 않든 인간의 삶은 발전해 나갑니다. 이런 점에서 인간의 특징이 꿈에 있다는 말은 의미가 있습니다.

문제는 이 꿈이 이루어지지 아니할 때가 많다는 사실입니다. 조지 프레드릭 왓츠라는 화가가 유명한 그림 하나를 남겼습니다. 그 그림의 제목은 〈희망〉입니다. 둥근 지구 맨 위에 슬픈 듯이 고개를 숙이고 눈도 가려져 있는 한 여인이 현악기를 연주하는 모습입니다. 그런데 가만히 보면 현악기의 줄이 하나밖에 없습니다. 그리고는 이 그림의 이름을 희망이라고 했습니다. 현악기의 줄이 처음에는 많았을 것입니다. 그만큼 처음에는 희망과 꿈이 많다는 뜻입니다. 그런데 인생을 살아가면서 이 희망의 줄이 하나둘 끊어져 나갑니다. 결국 이제는 마지막 남은 한 줄에 희망을 걸고 연주를 하는 것이 인생이라는 것이 이 그림의 의미입니다.

실제가 그렇습니다. 꿈은 이루어질 때보다 이루어지지 않을 때가 더 많습니다. 그러므로 중요한 것은 꿈이 이루어지지 아니했을 때 어떻게 그것을 극복해 나가느냐는 것입니다. 꿈은 이루어질 때보다 이루어지지 않을 때가 더 많으니 꿈이 무너졌을 때 그것을 어떻게 극복해 나가느냐, 여기에 인생의 승리 비결이 있다고 해도 과언이 아닙니다. 그렇습니다. 꿈이 무너졌을 때 그것을 극복해 나가는 여기에 인생 승리의 비결이 있습니다.

오늘 본문에는 사도 바울의 꿈이 나타납니다. 본문 22-24절 함께 읽겠습니다.

"그러므로 또한 내가 너희에게 가려 하던 것이 여러 번 막혔더니 이제는 이 지방에 일할 곳이 없고 또 여러 해 전부터 언제든지 서바나로 갈 때에 너희에게 가기를 바라고 있었으니 이는 지나가는 길에 너희를 보고 먼저 너희와 사귐으로 얼마간 기쁨을 가진 후에 너희가 그리고 보내주기를 바람이라"

이 편지는 로마서입니다. 그러므로 지금 여기 '너희'는 '로마에 있는 성도들'입니다. 바울은 로마에 있는 성도들에게 자신은 서바나로 갈 때 너희에게 가기를 원했다고 알려주고 있습니다. 바울의 간절한 소원은 로마를 거쳐서 서바나, 지금의 스페인에까지 가서 거기서 복음을 전하는 것이었습니다. 바울은 "온 유대와 사마리아와 땅끝까지 이르러 내 증인 되라"고 하신 주님의 그 말씀에 순종하고 싶었었는데, 당시 사람들은 서바나를 땅끝이라고 생각했습니다. 그래서 당시의 땅끝인 서바나에까지 가서 복음을 전하고 싶었습니다. 그리고 서바나로 갈 때 꼭 로마도 들러 복음을 전하고 싶었습니다. 우리 본문에는 로마는 그냥 성도들과 교제만 나누고 지나가기를 원하는 것처럼 표현되어 있지만 다른 성경을 보면 로마에서 복음을 전하는 것도 바울의 소원이고 꿈이었습니다. 당시 로마는 세계의 중심입니다. 로마에 복음을 전하면 그 복음은 세계를 향해 펴져 나갑니다. 그래서 로마에 가서 복음을 전하고, 그런 후에 로마 교회가 자기를 서바나에 선교사로 파송해주기를 원했습니다. 바울은 이러한 꿈을 가지고 기도하면서, 로마를 통해 서바나로 가게 되는 그날이 오기를 손꼽아 기다렸습니다.

그러나 바울의 이 꿈은 이루어지지 아니합니다. 우리 본문 25절을 보면 그는 지금 예루살렘으로 간다고 했는데, 그는 예루살렘에서 붙잡혀 죄수가 됩니다. 그래서 그는 죄수의 몸으로 황제의 재판을 받기 위해 로마로 오게 되고, 로마에 와서도 조그마한 셋집에 갇혀 있게 됩니다. 셋집에 가택연금을 당한 것입니다.

셋집에 가택연금을 당한 일에 대해 잠깐 말씀을 드리겠습니다. 사도행전을 읽어보면 바울은 로마에서 셋집에 갇히게 되고 출입을 못 하도록 황제의 시위대가 지켰습니다. 이 가택연금을 교회는 전통적으로 감옥에 갇혔다고 표현했습니다. 바울이 그의 편지를 보면 이 일을 두고 여러 곳에서 갇혔다고 표현합니다. 나아가 자유를 잃었다는 점에서는 가택연금은 감옥에 갇힌 것이나 다를 것이 없습니다. 이런 점에서 교회는 전통적으로 바울의 가택연금을 감옥에 갇혔다고 말해왔습니다. 목사님들이 이 가택연금을 두고 감옥에 갇혔다고 말씀할 때 그것이 잘못된 말이 아니라는 것을 이해해주시기 바랍니다.

자, 이렇게 로마에 와서 가택연금을 당했으니 자유의 몸으로 로마에 와서 복음 전하고 싶었던 꿈은 무너졌습니다. 죄수로 왔으니 로마 교회가 자기를 서바나에 선교사로 파송해주길 바랐던 꿈도 무너졌습니다. 바울의 가장 간절했던 꿈은 다 무너지고 말았습니다.

여러분의 꿈은 어떠합니까? 여러분의 꿈이 무너지지 않았습니까? 생각해보면 서바나로 가겠다는 원대한 꿈을 꾸었지만 결국은 로마의 작은 셋집에 갇히는 바울의 처지가 많은 경우 우리의 모습입니다. 이제 중요한 것은 이렇게 꿈이 이루어지지 않을 때 어떻게 해야 하느냐는 것입니다. 꿈이 무너질 때 어떻게 해야 합니까?

첫째, 하나님을 신뢰하고 좌절하지 말아야 합니다

그렇습니다. 좌절하지 말아야 합니다. 무엇보다 먼저 하나님을 신뢰하고 좌절하지 않는 것이 중요합니다.

사람들은 꿈이 이루어지지 않으면 보통 좌절하고 낙심합니다. 삶의 의욕을 잃어버리고, 회의에 빠지고, 때로는 절망하기도 합니다. 심지어 어떤 사람들은 하나님을 원망합니다. 하나님이 살아 계시면 이럴 수가 있느냐는 것입니다. 그런가 하면 믿지 않는 사람들은 스스로 목숨을 끊기도 합니다. 자살하는 사람의 심리가 무엇입니까? 여러 가지가 있겠지만 결정적인 것이 희망이 없다는 판단 때문입니다. '나갈 길이 없다. 그 어디에도 희망은 없다. 모든 것은 끝났다'라는 생각에 스스로 목숨을 끊습니다. 이렇게 사람들은 꿈이 무너질 때 좌절합니다.

그러나 바울은 좌절하지 않았습니다. 그의 서신서 어디에서도 좌절하거나 낙심하는 모습 없습니다. 바울은 하나님을 신뢰하고 조금도 좌절하지 않았습니다.

우리도 아무리 소중하고 큰 꿈이 무너졌다고 해도 낙심하거나 좌절하지 말아야 합니다. 좌절하면 그것으로 끝입니다. 내가 끝났다고 생각하면 진짜 끝나 버립니다. 꿈이 무너질 때는 꿈이 무너졌다는 사실에 매일 것이 아니라 하나님을 생각해야 합니다. 하나님을 생각해보세요. 내 꿈이 무너졌다고 하나님이 내 곁을 떠나신 것 아니지 않습니까? 하나님이 실패하신 것은 더더욱 아닙니다. 오히려 하나님은 나를 더 사랑하고 계시고 내 곁에 더 가까이 계십니다. 꿈이 무너질 때 이렇게 하나님을 바라보고 다시 일어서야 합니다.

사실 알고 보면 세상에 실패를 경험하지 않고 성공한 사람은 아무도 없습니다. 그렇지 않습니까? 실패 없는 성공은 없습니다. 세상에 성공한 모든 사람은 꿈이 무너지는 쓰라린 경험을 했지만 거기서 다시 일어선 사람들입니다.

제가 여기 한 사람을 소개하겠습니다. 그는 너무 가난해서 초등학교조차 제대로 졸업하지 못했습니다. 젊은 시절 진심으로 사랑했던 앤 러틀리지라는 여인은 젊은 나이에 장티푸스로 세상을 떠났습니다. 스물세 살에 처음으로 친구와 함께 상점을 열었는데 실패했고 이 빚을 갚는 데 17년 걸렸습니다. 스물일곱 살부터 신경쇠약과 우울증으로 시달렸고 평생 이 병과 싸웠습니다. 스물세 살, 같은 해에 일리노이주의 주의원 선거에 출마했으나 낙선합니다. 하원 의원에 두 번 낙선했고 상원 의원에 두 번 낙선했습니다. 정말 대단한 실패의 경력입니다. 아마 이 사람보다 더 많은 실패를 경험한 사람도 찾기 어려울 것입니다. 그러나 그는 끝까지 좌절하지 않았고 끊임없이 새롭게 도전했습니다. 그리하여 마침내 쉰한 살에 미국에 대통령으로 출마해서 당선되었습니다. 여러분! 이 사람이 누구인지 아십니까? 이 사람이 바로 미국에서 가장 존경받는 유명한 에이브러햄 링컨 대통령입니다.

꿈이 무너질 때 좌절하지 말아야 합니다. 위대한 사람들, 바울과 같은 사람들, 링컨과 같은 사람들만 좌절하지 않아야 하는 것 아닙니다. 바울과 링컨을 붙잡아 주신 하나님은 우리도 붙잡고 계십니다. 우리도 하나님을 신뢰하면 얼마든지 좌절하지 않을 수 있습니다. 꿈이 무너질 때 무엇보다 먼저 좌절하지 않겠다고 결심하십시오. "좌절하지 않게 해주세요." 기도하십시오. 꿈이 무너질 때 무엇보다 먼저 좌절하지 않는다고 명심하고 좌절하지 않아야 합니다.

둘째로, 하나님의 다른 뜻이 있음을 믿어야 합니다

꿈이 무너진 그 자리에 하나님의 다른 뜻이 있음을 믿어야 합니다. 보십시오. 바울의 꿈은 이루어지지 않았습니다. 실패로 돌아갔습니다. 그러나 여기에는 바울의 꿈과는 다른 하나님의 뜻이 있었습니다. 바울의 뜻과는 다른 하나님의 뜻이 있었다는 것, 이것이 중요합니다.

바울을 다시 생각해봅시다. 로마에서 셋집에 가택연금 되었다고 했습니다. 바울은 로마 시민권을 가지고 있었기 때문에 황제의 재판을 받게 되었고, 그러다 보니 황제의 시위대가 그를 지켰습니다. 시위대란 황제의 최측근으로 바울이 자유인으로 로마에 왔다면 접근도 할 수 없는 사람들입니다. 황제의 시위대가 바울을 지키다 보니 바울은 자연스럽게 이들과 접촉합니다. 그러면서 저들에게 복음을 전합니다. 평소에는 접촉도 하기 어려운 로마의 핵심 권력층에 셋집에 갇힘으로 복음을 전하게 되었습니다. 교회의 역사가들은 이때 복음이 로마 황실 안으로 전파되기 시작했고, 이때 전한 복음으로 로마의 권력층에 있는 많은 사람이 예수를 믿게 되었고, 그것이 나

중에 콘스탄틴 황제가 기독교를 공인하는 데 큰 역할을 했다고 평가합니다.

얼마나 놀라운 하나님의 역사입니까? 하나님은 로마 권력의 핵심 세력에게 복음을 전하게 하기 위해 바울을 황제의 시위대가 지키는 셋집에 선교사로 파송했던 것입니다. 그래서 그는 빌립보서에서 자신이 갇힌 일을 두고 빌립보서 1장 12, 13절에서 "형제들아 내가 당한 일이 도리어 복음 전파에 진전이 된 줄을 너희가 알기를 원하노라 이러므로 나의 매임이 그리스도 안에서 모든 시위대 안과 그 밖의 모든 사람에게 나타났으니"라고 고백합니다. '내가 셋집에 갇힌 일이 복음 전파에 방해가 된 것이 아니라 오히려 복음 전파에 유익이 되었다'고 하면서 '내가 매임으로 시위대 안에 복음이 전파되었다'고 간증하고 있습니다.

여러분! 이것이 하나님의 뜻이요 하나님의 계획입니다. 서바나로 가기를 원했던 바울의 꿈은 이루어지지 않았습니다. 그러나 하나님의 계획은 바울의 계획과 달랐습니다. 바울의 꿈이 무너지는 그때 하나님의 계획은 오히려 더 온전하게 이루어지고 있었습니다. 그래서 성경은 하나님의 생각은 사람의 생각과 다르고, 하나님의 계획은 하늘이 땅에서 높음과 같이 사람의 계획보다 높다고 했습니다. 우리는 우리의 꿈이 무너지는 그때, 나는 모르지만, 우리를 향한 하나님의 다른 뜻이 이루어져 가고 있음을 믿어야 합니다.

아프리카 우간다의 외딴 농촌에서 전도하던 선교사 스미스 부인의 이야기가 있습니다. 한번은 심한 병에 시달리고 있었는데 선교본부에서 송금이 오지 않았습니다. 선교사는 돈이 떨어져 음식도 약도 구할 길이 없었습니다. 송금은 한 달 늦게 도착했습니다. 한 달 동안 돈이 없어 거의 굶다시피 했습니다. 이듬해 스미스 선교사는 안식년을 맞아 본국으로 돌아갔습니다. 건강 진단을 받을 때 1년 전 몹시 앓았던 몸의 증세를 자세히 설명하면서 송금이 늦어 굶다시피 했던 것을 말씀드렸습니다. 이야기를 듣고 난 의사는 웃으며 말했습니다. "선교사님의 병을 알겠습니다. 당시 선교사님은 위의 상태가 좋지 않았고 소화 기능이 아주 약했습니다. 그때는 부드러운 식사를 조금씩만 하고 거의 한 달쯤은 굶을 정도로 음식 조절을 했어야 했습니다. 당시 만약 정상적으로 식사를 했다면 위에 큰 어려움이 생겼을 수도 있습니다. 당시 송금이 한 달 늦어져 식사를 제대로 하지 못한 것이 선교사님을 살렸습니다." 선교사는 그때야 송금이 이유도 없이 한 달 늦어진 이유를 깨달았습니다. 하나님의 섭리가 얼마나 오묘하고 감사한지요. 조급하게 원망했던 것을 회개하며 하나님께 감사했다고 합니다.

여러분, 꿈이 무너질 때야말로 하나님을 신뢰할 때입니다. 하나님은 우리를 위해 하나님의 꿈을 이루고 계십니다. 나는 실수하고 나는 실패하지만, 하나님은 실수하시지도 실패하시지도 않습니다. 중간에 포기하시지도 않습니다. 내 꿈이 무너질 때 정확하게 하나님의 뜻을 이루고 계십니다. 지금 이 시간도 나는 모르지만 하나님의 뜻이 이루어지고 있습니다. 그것은 무너진 내 꿈보다 더 큰 하나님의 역사입니다. 내가 모르고 있을 뿐입니다. 이 진리를 믿어야 합니다.

이 진리를 붙들고 나아갈 때 언젠가는 하나님의 역사를 깨닫는 날이 오게 될 것입니다.

셋째는, 꿈이 무너진 자리에서 할 수 있는 일을 찾아 최선을 다해야 합니다

적극적으로 꿈이 무너진 그 자리를 새롭게 개척해 나가는 것입니다. 막연하게 기다리기만 해서는 안 됩니다. 꿈이 무너진 그 자리에서 할 수 있는 일을 찾아 새롭게 시작해야 합니다. 하나님을 신뢰하며 기도하면서 새롭게 최선을 다해야 합니다.

다시 바울을 생각해 봅시다. 셋집에 갇혔습니다. 꿈은 무너졌습니다. 그러나 바울은 여기서 자신이 해야 할 일을 생각합니다. '나를 감옥으로 보내신 분도 하나님이시니, 여기에서도 내가 할 수 있는 일이 있다'고 믿었습니다. 셋집에 갇혀 있으니 많은 조용한 시간을 가질 수 있습니다. '이 시간에 내가 무엇을 할 것인가?' 이 아까운 시간들은 그냥 보낼 수가 없습니다. 여기에서 그는 저 유명한 옥중서신을 기록합니다. 빌립보서, 에베소서, 골로새서, 빌레몬서, 그야말로 보배와 같은 귀한 하나님의 말씀들이 바로 바울이 로마의 셋집에서 기록한 성경들입니다. 만약 바울이 그의 꿈대로 자유의 몸으로 로마에 왔고, 그래서 나중에 서바나로 갔다면 이 귀한 성경들은 없습니다. 이 성경들이 없었다면 어떻게 되겠습니까? 상상도 할 수 없습니다. 그는 셋집에 갇힘으로 당시는 물론이요, 오고 오는 세대에 복음의 진리를 알리는 주옥같은 불멸의 기록을 남기게 된 것입니다. 생각해보면 그가 서바나로 가서 전할 수 있었던 일의 수천 배, 수만

배 더 크고 위대한 일을, 꿈이 깨어진 그 셋집이라는 현장에서 이루었습니다.

우리에게도 꿈이 무너질 때 할 수 있는 다른 일이 있습니다. 모든 것이 끝난 것 같지만 끝나지 않은 것이 있습니다. 아무것도 남은 것이 없는 것 같지만 남은 것이 있습니다. 아무것도 할 수 없을 것 같지만 할 수 있는 일이 있습니다. 그것을 붙들고 최선을 다하는 것입니다.

지금까지 내 꿈이 정말 중요하다고 생각했기에 다른 일은 시시하다고 여길 수 있습니다. 생각을 바꾸어야 합니다. 내가 할 수 있는 일이라면 다 소중한 일입니다. 바울이 서바나로 가지 못하고 셋집에서 편지를 쓴 것이 시시한 일이었습니까? 아닙니다. 얼마나 소중한 일이었는지 모릅니다. 오히려 하나님의 더 큰 역사가 이루어졌습니다. 시시한 일은 없습니다. 할 수 있는 일이라면 다 소중하고 귀합니다. 할 수 있는 일을 찾아 그 일에 최선을 다해야 합니다.

할렐루야 합창이 있는 오라토리오 〈메시아〉를 여러분 아실 겁니다. 게오르크 프리드리히 헨델이 작곡한 음악입니다. 서양은 기독교 문화였기 때문에 서양 음악에는 기독교적 색채가 섞여 있는 음악이 많이 있습니다만 저는 서양 음악 중에서 순수한 우리 기독교 음악으로는 〈메시아〉가 가장 위대한 음악이라고 생각합니다. 그런데 여러분, 이 〈메시아〉가 어떤 상황에서 작곡되었는지 아십니까? 헨델의 전기를 보면 헨델이 〈메시아〉를 작곡할 때 뇌졸중이 와서 오른팔이 반신불수가 되어 있었습니다. 건강이 최악의 상태였습니다. 거기에 그동안 작곡한 오페라가 실패를 거듭해서 운영하던 오페라단이 빚더미에 올라앉았습니다. 채권자들은 계속해서 빚 독촉을 해 왔습니다. 재정은 빚투성이요, 몸은 오른팔이 반신불수, 희망이라고는 보이지 않는, 말 그대로 모든 꿈이 무너진 상황이었습니다. 헨델의 전기를 보면 그도 이때 포기하고 싶었다고 고백하고 있습니다. 당연히 포기하고 싶었을 것입니다. 이런 상황에서 무엇을 할 수 있었겠습니까? 그러나 헨델은 하나님을 신뢰하므로 좌절하지 아니하고 할 수 있는 일을 생각합니다. '이 상황에 내가 할 수 있는 일이 뭐냐? 지금까지는 내가 세속음악에 너무 집중했다. 이제는 하나님의 영광을 나타내는 음악을 작곡하자. 복음의 진리를 보여주는 음악을 작곡하자.' 그렇게 해서 작곡된 음악이 위대한 "할렐루야" 합창이 나오는 저 유명한 오라토리오 〈메시아〉입니다. 이 위대한 음악은 아름다운 정원에서 작곡된 것이 아닙니다. 화려한 궁정에서 작곡된 것도 아닙니다. 건강을 잃고 돈을 잃고 모든 것을 잃어버린, 모든 꿈이 무너져버린 최악의 자리에서 하나님의 영광을 위해 내가 할 수 있는 일을 찾아 최선을 다할 때 거기서 탄생한 것입니다. 헨델은 〈메시아〉의 작곡을 회상할 때 눈물을 흘리며 "나는 그때 하늘이 열리는 것을 본 것 같다"라고 말했다고 합니다. 땅의 모든 문이 닫혀버린 그 현장에서 하나님을 바라보며 문을 찾았더니 하나님, 하늘의 문을 열어주시고 하늘의 영광을 보여주시고 그 영광으로 〈메시아〉를 작곡할 수 있게 해주신 것입니다.

여러분은 혹 꿈이 무너진 자리에 있지 않습니까? 꿈이 무너진 그 자리에서 내가 할 수 있는 일을 찾아야 합니다. 다 없어진 것 같지만 남아 있는 것이 있습니다. 남아 있는 것으로 할 수 있는 일을 해야 합니다. 가진 것을 다 잃었다면 몸으로 할 수 있는 일이 있습니다. 몸마저 질병으로 어려움을 겪는다면 기도로 할 수 있는 일이 있습니다. 할 수 없는 것을 생각할 것이 아니라 할 수 있는 것을 생각해야 합니다. 우리 모두에게 남아 있는 것이 있고 그것으로 할 수 있는 일이 있습니다. 할 수 있는 것을 찾으세요. 그것이 소중합니다. 그것을 찾아 그것을 붙들고 최선을 다하는 것입니다. 거기서 진정 더 위대한 하나님의 역사가 이루어집니다.

여러분, 꿈이 무너졌습니까? 먼저 좌절하지 마십시오. 절대로 좌절하지 마십시오. 그리고 꿈이 무너진 그 현장에서 내가 모르는 하나님의 다른 뜻이 이루어지고 있음을 믿어야 합니다. 지금 하나님의 다른 뜻이 이루어지고 있습니다. 그리고 내가 할 수 있는 일을 찾아 최선을 다해야 합니다. 내가 할 수 있는 일을 찾아 최선을 다하십시오. 그리하여 꿈이 무너진 그 자리에서 더 위대한 하나님의 역사를 이루어가는 여러분 다 되기를 바랍니다.

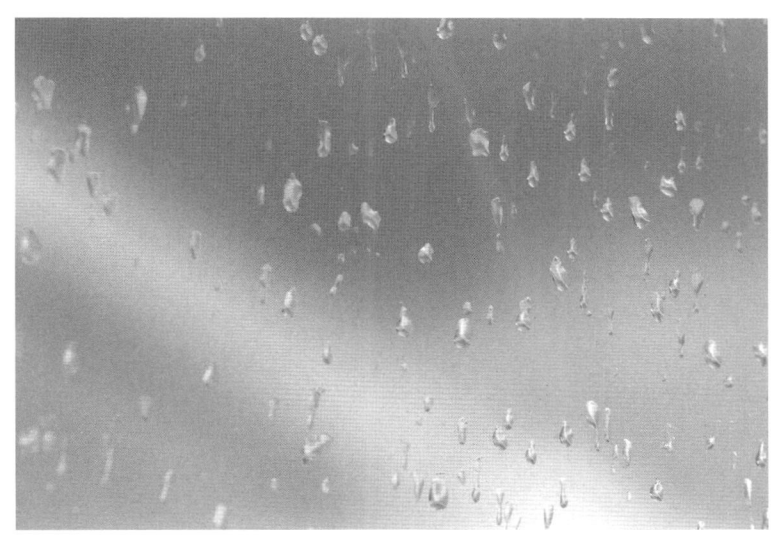

2부

은혜를 위한 말씀

1.
하나님의 사랑 확인

(롬 5:6-10)

언젠가 어느 잡지에서 이런 이야기를 읽었습니다. 월남전이 한창일 때 미국의 한 가정에 전화가 걸려 왔습니다. "엄마, 제가 돌아왔습니다." 월남전에 참전했던 아들이 돌아와서 어머니에게 전화를 한 것입니다. 어머니가 얼마나 반가웠겠습니까? "그래, 네가 돌아왔구나. 어서 집으로 와라. 보고 싶다." 아들이 말했습니다. "예, 곧 집에 들어가겠습니다. 그런데 드릴 말씀이 있습니다." "뭔데, 빨리 말해봐라." "제가 친구를 하나 데리고 왔습니다. 가장 사랑하는 친구입니다. 이 친구는 갈 데가 없습니다. 우리와 함께 살았으면 좋겠습니다." "그래, 그렇게 하자." 어머니는 쉽게 승낙했습니다. 아들이 다시 말합니다. "그런데 엄마, 이 친구는 눈이 하나밖에 없고, 팔도 하나밖에 없고, 다리도 하나밖에 없습니다." "그래, 당분간 우리와 함께 살자. 당분간 같이 살자." "엄마, 당분간이 아니에요. 이 친구는 아무 데도 갈 곳이 없습니다. 평생을 우리와 같이 살아야 합니다." 어머니는 잠깐 생각한 후에 말했습니다. "평생을 같이 사는 것은 좀 생각을 해보아야 하지 않겠니? 그 애는 몸이 불편하다면서…. 아무래도 평생을 같이 사는 것은 좀 생각을 해보아야 하지 않겠니?" 어머니의 대답이 끝나자마자 아들은 전화를 끊었습니다. 그 이후 아들은 집에 오지 않았습니다. 다음날도 오지 않았습니다. 대신 기다리는 부모에게 전화가 걸려왔습니다. 아들이 호텔에서 뛰어내려 자살했다는 소식이었습니다. 황급히 영안실로 달려간 부모는 아들의 시신 앞에 그만 주저앉고 말았습니다. 아들은 외눈에, 외팔에, 외다리였습니다.

여러분, 이 아들이 집에 들어가기 전에 어머니에게 전화를 건 이유가 무엇이었습니까? '내가 사랑받을 수 있을까?' 자신이 없었기 때문이었습니다. '이렇게 장애인이 된 나를 부모님이 한평생 사랑해주실까? 한평생 보살펴주실까?' 자신이 없었고, 그 사랑을 확인하고 싶었습니다. 그 사랑의 확인에 실패했다고 생각했을 때 스스로 목숨을 끊고 말았던 것입니다.

우리에게도 사랑의 확인이 중요합니다. 사랑 중에서도 하나님의 사랑의 확인이 중요합니다. 하나님의 사랑은 우리 신앙생활의 동력입니다. 하나님의 사랑을 확인하면 어려움을 이깁니다. 어떤 어려움이 있어도 하나님 나를 사랑하고 계신다는 것만 확인하면 그 어려움을 이깁니다. 나아가 신앙이 새로워집니다. 새 힘을 얻고 하나님의 사랑에 보답하는 삶을 살 수 있습니다. 그러므로 우리는 살아가면서 시간 시간 하나님의 사랑을 확인해야 합니다.

오늘 본문은 하나님의 사랑을 우리에게 확인해주는 귀한 말씀입니다. 두 가지로 하나님의 사랑을 확인합니다. 하나는 하나님이 우리를 어떻게 사랑하셨느냐 하는 것이고, 또 하나는 하나님이 우리를 언제 사랑하셨느냐 하는 것입니다. 두 가지, 하나님이 나를 어떻게 사랑하셨느냐, 그리고 하나님이 나를 언제 사랑하셨느냐입니다.

먼저 하나님이 우리를 어떻게 사랑하셨습니까? 8절 함께 읽겠습니다.

"우리가 아직 죄인 되었을 때에 그리스도께서 우리를 위하여 죽으심으로 하나님께서 우리에 대한 자기의 사랑을 확증하셨느니라."

그리스도께서 우리를 위해 죽으심으로, 어떻게 죽었습니까? 십자가에서 죽었습니다. 십자가에서 죽으심으로 하나님께서 우리에 대한 자기의 사랑을 확증했다고 했습니다. 본문을 가만히 보면 본문에는 이것을 세 번 반복해서 말씀하고 있습니다. 8절에 말씀했습니다만 6절에도 "우리가 아직 연약할 때에 기약대로 그리스도께서 경건하지 않은 자를 위하여 죽으셨도다"라고 했고, 10절에도 "우리가 원수 되었을 때에 그의 아들이 죽으셨다"라고 했습니다. 우리를 위해 예수님 죽으셨다는 말이 세 번 나옵니다. 성경에 반복은 강조입니다. 세 번이나 나오니 그만큼 강조하고 있습니다. 예수님이 우리를 위해 죽을 만큼 하나님 우리를 사랑하시는데, 이것을 강조하고 있습니다. 여러분, 예수님 우리를 위해 죽으실 만큼 하나님 우리를 사랑하십니다. 이 사실을 통해 우리는 하나님의 사랑을 확인합니다.

많은 그리스도인이 '왜 하나님은 나를 사랑하신다고 하면서 내가 이렇게 돈이 없어 고생하는데, 돈을 주셔야지', 생각합니다. '이렇게 병으로 고생하는데, 병을 고쳐주셔야지', 생각합니다. '내 이 어려움을 해결해주셔야지', 생각합니다. 물론 하나님, 나의 이 어려운 형편 해결해주시면 좋습니다. 그러나 그것을 해결해주시지 않는 경우, 거기에는 하나님의 깊은 뜻이 있을 수 있습니다. 그러므로 그것으로 하나님의 사랑을 확인할 수 없습니다. 우리를 향한 하나님의 사랑은 독생자를 주셨다는 데 있습니다. 독생자를 죽음에 내어주실 만큼, 하나님은 나를 사랑하십니다.

예수님은 하나님의 독생자, 외아들 아닙니까? 그냥 죽어도 하나님이 슬플 텐데, 그냥 죽은 것이 아닙니다. 하나님은 우리를 사랑해서 우리를 구원하기 위해 외아들을 죽음에 내어주셔서 죽었습니다. 그것도 그 수치스럽고 고통스러운 십자가의 죽음에 말입니다.

여러분, 이게 가능한 이야기입니까? 있을 수 있는 이야기입니까? '온 세상의 주인이신 하나님께서 나 같은 부족한 인간을 사랑해서 나를 위해 독생자를 죽음에 내어주셨다.' 있을 수가 없는 이야기입니다. 그러나 이것이 사실입니다. 그래서 성경은 "하나님이 세상을 이처럼 사랑하사 독생자를 주셨으니"(요 3:16), "하나님이 세상을 이처럼 사랑하사 독생자를 주셨으니"라고 말씀합니다.

정말 놀라운 사랑이요 크고 위대한 사랑입니다. 다시 한번 분명히합시다. 하나님이 나를 어떻게 사랑하셨는가? 독생자 예수님을 십자가의 죽음에 내어주실 정도로 사랑하십니다. 이 사랑이 변할 리 없습니다. 그러니 하나님은 지금 이 현실 속에서도 나를 사랑하고 계십니다. 이 사랑을 믿고 흔들리지 말아야 합니다.

또 하나 본문이 가르치는 하나님의 사랑을 확인하는 길은 하나님이 우리를 언제 사랑했느냐 하는 것입니다. 하나님이 나를 언제 사랑하셨는가, 이것을 생각할 때 하나님의 사랑을 다시 한번 확인할 수 있습니다. 본문은 이 점에 대해 세 가지로 말씀합니다.

첫째는 6절입니다. 6절 함께 읽겠습니다.

"우리가 아직 연약할 때에 기약대로 그리스도께서 경건하지 않은 자를 위하여 죽으셨도다."

하나님 우리를 사랑하셔서 예수님을 죽음에 내어주셨는데 그것이 우리가 연약할 때라는 것입니다. 연약할 때란 무능하고 부족할 때를 말합니다. 내가 부족할 때, 무능할 때 하나님은 우리를 사랑하셨다는 것입니다.

우리는 내가 하나님의 사랑을 받기 위해서는 뭔가 내가 잘해야 한다고 생각합니다. 내가 의롭게 살고 선을 행하고 주님의 일을 해야 한다고 생각합니다. 나는 그렇지 못하기 때문에 하나님의 사랑을 많이 받지 못한다고 생각합니다. 베드로나 바울 같은 분은 하나님 많이 사랑하시고 나는 적게 사랑한다고 생각합니다. 베드로나 바울까지 갈 것도 없습니다. 목사님이나 혹은 교회 봉사 많이 하는 분들은 많이 사랑하시고 나는 적게 사랑한다고 생각합니다. 틀렸습니다. 하나님은 베드로나 바울, 그리고 주님을 위해 헌신하는 그분들도 예수님을 십자가에 내어주실 정도로 사랑하시고, 나도, 이 부족한 나도 주님을 십자가에 내어주실 정도도 사랑하십니다. 똑같이 사랑하십니다.

아니 내가 연약하기 때문에 내게 더 관심을 가지시고 애착을 가지십니다. 여러분, 자녀를 사랑할 때 어떻습니까? 공부 잘하고 똑똑한 자녀만 사랑합니까? 좀 공부 못하고 부족해도 똑같이 사랑합니다. 아니 오히려 부족한 자녀에게 더 애착이 가고 관심이 갑니다. 그게 부모 마음입니다. 부모의 마음도 그러한데 하나님의 마음은 얼마나 더 그러하겠습니까?

〈가이드포스트〉 잡지에서 읽은 이야기입니다. 미국에 인형을 좋아하는 제인이라는 소녀가 있었습니다. 한번은 제인의 친척 아저씨 한 분이 제인의 집을 방문했는데, 제인과 아저씨 둘이 이야기를 나누었습니다. 제인은 자기가 가진 여러 가지 인형들을 아저씨에게 보여주며 자랑했습니다. 인형을 보던 아저씨가 물었습니다. "제인아! 너 이 인형들 중에 어떤 인형을 제일 좋아하니?" 제인은 잠깐 침묵하더니 말했습니다. "아저씨, 제가 제일 좋아하는 인형을 보여드릴게요. 그러나 한 가지 약속을 해야 보여드릴 수 있어요. 그 인형을 보여 드릴 때 웃지 않겠다고 약속을 해주세요." 아저씨는 의아한 생각이 들었지만 웃지 않겠다고 약속했습니다. 그러자 제인은 방 안에 들어가서 인형 하나를 들고 나왔습니다. 그 인형은 코는 주저앉고 팔다리는 떨어져 나가고 옷은 다 해어진 낡은 인형이었습니다. 아저씨는 웃음이 나오려는 것을 간신히 참고 조심스럽게 물었습니다. "알겠다. 그 인형을 제일 좋아하는구나. 그런데 한 가지 물어도 괜찮을까? 왜, 무엇 때문에 제인은 그 인형을 좋아하지?" 제인이 대답했습니다. "아저씨, 이 인형은 제가 좋아해 주지 않으면 아무도 좋아해 줄 사람이 없잖아요."

여러분, 이 소녀의 대답이야말로 하나님의 마음을 보여준다고 생각되지 않습니까? 이게 하나님의 마음입니다. 그래서 찬송가, "예수 사랑하심을 성경에서 배웠네" 그 찬송 3절에 말합니다. "내가 연약할수록 더욱 귀히 여기사" 그렇습니다. 내가 연약할수록 더욱 귀히 여기십니다. 처음부터 연약할 때 사랑하신 하나님의 사랑입니다. 내가 연약해도 하나님 사랑하신다는 것을 명심해야 합니다.

또 하나의 때가 8절에 나타납니다. 8절 함께 읽겠습니다.

"우리가 아직 죄인 되었을 때에 그리스도께서 우리를 위하여 죽으심으로 하나님께서 우리에 대한 자기의 사랑을 확증하셨느니라."

여기는 '우리가 아직 죄인 되었을 때'라고 했습니다. 의인일 때 사랑하신 것이 아니고 죄인일 때 사랑하셨다는 겁니다. 죄인일 때 사랑하셨습니다.

우리가 세상 살 때 우리를 정말 힘들게 하는 것 중 하나가 죄에 대한 가책입니다. 제가 목회할 때 그런 경험이 있습니다. 중병에 걸린 분 심방을 갔는데 심방을 마치고 나가려 하니 이분이 제 손을 꼭 잡고 저에게만 조용히 말합니다. "목사님! 저는 죄가 많습니다." 병에 걸리니 지은 죄가 생각나는 것입니다. 죄 때문에 마음이 괴롭습니다. 죄를 회개합니다. 저도 상당 기간 건강이 좋지 않았습니다. 저도 몸이 아프면서 회개를 많이 했습니다. 아프니 죄가 생각나더라고요. 그러나 분명히 하십시다. 아플 때 죄가 생각나고 죄를 회개하는 것은 좋은 일입니다. 조금이라도 성화되는 것 아니겠습니까? 그러나 죄 때문에 병에 걸린 것은 아닙니다. 그렇게는 생각 마십시오. 그리고 죄는 회개하면 하나님 기억도 하지 않습니다.

더 중요한 것은 죄 때문에 하나님 사랑이 흔들리는 것 아니라는 사실입니다. 죄를 지어도 나를 향한 하나님의 사랑은 변하지 않습니다. 하나님은 처음부터 내가 죄인일 때 사랑하셨기 때문입니다. 본문에 하나님 우리를 언제 사랑하셨다고 했습니까? 우리가 죄인일 때 그리스도께서 우리를 위해 죽으심으로 하나님의 사랑을 확증하셨다고 했습니다. 죄인일 때 사랑하셨습니다. 처음부터 죄인일 때 사랑하셨기 때문에 죄를 지어도 하나님 나를 사랑하십니다. 물론 이 말이 죄를 지어도 된다는 뜻은 아닙니다. 우리는 죄를 짓지 말아야 합니다. 그리고 죄를 지으면 빨리 회개해야 합니다. 중요한 것은 내가 죄인이라도 하나님은 나를 사랑하신다는 사실입니다.

내가 죄인이라는 사실 때문에 하나님의 사랑에 의심이 생깁니까?

이제는 아닙니다. 정말 내가 큰 죄인이라고 느껴지신다면 이런 큰 죄인인데도 하나님이 사랑해주셨으니 오히려 그 사랑이 더 크고 위대하다는 것을 알아야 합니다. 정말 놀라운 사랑입니다. 내가 죄인일 때 예수님 나를 위해 죽으심으로 하나님께서 나에 대한 사랑을 확증하셨음을 명심해야 합니다.

그래도 하나님의 사랑에 혹 의심이 갑니까? 본문은 마지막으로 또 한 번 확인합니다. 10절에서 말씀합니다. 10절 함께 읽겠습니다.

"곧 우리가 원수 되었을 때에 그 아들의 죽으심으로 말미암아."

여기 마지막으로 또 하나의 때를 말씀합니다. 언제라고 했습니까? '원수 되었을 때'라고 했습니다. 누가 누구와 원수 되었다는 말입니까? 내가 하나님과 원수 되었을 때를 말합니다. 예수님은 내가 하나님과 원수 되었을 때 죽으셨습니다. 다른 말로 하면 하나님은 내가 하나님과 원수 되었을 때 사랑하셨다는 것입니다.

원수란 무엇입니까? 미워하고 망하기를 바라는 대상입니다. 내가 하나님을 미워하고 하나님이 망하기를 바라고 있었습니다. 그때 하나님은 나를 사랑하셨습니다. 바로 그때 독생자를 죽음에 내어주실 정도로 사랑하신 것입니다. 여러분, 이 이상의 사랑을 상상할 수 있겠습니까?

사도 바울을 생각해봅시다. 그는 원래 예수 믿는 사람 잡아 죽이기 위해 할 수 있는 일을 다 했던 사람이었습니다. 지독한 사람이었습니다. 말 그대로 하나님과 원수였습니다. 이런 바울을, 하나님은 바울이 다메섹으로 가는 길, 그것도 예수 믿는 사람 잡아 죽이러 가는 길에서 부르십니다. 원수인 바울을 사랑하신 것입니다. 여기에 무슨 말이 더 필요하겠습니까? 바울은 평생을 그 사랑에 감사해서 주를 위해 살았습니다.

분명히 아십시오. 우리가 하나님의 사랑을 받기 시작했을 때는 하나님과 원수 되었을 때입니다. 내가 하나님을 괴롭히고 하나님께 도전할 때 그때부터 하나님은 나를 사랑하셨습니다.

그러므로 내가 지금 어떤 모습이든, 어떤 자리에 있든 하나님은 여전히 나를 사랑하십니다. 원수일 때도 사랑하셨는데 지금 사랑하지 않을 리가 없습니다. 우리는 날마다, 시간마다 이 사랑을 확인하며 살아야 합니다.

중요한 것은 이 사랑을 확인할 때 어떤 결과가 있느냐는 것입니다. 여러 가지 결과가 있습니다만 두 가지만 말씀드리겠습니다.

첫째, 어떤 어려움도 이길 수 있습니다

그렇습니다. 하나님이 나를 이토록 사랑하시는데 무엇이 문제가 되겠습니까? 공중에 참새 한 마리 하나님의 허락 없이 땅에 떨어지지 않습니다. 내가 지금 당하는 어려움도 하나님의 허락 안에 있습니다. 나를 사랑하시는 하나님이 내게 왜 이런 어려움을 허락하시는

지, 그것은 내가 모릅니다. 그러나 나를 사랑하시는 하나님이 허락하신 것이니 결국은 유익 되게 하실 것입니다. 하나님의 사랑을 믿어야 합니다. 하나님의 사랑을 믿고 하나님께 맡길 때 어떤 어려움도 이길 수 있습니다

어려움이 있으면 십자가를 묵상하십시오. 깊이 묵상하십시오. 십자가를 묵상하면서 하나님의 사랑을 생각하십시오. 마음에 확신이 올 때까지 하나님의 사랑을 생각해야 합니다. 내 마음이 하나님의 사랑으로 가득 찰 때까지, 내 가슴이 하나님의 사랑으로 뜨거워질 때까지 하나님의 사랑을 생각해야 합니다. 그래서 하나님의 사랑을 분명하게 확인할 때 어떤 어려움도 이깁니다. '하나님께서 나를 사랑하시니 결국은 유익이 되게 해주시겠지.' 믿을 수 있습니다. 하나님의 사랑을 믿고 하나님께 맡김으로 모든 어려움을 이겨야 합니다.

둘째, 하나님의 사랑받은 자에 걸맞는 삶을 삽니다

〈라이언 일병 구하기〉라는 영화가 있습니다. 제2차 세계대전 중에 미국의 한 가정에 아들이 넷 있었는데, 네 아들이 다 참전했습니다. 그중에 세 아들이 전사했습니다. 세 번째 전사자가 났을 때 전사 통지서를 보내는 담당 직원이 이 사실을 발견한 것입니다. 육군 참모총장에게 보고가 됩니다. 이 가정은 이제 아들 하나 남았는데 이 아들 죽으면 네 아들이 참전해서 네 아들이 다 전사하는 결과가 됩니다. 이 사실을 보고받은 참모총장이 하나 남은 아들 구해서 집으로 보내라고 특명을 내립니다. 이 아들 이름이 '라이언'이고, 그래서 영화제목이 〈라이언 일병 구하기〉입니다. 라이언 일병을 구하기

위해 특공대가 조직되고 특공대 대장이 뮐러 대위입니다. 특공대가 알아보니 라이언 일병은 독일과의 전투의 최전방에서 싸우고 있습니다. 고생 고생해서 라이언 일병을 찾아냅니다. 이 과정에 벌써 몇 명이 죽습니다. 마지막에도 특공대 몇 명이 희생하면서 결국 라이언 일병을 살려내는데, 특공대장 뮐러 대위도 다리 위에서 죽습니다. 뮐러 대위가 다리 위에서 죽으면서 라이언 일병에게 이런 말을 합니다. 명언입니다. "Earn this, earn it." 'earn'은 '벌라'는 뜻도 있지만, 자격을 갖추라는 뜻이 있습니다. 'this'는 지금까지 너를 위해 희생하고 수고한 모든 것을 가리킵니다. 여섯 명이 죽은 것도 당연히 포함됩니다. 'it'는 this와 같습니다. 같은 말 두 번 반복한 겁니다. '이 모든 희생에 대해 자격을 갖추라.' 의역하면 '이 모든 것에 대해 걸맞는 삶을 살라'는 뜻입니다.

마지막에 노인이 된 라이언이 아내와 자녀들과 손주들까지 다 데리고 뮐러 대위의 묘지 앞에 서 있습니다. 사실은 영화 처음에 노인이 된 라이언이 가족과 함께 뮐러 대위의 묘지를 찾고, 그리고는 영화가 전개되고 마지막에 다시 노인이 되어 가족들과 함께 뮐러 대위의 묘지 앞에 서 있는 라이언이 나옵니다. 라이언이 말합니다. "나는 오늘까지 대위님이 마지막에 다리 위에서 한 말을 하루도 잊지 않고 살았습니다." 다리 위해서 한 말, "Earn this, earn it"입니다. 그리고는 아내에게 묻습니다. "여보, 내가 착하게 살았나요?" "당연하지요." "내가 훌륭하게 살았나요?" "당연하지요." 그리고는 영화가 끝납니다.

여러분, 라이언이 뮐러 대위가 한 말을 하루도 잊지 않고 살았다고 했습니다. 하루하루 그 말을 기억하고 그 희생에 걸맞는 삶을 살았습니다. 그렇다면 우리는 어떠해야겠습니까? 나를 향한 하나님의 그 큰 사랑을 하루도 잊어서는 안 될 겁니다. 하루하루 하나님의 사랑을 기억하고 그 사랑받은 자로 걸맞는 삶을 살아야 합니다. 아침마다 하나님의 십자가 사랑을 생각하고 '오늘 내가 어떻게 살아야 그 사랑받은 자로 걸맞는 삶을 살 것인가?' 고민하며 기도하며 결단하고 그렇게 살아야 합니다. 중요한 일이 있을 때마다 '내가 어떻게 해야 하나님의 그 큰 사랑 받은 자로 걸맞는 삶을 살 것인가?' 생각하고 그렇게 살아야 합니다. 그래서 마지막에 주님 앞에서 섰을 때 '주님, 저는 하나님의 사랑을 하루도 잊은 날이 없습니다. 날마다 그 사랑받은 자로 걸맞는 삶을 살기 위해 최선을 다했습니다'라고 고백할 수 있어야 할 것입니다.

하나님 나를 사랑하십니다. 독생자를 주실 만큼 사랑하십니다. 연약할 때 사랑하셨고, 죄인일 때 사랑하셨고, 원수였을 때 사랑하셨습니다. 이 사랑을 깊이 명심합시다. 그래서 이 사랑 안에서 어떤 어려움도 이겨야겠습니다. 이 사랑받은 자로 하루하루 최선을 다해 이 사랑 보답하는 자로 살아야겠습니다. 이 은혜가 여러분의 심령에 충만하기를 바랍니다.

2.
더 많이 빚진 사람

(눅 7:36-50)

'헬라 철학의 아버지'라고 하는 탈레스에게 한 제자가 물었습니다. "세상에서 가장 어려운 일이 무엇입니까?" 탈레스는 "세상에서 가장 어려운 일은 자기를 아는 일"이라고 대답했습니다. 그러자 제자는 다시 물었습니다. "그러면 세상에서 가장 쉬운 일은 무엇입니까?" 탈레스는 "그것은 남을 충고하는 일"이라고 대답했습니다. 맞는 말입니다. 세상에서 가장 어려운 일은 자기 자신을 아는 일이고, 가장 쉬운 일은 다른 사람에 대해 이야기하는 것입니다.

한번 생각해 보십시오. 현대인들이 얼마나 많은 것을 알고 있습니까? 일찍이 사람들이 오늘날만큼 많은 지식을 가졌던 때는 없었습니다. 말 그대로 모든 것을 알고 있습니다. 그런데 그렇게 많은 것을 알면서, 정작 가장 중요한 것, 꼭 알아야 할 것은 모르고 있습니다. 바로 자기 자신에 관해서입니다. 그 많은 것을 알면서도 자신에 관해서는 그렇게 무지할 수가 없습니다. 심지어 다른 사람이 다 아는 나에 관한 것도 나는 모르는 경우가 많습니다. 자신에 관한 것 중에서도 정말 모르는 것이 있습니다. 내가 어떤 죄인인가, 내가 얼마나 죄인인가 하는 것입니다. 내가 얼마나 죄인인가를 모릅니다. 자기 성찰을 하는 사람, 그래서 자신에 관해 어느 정도 아는 사람도 내가 얼마나 죄인인가, 어떤 죄인인가는 모르고 있습니다.

그리고 깊이 생각해 보면 우리 신앙생활의 모든 문제가 여기서 비롯됩니다. 우리가 하나님의 은혜를 제대로 깨닫지 못하는 이유도, 감사의 생활을 하지 못하는 이유도, 능력 있는 신앙생활을 하지 못하는 이유도 여기에 있습니다. 자신이 어떤 죄인인지를 모르고 있기 때문입니다.

오늘 읽은 본문에 두 인물이 나타납니다. 서로 대조되는 모습의 두 사람입니다. 한 사람은 사람들에 의해 아예 죄인이라고 불리는 여인입니다. 우리 본문 37절에 "죄를 지은 한 여자가 있어"라고 했는데, 헬라어 원문에는 그냥 '죄인인 한 여자'입니다. 당시 이스라엘 사람들이 공개적으로 죄인이라고 부르는 사람은 두 부류입니다. 하나는 세리요, 하나는 창기입니다. 이 여자는 세리가 아니니 창기입니다. 지금은 창기가 아니겠지만 과거에는 창기였습니다. 사람들의 손가락질을 받아야 했던 죄인이었습니다.

다른 한 사람은 시몬이라는 사람입니다. 이 사람은 바리새인입니다. '바리새'라는 말은 '구별한다', 또는 '성별한다'라는 뜻입니다. 남들보다 구별되게 율법을 잘 지키고 구별되게 하나님을 잘 섬긴다고 해서 바리새라는 이름이 붙었습니다. 시몬은 누구보다 하나님을 잘 섬겼고, 율법을 잘 지켰던 사람이었습니다. 그러니 우리 본문에는 가장 더러운 죄인과 가장 깨끗한 사람이 대조되어 나타나고 있습니다.

이 시몬이 한번은 예수님을 자기 집으로 초대하고 대접을 했습니다. 우리 본문 36절에 "한 바리새인이 예수께 자기와 함께 잡수시기를 청하니"라고 했습니다. 여러 정황으로 볼 때 예수님을 주빈으로 잔치를 베풀었습니다. 이 잔치에 죄인인 여자가 불청객으로 들어옵니다. 그냥 온 것이 아니고 향유를 담은 옥합을 들고 예수님의 뒤로 와서는 눈물로 예수님의 발을 적시고, 자기의 머리카락으로 예수님의 발을 닦고, 예수님의 발에 입을 맞추고, 미리 준비했던 옥합에 담은 향유를 예수님의 발에 부었습니다.

시몬은 이 여자가 못마땅했습니다. 당시 이스라엘 풍습은 잔칫집에는 누구나 들어올 수 있었습니다. 그래서 시몬도 여자가 자기 집에 들어오는 것을 막지는 아니했습니다. 그러나 분명 시몬에게 이 여자는 못마땅한 존재였습니다. 그런데 이 더러운 여자가 가만히 있어도 무엇 하겠는데, 오늘의 주빈인 예수님에게 다가와 이런 일을 벌이니 기분이 영 좋지 않았습니다. 예수님께서 여인의 하는 행위를 받아들이고 가만히 계시니 자기가 나서서 뭐라 하지는 못하겠고, 그래서 혼자 속으로 투덜거렸습니다. "이 사람이 정말 선지자라면 이 여자가 얼마나 더러운 여자인 줄 알았으리라." 무슨 뜻입니까? 진짜 선지자라면 이 여자가 죄인인 줄 알았을 것이고, 알았으면 당연히 물리쳤을 텐데, 왜 가만히 계시는가 하는 뜻입니다.

예수님은 시몬의 생각을 아시고 시몬에게 "시몬아 내가 네게 이를 말이 있다"라고 하시면서 비유를 하나 말씀하셨습니다. 아주 짧은 비유지만 기독교의 핵심을 지적하는 놀라운 비유입니다. "빚 주는 사람에게 빚진 자가 둘 있는데 한 사람은 오백 데나리온을 졌고, 한 사람은 오십 데나리온을 졌다. 둘 다 갚을 형편이 되지 못해 주인이 둘 다 탕감을 해 주었는데 둘 중에 누가 저를 더 사랑하겠느냐?" 이 짧은 이야기가 비유입니다.

예수님의 이 비유의 의미가 무엇입니까? 두 사람이 빚을 졌습니다. 여기서 빚은 죄를 가리킵니다. 예수님의 비유 중 오백 데나리온 빚진 자는 죄인 여자를 가리키고, 오십 데나리온 빚진 자는 바리새인 시몬을 가리킵니다. 물론 이 말씀은 시몬이 하나님 앞에 죄가 적다는 뜻은 아닙니다. 시몬이 스스로 그렇게 생각한다는 뜻입니다. 스스로 여자보다 낫다고 생각하니 그것을 인정해 주시고 하시는 말씀입니다.

시몬이 왜 그렇게 생각을 합니까? 두 가지 이유가 있습니다. 하나는 무의식중에 여자와 자기를 비교했기 때문입니다. 창기 여자보다는 누가 보아도 시몬이 낫습니다. 창기 여자보다 시몬의 죄가 적다는 것은 명명백백합니다. 하지만 죄는 다른 사람과의 비교의 문제가 아니라 하나님과의 관계의 문제입니다. 하나님 앞에서 내가 얼마나 죄인인가, 이게 나의 죄인 된 모습입니다. 그런데 시몬은 여자와 자기를 비교하다 보니 하나님 앞에서 자기 모습을 잃어버립니다. 하나님 앞에서 자기 모습을 잃어버리고 자기는 죄가 적다고 생각하는 것입니다.

세상에는 죄인이 많습니다. 온갖 나쁜 짓 한 사람들이 다 있습니다. 우리는 그들을 생각하면서 그래도 나는 그렇게 나쁜 사람은 아니라고 생각합니다. 그런 나쁜 짓은 안 했고, 그래도 깨끗하고 바르게 살았습니다. 이만하면 그래도 괜찮다고 생각합니다. 그렇습니다. 옳은 생각입니다.

하지만 문제는 그 상대적인 관계에 신경 쓰다가 하나님 앞에서 내가 얼마나 죄인이라는 것을 잊어버린다는 것입니다. 다른 사람 신경 쓰다가, 다른 사람과 나를 비교하다가 하나님 앞에서, 내가 얼마나 초라하고 내가 얼마나 죄악 된 사람인가를 잊게 됩니다. 다른 사람과 비교하다가 내 죄인 된 모습을 잊지 말아야 합니다.

시몬이 자기가 적게 빚졌다고, 죄가 적다고 생각하는 또 한 가지 이유는 자기 죄는 드러나지 않았기 때문입니다. 우리는 드러난 죄는 심각하게 생각하면서 드러나지 않은 죄는 대수롭지 않게 생각합니다. 아니 드러나지 않은 죄는 죄라고 생각하지 않는 경향이 있습니다. 시몬이 여자보다 죄가 적다고 생각하는 이유가 여기 있습니다. 여자는 창기였으니 죄가 다 드러났습니다. 자기는 드러나지 않은 죄를 지었으니, 아무도 모릅니다. 그래서 자기는 여자보다 의롭다고 생각합니다. 드러나지 않았다고 죄인이 아닙니까? 아닙니다. 하나님이 보실 때는 똑같은 죄인입니다. 세상 모든 사람은 다 똑같은 죄인인데 드러난 죄인과 드러나지 않은 죄인이 있을 뿐입니다.

무리들이 간음하다가 현장에서 붙잡은 여인을 예수님께 끌고 왔을 때를 생각해 보십시오. 거기 여인은 간음하다가 현장에서 붙잡혔으니 드러난 죄인이었습니다. 그러면 그 여인을 돌로 치려 했던 다른 사람들은 어떠했습니까? 그들은 마치 자기들은 의인인 것처럼 여인을 돌로 치려 했습니다. 그러나 예수님이 "너희 중에 죄 없는 자가 먼저 돌로 치라"고 말씀하셨을 때 아무도 돌로 치지 못했습니다. 사실상 자기들도 죄인임을 고백한 것입니다. 죄가 드러나지 아니했을 뿐이었습니다. 그 자리에 드러난 죄인과 드러나지 아니한 죄인들이 있었던 것입니다.

너새니얼 호손이 쓴 《주홍글씨》라는 소설을 여러분이 아실 것입니다. 17세기 영국의 청교도들이 미국에 정착을 시작할 때, 그래서 엄격한 청교도 윤리가 삶의 규범이 되어 있던 한 마을에서 일어난 이야기입니다. 헤스터라는 여인이 남편이 없는 동안 아이를 낳습니다. 남편이 없이 아이를 낳았으니, 간음죄를 지은 것입니다. 여자는 마을 주민들이 재판을 해서 평생 가슴에 붉은색으로 A라고 쓰인 옷을 입고 살도록 결정합니다. A, Adultery, 간음의 첫 자입니다. 붉은 글씨, 그래서 주홍글씨입니다. 평생 '나는 간음한 여자입니다', 가슴에 붉은 글씨로 A자를 붙이고 살아야 합니다. 그런데 간음은 혼자 지을 수 있는 죄가 아닙니다. 상대방이 있어야 합니다. 여인은 끝내 상대방이 누구인지를 밝히지 않습니다. 아무도 상대방이 누구인지 모릅니다. 상대방이 누구였습니까? 마을에서 가장 존경받는 딤즈데일 목사였습니다. 자, 여러분 보십시오. 한편은 간음했다고 가슴에 표를 새기고 모든 사람에서 손가락질받으며 죄인으로 살아갑니다. 한편은 모든 사람에게 존경받으면서 거룩한 목사로 살아갑니다.

어떻게 생각해야 합니까? 똑같은 죄인입니다. 아니 이런 경우 드러나지 아니한 죄인이 오히려 더 큰 죄인입니다. 죄인이면서 죄를 숨기고 있으니 더 큰 죄인일 수밖에 없습니다. 내 죄가 드러나지 않았다는 이유로 내가 얼마나 큰 죄인인지를 잊어버리지 말아야 합니다.

그런데 주인이 이 두 사람의 빚을 탕감해 주었습니다. 빚을 진 것으로 끝이 아니라 주인이 탕감을 해주었습니다. 당시 빚에 대해서는 법이 아주 엄했습니다. 못 갚으면 돈만큼 감옥살이를 시킬 수도 있고 종살이를 시킬 수도 있었습니다. 주인은 얼마든지 법대로 할 수 있습니다. 감옥에 보낼 수도 있고 불러와 종으로 삼을 수도 있습니다. 그러나 그렇게 하지 아니하고 다 탕감해 주었습니다.

하나님 우리의 죄를 법대로 처벌하시면 영원히 형벌 받게 할 수 있습니다. 그러나 그렇게 하지 아니하고 탕감하셨습니다. 빚은 그냥 생긴 것이 아니고 돈을 빌려주어서 생깁니다. 그러니 빚을 탕감했다는 말은 빚을 준 사람이 손해를 보았다는 뜻입니다. 하나님의 손해, 그것이 바로 십자가입니다. 예수님께서 십자가로 대신 지불하셨습니다. 갚을 것이 없어서 주님이 십자가에서 대신 지불하셨습니다. 십자가로 손해를 보시고 주인이 탕감했습니다.

이 비유에서 가장 중요한 진리는 이렇게 탕감을 했다는 것입니다. 탕감은 기독교만의 진리입니다. 세상 모든 윤리, 도덕, 종교에 탕감이 없습니다. 그러므로 세상 모든 윤리, 도덕, 종교는 탕감받기 이전입니다. 빚진 상태 그대로입니다. 빚진 상태 그대로는 오십 데나리온 빚진 자가 오백 데나리온 빚진 자보다 아무래도 나은 사람입니다. 다소라도 의로운 사람이요, 조금이라도 더 깨끗한 사람입니다. 괴로움도 가볍고 죄의 가책도 덜 합니다. 그래서 사람들은 전부 '내가 오십 데나리온 빚졌다'고 생각합니다. 전부 내가 조금이라도 죄가 적다고 생각합니다.

그러나 이제 탕감받고 나면 사정은 180도 달라집니다. 예수님 시몬에게 물었습니다. "둘 중에 누가 그를 더 사랑하겠느냐?" 시몬이 대답합니다. "내 생각에는 많이 탕감받은 자니이다." 맞습니다. 오백 데나리온 탕감 받은 사람이 더 많이 탕감받았습니다. 더 많은 은혜를 입었습니다. 당연히 더 고맙고 주인을 더 사랑합니다. 똑같이 감옥에서 나와도 3년 형을 받았는데 특사로 나오는 사람하고 사형 선고를 받았다가 특사로 나오는 사람, 그 감격과 기쁨이 같을 수가 없습니다. 이것이 중요합니다. 탕감받은 다음, 이것이 기독교요, 여기 복음이 있고, 여기 은혜가 있습니다.

사실 오십 데나리온 빚졌다, 오백 데나리온 빚졌다, 이것은 자기 생각입니다. 실제 우리는 모두 무한한 빚을 졌습니다. 우리 빚의 대가가 예수님의 십자가였습니다. 그러니 우리는 십자가만큼 빚을 졌습니다. 정말 무한한 빚을 졌습니다. 갚을 수 없는 빚을 졌습니다.

그런데 여러분은 얼마를 빚졌다고 생각하십니까? 적게 빚졌다고 생각하십니까? 남보다 의롭고 남보다 더 깨끗할지는 모릅니다. 그러나 탕감받은 은혜는 적을 수밖에 없습니다. 감사와 감격 또한 적을 수밖에 없습니다. '나는 갚을 수 없는 빚을 졌다, 나는 무한한 빚을 졌다'고 생각할 때 탕감받고 나면 갚을 수 없는 은혜, 한량없는 은혜를 깨닫습니다. 그렇습니다. 이것이 기독교요, 이것이 은혜입니다.

오래전에, 한 35년 전에 우리 집 아이들이 어릴 때 가정예배를 드리면서 '만왕의 왕' 찬송을 부르는데, 저희 가정은 같은 찬송을 몇 번씩 불렀습니다. 우리 집에는 딸이 둘인데 가만히 보니 우리 집 큰딸이 찬송을 어느 부분에서 부르지를 않아요. 그때 저희 집 아이가 초등학교 1학년이었습니다. 찬송 부르는 것을 중단하고, 왜 안 부르냐고 물었더니 한다는 말이 "내가 왜 벌레냐?"는 것입니다. "만왕의 왕 내 주께서 왜 고초당했나 이 벌레 같은 날 위해 주 보혈 흘렸네." '이 벌레 같은 날 위해'라고 했는데, 자기는 벌레가 아니니까 이 부분은 부르지 못하겠다는 것입니다.

초등학교 1학년에게 우리가 벌레와 같다는 것을 설명하는 것이 거의 불가능했습니다. 이것은 설명 이전의 문제입니다. 깨달아야 합니다. 중요한 것은 벌레 같은 죄인이라고 생각하니 그 은혜가 놀라워 3절에 "늘 울어도 그 큰 은혜 다 갚을 수 없네" 고백하게 된다는 것입니다. 벌레 같은 죄인임을 깨달으니 그 죄를 용서하신 주님의 은혜가 평생을 울어도 갚을 수 없는 은혜임을 깨닫게 됩니다. 내가 벌레 같은 죄인임을 깨닫지 못하면 평생을 울어도 갚을 수 없는 은혜는 어떤 것인지 알 길이 없습니다.

생각해 보십시오. 바울은 왜 그렇게 은혜에 감격하여 살았습니까? 바울은 은혜를 구한 적이 없습니다. 은혜에 감격해서 모든 것을 주님을 위해 바쳐드렸고, 마지막에는 목숨까지 드리면서도 아쉬운 마음뿐이었습니다. 어떻게 이렇게 살 수 있습니까? 자기는 전에 예수님을 핍박하던 사람입니다. 스데반을 죽이는 일에 가담했습니다. 예수 믿는 자들을 잡으러 모든 일 제쳐놓고 다녔던 사람입니다. 나 같은 죄인이 없습니다. 죄인 중의 괴수 같은 사람입니다. 그런데 이러한 자기를 불러 주님이 모든 죄를 용서해 주셨습니다. 아무리 생각해도 너무 많은 것 탕감받았습니다. 너무 감사하고 너무 감격스럽습니다. 그래서 주님을 위해 드리고 드려도 부족하고, 충성하고 충성해도 송구스러웠습니다. 여러분, 이 마음 아시겠습니까? 이것이 바로 '한량없는 은혜, 갚을 길 없는 은혜'입니다.

'나는 바울처럼 교회를 핍박한 적이 없는데, 나는 큰 죄를 지은 적이 없는데…', 생각되십니까? 내가 몰래 지은 죄들, 드러나지 아니한 죄들을 생각해 보십시오. 아니 내가 마음으로 지은 죄를 생각해 보십시오. 어떤 사람이 꿈에 주님의 심판대 앞에 섰습니다. 예수님이 책을 세 권 가지고 오셨습니다. 첫 번째 책을 펼치니 내용이 빽빽하게 기록되어 있습니다. "그것이 무엇입니까?" 물으니 예수님 "이건 네가 행동으로 지은 죄다" 하셨습니다. 두 번째 책을 펼치니 내용이 더 많은데 여백이 보이지 않을 정도입니다. "그건 무엇입니까?" 물으니 "이건 네가 말로 지은 죄다" 하셨습니다. 세 번째 책을 펼치자 그냥 새까맣습니다. 여백이 아예 없습니다. "그건 무엇입니까?" 물으니 "이건 네가 마음으로 지은 죄다" 하셨습니다. 여러분, 어떻게 생각하십니까? 내가 죄인 중의 괴수입니다. 나 같은 죄인이 없습니다. 나는 정말 갚을 길 없는 무한한 죄를 지었습니다. 그래서 나 같은 죄인을 용서하신 하나님의 은혜는 더욱 감격스럽습니다. 회개의 깊이와 은혜의 높이는 비례합니다. 죄인 됨과 감사는 함께 갑니다. 그래서 죄가 많은 곳에 은혜가 더합니다.

그러나 자기가 얼마나 큰 죄인인지 모르는 사람은 탕감의 은혜, 사죄의 은혜를 알 길이 없습니다. 그 사람 다소 의로운지는 몰라도 은혜의 세계 밖의 사람입니다.

이제 예수님이 시몬에게 말씀하십니다. "시몬아, 이 여자를 보느냐 내가 네 집에 들어올 때 너는 내게 발 씻을 물도 주지 아니하였지만, 이 여자는 눈물로 내 발을 적시고 그 머리털로 씻었다. 너는 내게 입 맞추지 아니하였지만 저는 내가 들어올 때로부터 내 발에 입 맞추기를 그치지 아니하였다. 너는 내 머리에 감람유도 붓지 아니하였지만 저는 향유를 내 발에 부었느니라."

시몬은 스스로 죄가 별로 없다고 생각했습니다. 아니 그는 예수님이 죄를 용서해 주실 수 있는 분인 줄도 몰랐습니다. 예수님께 고마운 마음이 있을 리가 없습니다. 그러니 예수님을 집에 초대해 놓고 유대 나라의 가장 기본적 예의인 발 씻는 물도 주지 아니하는 결례를 범했습니다. 예수님이 유명하고 많은 사람이 선지자라고 하니까 한번 자기 집에 초대해서 자기 이름을 내려고 했던 것 같습니다. 자기를 위해 예수님을 초대한 것이지 예수님을 위해 예수님을 대접한 것이 아니었습니다. 그는 은혜를 전혀 모르는 사람이었습니다.

그러나 여인을 보십시오. 아무 말도 하지 못하고 주님 발에 감사와 감격의 눈물을 흘립니다. 머리를 풀어 주님의 발을 닦습니다. 유대인들 공식적인 자리에서 머리털을 푸는 것은 있을 수 없는 수치인데 그런 것 생각할 겨를이 없습니다. 발에 입을 맞추고 귀한 향유를 부었습니다. 자기와 같은 죄인을 용서하신 주님의 은혜 앞에 극진한 정성과 감사를 드립니다. 47절의 "이는 그의 많은 죄가 사하여졌도다"라는 말씀은 여자는 죄 사함을 받았다는 뜻입니다. 여자는 언젠가 죄 사함을 받았습니다. 많은 죄를 사함 받았기에 사랑함이 많다고 했습니다. 많이 사함 받았기에 주님을 뜨겁게 사랑하고 그 은혜에 감사해서 주님께 자신의 모든 것을 드리는 것입니다.

예수님, 여자에게 말씀하십니다. "여자여, 네 죄 사함을 받았느니라." 이미 언젠가 주님으로부터 죄 사함 받았는데 다시 죄 사함 받았다고 말씀하시는 것은 여자에게 죄 사함 받은 것을 다시 확인해 주시고 모든 사람 앞에서 공식적으로 죄 사함 받았음을 선언하시는 것입니다. 이 여인을 죄인으로 여기지 말라는 뜻입니다. 그리고 말씀하십니다. "네 믿음이 너를 구원하였으니 평안히 가라." 얼마나 은혜로운 말씀입니까? 여인의 마음에 은혜가 더욱 넘쳤을 것입니다.

이제 생각해 봅시다. 이 시간 나의 모습은 시몬입니까? 여인입니까? 여러분은 얼마나 빚졌다고 생각합니까? 우리는 많이 빚진 자들입니다. 내가 얼마나 큰 죄인임을 알아야 합니다. 내가 죄인 중의 괴수입니다. 나 같은 죄인이 없습니다. 그래서 더 많이 탕감받았고 더 많이 용서받았습니다. 이 은혜에 오직 감사와 감격으로 살아갈 것뿐입니다. 날이 갈수록 나의 죄인 됨을 더 깊이 깨달음으로 날이 갈수록 더 감사하고 더 감격하는 우리 모두 되기를 바랍니다.

3.
범사에 감사하라

(살전 5:16-18)

현대인이 잃어가고 있는 것 중 하나가 감사입니다. 물론 현대인들 감사하고 있습니다. 하지만 예전에 비해 아름답고 따뜻하고 감동적인 감사는 많이 줄어든 것 사실입니다.

감사가 줄어든 이유가 무엇입니까? 여러 가지가 있겠지만 가장 큰 이유는 현대인들은 생각을 깊이 하지 않기 때문입니다. 영어로 '감사하다'를 'thank'라 하고 '생각하다'는 'think'라 하는데, 이 두 단어는 어원이 같습니다. 감사하는 것과 생각하는 것은 뿌리가 같다는 뜻입니다. 그렇습니다. 참된 감사는 생각의 결과입니다. 깊이 생각할 때 감사합니다. 그런데 현대인들은 깊이 생각하기를 싫어합니다. 깊은 생각 없이 조건반사적으로 살고 있습니다. 조건반사, 배고프면 밥 먹고, 아프면 괴롭고, 손해 보면 화내고, 돈 벌면 좋아하고…. 물론 사람이 어느 정도 조건반사적으로 사는 것은 당연한 것입니다. 하지만 동물도 조건반사로 삽니다. 사람이 조건반사로만 살면 동물과 다를 것이 없습니다. 사람은 한 번 더 생각을 해야 합니다. 예를 들어 병에 걸리면 힘들다, 괴롭다는 생각만 할 것이 아니라, '이 병으로 나와 하나님과의 관계가 어떻게 되었는가? 내가 지금 잃는 것은 무엇이며 얻는 것은 무엇인가?' 생각해야 합니다. 이러한 것들을 깊이 생각해보면 어떤 어려움 속에도 감사할 제목이 있습니다. 그런데 깊이 생각을 하지 않으니 깊은 생각의 결과로 하는 성숙한 감사가 사라지고 있는 것입니다.

오늘 본문에 하나님이 말씀하십니다. 18절에 "범사에 감사하라." 범사에 감사하라고 했습니다. 범사(凡事), 모든 일, 모든 여건에서 감사하라는 말씀입니다.

이것이 하나님의 뜻이라고 했습니다. 먼저 생각할 것이 있습니다. 하나님의 뜻은 순종하면 내게 유익이 된다는 사실입니다. 하나님 우리를 사랑하기 때문에 우리 유익하라고 뜻을 주신 것입니다. 감사하면 어떤 유익이 있습니까? 내가 행복합니다. 어떤 환경에 있든지 감사하고 있다면 행복한 것입니다. 감사 자체가 행복의 표현입니다. 하지만, 아무리 많이 가져도 만족하지 않고 더 못 가진 것으로 불평하고 있다면 행복할 수 없습니다. 모든 일에 형통해도 막상 당사자가 불평하고 있다면 불행할 수밖에 없습니다. 감사가 행복입니다. 하나님은 우리가 행복하게 살라고 감사하라고 하셨습니다.

나아가 하나님의 뜻이니 순종할 때 하나님 기뻐하십니다. 부모도 그렇습니다. 부모가 자녀를 양육할 때 자녀들에게 뭔가를 돌려받을 목적으로 양육하는 부모 없습니다. 그러나 나중에 자녀가 자라 부모 은혜를 깨닫고 감사하면 부모 기쁩니다. 하나님 우리에게 무슨 대가를 바라고 은혜 베푸신 것 아닙니다. 그러나 우리가 은혜를 깨닫고 감사할 때 하나님은 기뻐하십니다. 하나님을 기쁘게 해드리는 것보다 귀한 일이 어디 있겠습니까? 하나님 기뻐하시니 감사해야 합니다.

범사에 감사하라고 했는데 범사에 감사하기 위해서는 세 가지를 감사해야 합니다.

첫째, 받은 은혜에 감사해야 합니다

받은 은혜에 감사하는 것이 감사의 기초요 시작입니다. 받은 은혜에 감사해야 한다고 하면 '아니, 받은 은혜에 대해서야 당연히 감사하지', 생각합니다. 그렇지 않습니다. 우리는 받은 은혜에 대해서도 감사하지 않는 경우가 얼마나 많은지 모릅니다.

누가복음 17장에 예수님 열 사람의 한센병자를 고치시는 이야기가 있습니다. 열 사람의 한센병자가 예수님의 말씀에 순종함으로 깨끗함을 받았는데 그중에 주님께 돌아와 감사한 사람은 한 사람이었습니다. 열 사람 중에서 한 사람만 예수님께 돌아와 감사를 드렸습니다. 무슨 말입니까? 받은 은혜에 감사하는 사람이 평균 열 명에 한 사람이라는 뜻입니다. 열 명이 은혜를 받으면 한 사람만 감사합니다.

한번 생각해 보십시오. 열 사람의 한센병자가 주님께 고쳐 달라고 부르짖을 때 어떤 마음이었겠습니까? 얼마나 절박하고 간절했겠습니까? 아마 마음속으로 '고쳐만 주시면, 이렇게 하겠다. 저렇게 하겠다' 온갖 다짐을 다 했을 것입니다. 그런데 막상 고쳐주고 나니 아홉은 감사하다는 말 한마디 없이 사라져 버렸습니다, 이럴 수가 있는가 싶은데, 이게 우리의 모습입니다. 여러분은 '하나님, 살려만 주세요. 이 문제만 해결해 주세요. 이 어려움만 해결해주세요.' 그러면 어떻게 하겠다고 다짐한 적 없습니까? 그런데 막상 그 문제 해결된 다음, 지금 그 다짐대로 실천하면서 감사하고 있습니까?

주님은 감사하는 한 사람에게 말씀하셨습니다. "열 사람이 다 깨끗함을 받지 아니하였느냐? 그 아홉은 어디 있느냐?" 무슨 뜻입니까? 아홉에 대해 섭섭하다는 것입니다. '아홉은 어디 있느냐? 감사하지 않고 어디 있느냐?' 섭섭하다는 뜻입니다. 우리가 감사하지 않을 때 하나님 섭섭해하십니다. 이건 반대로 감사하면 하나님이 기뻐하신다는 뜻입니다. 감사하면서 기도할 때 기뻐하시고, 감사하면서 예배드릴 때 기뻐하시고, 감사하면서 봉사할 때 기뻐하십니다.

우리는 잊어야 할 것은 잊지 않고 잊지 말아야 할 것은 잘 잊어버리는 이상한 습성이 있습니다. 여러분! 한번 생각해 보십시오. 누군가가 내게 상처를 주었고, 누군가는 내게 은혜를 베풀었습니다. 어느 것을 기억하고 어느 것을 잊어버립니까? 당연히 은혜는 기억하고 상처는 잊어야 합니다. 그런데 보면 전부 거꾸로 합니다. 은혜는 쉽게 잊어버리고 상처는 두고두고 잊지 않습니다. 성처를 마음에 간직

하고 삽니다. 이 마음을 바꾸어야 합니다. 상처받은 일, 좋지 못한 일, 괴로운 일은 다 잊어버려야 합니다. 깨끗이 잊어야 합니다. 그러나 은혜는 잊지 말아야 합니다. 사람의 은혜도 잊지 말아야 합니다. 특별히 하나님의 은혜는 절대로 잊어서는 안 됩니다. 가슴 깊이 새기고 새겨서 감사해야 합니다.

하나님의 은혜 중 가장 큰 은혜는 구원의 은혜입니다. 나 같은 죄인, 영원히 지옥에서 멸망당할 수밖에 없는 죄인인데 하나님 나를 사랑하셔서 독생자를 주셨고, 예수님 내 죄를 대신해서 십자가에 죽으심으로 나를 구원하셨습니다. 죄를 사해주셨고 하나님의 자녀 되게 해주셨습니다. 얼마나 큰 은혜입니까? 찬송가 149장 "주 달려 죽은 십자가 우리가 생각할 때에" 이 찬송 4절에 고백합니다. "온 세상 만물 가져도 주 은혜 못 다 갚겠네" 그렇습니다. 온 세상 만물을 가져도 주님의 은혜 갚을 수 없습니다. 그런데 우리는 이 은혜를 너무 쉽게 잊어버립니다. 그래서 감사하지 않습니다. 이 은혜를 잊지 않고, 이 은혜에 감사하며 살아야 합니다. 항상, 시간 시간 하나님 나 같은 죄인 구원해 주신 은혜, 감사해야 합니다.

이 구원의 은혜에 대한 감사가 우리의 감사의 기초입니다. 이 감사 위에 다른 은혜도 감사해야 합니다. 금년 한 해 내가 받은 은혜는 무엇입니까? 구체적으로 생각해 보십시오. 깊이 생각해 보십시오. 얼마나 많은 은혜를 받았는지 모릅니다. 그 모든 은혜에 대해 감사해야 합니다. 우리는 먼저 받은 은혜에 대해 감사해야 합니다.

둘째, 평범하게 지나가는 일상의 모든 것에 감사해야 합니다

아무 생각 없이 지나가는 하루하루 일상의 모든 것들에 감사해야 합니다. 그래야 범사에 감사할 수 있습니다.

오래전에 〈가이드포스트〉에서 읽은 이야기입니다. 미국에 한 가정에 아버지와 아들이 목사인데 같은 집에 살았습니다. 아버지와 아들은 주일에는 각자 자기 교회로 가서 예배를 인도하고 집으로 돌아오곤 했습니다. 어느 주일 오후 아들 목사가 좀 늦게 집으로 돌아왔는데, 들어서면서 흥분해서 외쳤습니다. "아버지, 오늘 하나님께서 나를 보호해 주셨습니다! 참으로 감사합니다." 그도 그럴 것이 아들은 집으로 돌아오는 길에 운전하던 자동차가 두 번이나 굴러 언덕 아래 처박혔는데, 자동차는 다 망가졌는데 자신은 아무 데도 다치지 않았습니다. 그래서 하나님 은혜 감사하다고 소리를 칩니다. 소파에 앉아 성경을 읽던 아버지 목사가 조용히 말했습니다. "아들아, 나는 오늘 너보다 더 감사하고 있단다. 하나님의 은혜에 너보다 더 감사하고 있단다." 아들이 놀라 눈이 둥그렇게 되어 "아니, 그럼 아버지는 차가 세 번이나 굴러떨어졌습니까?" 물었습니다. "구르기는 왜 굴러? 나는 아무 사고 없이 운전하고 집에까지 왔단다. 자동차가 구르지도, 부서지지도 않았으니 너보다 더 감사한 것 아니냐." 맞는 말 아닙니까? 사고 나고 안 다친 것보다 사고 안 난 것이 훨씬 더 감사한 것 아닙니까? 더 감사한 일입니다. 여러분, 운전하십니까? 날마다 교통사고 안 난 것 감사해야 합니다.

보세요. 죽을병에 걸렸습니다. 의사로부터 사형선고를 받았습니다. 죽는 줄만 알았는데 기도해서 하나님의 은혜로 병 나았습니다. 기적이 나타난 겁니다. 얼마나 감사합니까? 정말 큰 은혜입니다. 말로 표현할 수 없을 정도로 감사합니다. 그런데 죽을병에 걸려서 고생하다가 병이 낫는 이적을 체험하는 것과 아예 그런 병에 걸리지 않는 것, 둘 중 하나 선택하라고 하면 여러분은 어느 쪽을 선택하겠습니까? 병에 걸리는 쪽 선택할 사람은 아무도 없습니다. 백이면 백, 병에 안 걸리는 쪽 선택합니다. 병에 안 걸리는 것이 죽을병에 걸렸다가 기적으로 낫는 것보다 더 감사한 일이라는 것입니다. 그런데 여러분, 병에 안 걸린 것 감사합니까? 죽을병에 걸렸다가 하나님의 은혜로 병 나으면 당연히 감사합니다. 그러나 병에 걸리지 않은 것에 대해서는 감사하는 사람 별로 없습니다. 병에 걸리지 않는 것 감사해야 합니다. 병에 걸리지 않는 것 진심으로 감사해야 합니다. 생각해 보면 아무 일 없이 지나가는 하루하루가 얼마나 감사한지 모릅니다.

아침에 일어나면 감사해야 합니다. 내가 아침에 건강하게 일어나는 것은 그냥 되는 일이 아닙니다. 밤새도록 내 심장이 한 번도 쉬지 않고 뛰었습니다. 밤새도록 한 번도 쉬지 않고 규칙적으로 뛰었는데 나는 심장이 뛰고 있다는 사실조차 모르고 있었습니다. 누가 뛰게 했습니까? 하나님께서 하셨습니다. 하나님께서 하신 것입니다. 하나님의 은혜입니다. 그러니 아침에 일어나는 것, 하나님께서 밤새 내 생명 유지시켜 주신 것입니다. 아침에 일어나면 밤새 내 생명 지켜주시고 새 하루를 맞게 하신 것 감격스러운 마음으로 감사해야 합니다.

식사할 때 감사해야 합니다. 한 끼 식사를 먹는 것 당연한 것으로 생각하지 마십시오. 식사하는 것 하나님의 은혜입니다. 소화가 안 되어 식사를 제대로 하지 못하는 사람 얼마나 많은지 모릅니다. 소화가 되는 것이 얼마나 감사한 일인지 모릅니다. 나아가 이 세상에는 먹을 것이 없어 굶어 죽어가는 사람이 얼마나 많은지 모릅니다. 하나님 내게 먹을 것 주셨습니다. 얼마나 감사합니까? 정말 우리는 한 끼의 식사를 할 때마다 뜨거운 마음으로 하나님께 감사해야 합니다.

소설가 박완서 씨의 "일상의 기적"이라는 짧은 글에 이런 말이 있는 것을 보았습니다.

> 이때 중국 속담이 떠올랐다. "기적은 하늘을 날거나 바다 위를 걷는 것이 아니라, 땅에서 걸어 다니는 것이다."

기적은 하늘을 날거나 바다 위를 걷는 것이 아니라, 땅에서 걸어 다니는 것입니다. 이분이 언제 이 글을 썼겠습니까? 노년에 병들어 걸을 수 없게 되었을 때입니다. 막상 걸을 수 없게 되니 걷는 것이 얼마나 복인지, 얼마나 귀한 것인지 알게 되더라는 이야기입니다. 그렇지요. 걷지 못하는 사람에게는 걷는 것이 기적입니다. 여러분, 이런저런 이유로 제대로 걷지 못하는 사람 얼마나 많은지 모릅니다. 그런 사람들에게는 땅 위를 걷는 것이 기적입니다. 이 예배 마치고 내 발로 걸어 나갈 수 있으면 진심으로 감사해야 합니다.

이 외에도 생각 없이 스쳐 가는 자연의 모든 것에도 감사해야 합니다. 부산에 사시니 바다를 쉽게 볼 수 있습니다. 제가 서울에 살 때는 바다가 보고 싶을 때가 많았습니다. 지금은 보고 싶으면 봅니다. 바다 보는 것도 감사해야 합니다. 아파트 주위에 틈새에 피어 있는 이름 없는 꽃 한 송이를 보며 하나님의 솜씨에 감탄하며 하나님께 감사해야 합니다. 따스한 햇볕, 불어오는 바람, 피어오르는 구름, 자연의 모든 것을 감사해야 합니다. 진실로 평범하게 지나가는 일상의 모든 일, 모든 것에 감사해야 합니다.

셋째, 어려움 중에도 감사해야 합니다

범사에 감사하라고 했는데 어차피 우리 인생에는 어려움이 있습니다. 어려움이 없는 인생은 없습니다. 그러니 어려움 중에서도 범사에 감사할 수 있습니다.

어려울 때는 가만히 있으면 불평합니다. 어려울 때 감사하기 위해서는 의지적으로 깊이 생각을 해서 감사를 찾아 감사해야 합니다. 아무리 어려워도 생각해 보면 그 속에 감사의 제목이 있습니다. 어려움 속에서 혹은 어려움을 통해 하나님 주시는 은혜가 있습니다. 이것을 깨닫고 감사하는 것입니다.

성경에서 어려움 가운데 감사한 대표적인 사례로 하박국을 생각할 수 있습니다. 하박국은 곧 바벨론이 유다를 쳐들어와 나라가 망하는 상황을 바라보면서 선지자 활동을 했습니다. 이제 전쟁이 시작되면 예루살렘 성이 무너지고 성전이 불타고, 온 나라는 폐허가 됨니다. 백성들을 포로로 끌려가고, 왕은 두 눈이 뽑혀 끌려갈 것입니다. 그는 선지자라 이 사실을 알고 있었습니다. 그래서 하박국 3장 16절을 보면 "내가 들었으므로 내 창자가 흔들렸고 그 목소리로 말미암아 내 입술이 떨렸도다 무리가 우리를 치러 올라오는 환난 날을 내가 기다리므로 썩이는 것이 내 뼈에 들어왔으며 내 몸은 내 처소에서 떨리는도다"라고 했습니다. 하박국은 이 엄청난 비극 앞에 창자가 흔들렸고 입술이 떨렸고 뼈가 썩는 것같이 아팠고, 몸을 벌벌 떨었다고 했습니다. 이 엄청난 비극 앞에 그도 말로 표현할 수 없는 두려움과 괴로움에 휩싸였습니다.

그러나 그는 이 비극 가운데서 깊이 생각합니다. 그리고는 고백합니다. 이어지는 말씀 17-18절 함께 읽겠습니다.

> "비록 무화과나무가 무성하지 못하며 포도나무에 열매가 없으며 감람나무에 소출이 없으며 밭에 먹을 것이 없으며 우리에 양이 없으며 외양간에 소가 없을지라도 나는 여호와로 말미암아 즐거워하며 나의 구원의 하나님으로 말미암아 기뻐하리로다."

"여호와로 말미암아 즐거워하며 나의 구원의 하나님으로 말미암아 기뻐하리로다"라고 했습니다. 나라가 망하는 비극을 바라보면서 하박국은 하나님을 생각했습니다. 하나님을 생각해 보니 나라가 망하고, 모든 것이 사라져도 하나님이 사라지는 것은 아니었습니다. 하나님의 사랑이 변한 것도 아니었습니다. 하나님은 여전히 내 곁에 계시고 나를 사랑하고 계셨습니다. 그는 그 극한 어려움 가운데 이 사실을 생각했습니다. 그리고는 여호와로 말미암아 즐거워하며 하나님으로 말미암아 기뻐한다고 감사하며 찬송을 불렀습니다. 극한 어려움 속에서도 하나님이 함께하심을 확신하고 하나님의 사랑을 확신할 때 하나님으로 인해 기뻐하고 감사한 것입니다.

제 이야기를 합니다. 저는 건강에 이상이 있습니다. 소화 기능에 어려움이 있고, 허리에 통증이 있고 다리에 불편함이 있습니다. 2017년부터 시작되었으니 8년이 되었습니다. 소화 기능은 소화가 잘 안 됩니다. 먹을 수 있는 음식이 한정되어 있고 한 숟가락에 이백 번 정도 씹습니다. 허리 통증은 허리 수술을 했는데도 계속되고 있습니다. 고통스러울 때는 정말 힘듭니다. 허리 아픈 사람은 눕고 싶은데 누우면 바로 소화가 되지 않으니, 소화가 다 될 때까지 눕지를 못합니다. 무릎은 2017년에 디스크가 터지면서 시작되었는데 아마 신경이 손상을 입은 것 같습니다. 움직일 때는 무릎에 보호대를 합니다. 지금도 보호대를 하고 서 있습니다. 서 있는 것은 이렇게 좀 서 있는데 걷는 것은 보호대를 하고도 5분 정도입니다.

저는 여행을 좋아합니다. 제가 건강했다면 은퇴하고 아마 여기저기 여행 많이 다녔을 것입니다. 그런데 은퇴하고 해외여행 한 번도 못 갔습니다. 대신 저는 하루 종일 성경 읽고 찬송 듣고 기도합니다. 처음에는 회개를 많이 했습니다. 제가 지금까지 목사로 살았지만 정말 주님보다 나를 위해 살 때가 많았음을 깨달았습니다. 내가 이대로 살다가 죽음을 맞이했다면 큰일날 뻔했다는 생각이 들었습니다. 그러면서 인생에 무엇이 중요한지, 무엇을 위해 살아야 하는지 뼈저

리게 깨달았습니다. 저는 지금은 모든 것 하나님께 맡기고 하나님과 동행하며 삽니다.

　자 여러분, 제가 아픈 것으로 손해 보았습니까? 여행 못했습니다. 운동도 못합니다. 소화가 안 되니 음식도 먹고 싶은 대로 먹지 못합니다. 고통도 많이 당했고 불편합니다. 그러면 손해 보았습니까? 제가 지금까지 제 인생을 돌아볼 때 아프고 나서 만큼 제가 하나님과 가깝게 지낸 적은 없었습니다. 제 인생에서 저는 지금 하나님과 가장 가깝습니다. 이게 얼마나 큰 은혜입니까? 이보다 더 큰 은혜가 어디 있겠습니까? 감사 제목이지요. 저는 감사해야 합니다. 회개했습니다. 기도합니다. 성경 묵상하고 찬송 듣습니다. 하나님 생각하고 예수님 사모합니다. 제가 아프지 않았으면 이런 은혜 받았겠습니까? 제가 아픈 것 은혜요 감사 제목입니다.

　여러분도 마찬가지입니다. 어려움이 있습니까? 어떤 어려움도 깊이 생각하면 그 속에 은혜가 있습니다. 생각해 보세요. 어려움 때문에 이렇게 기도하게 된 것 아닙니까? 어려움이 없었다면 이만큼 기도했겠습니까? 어려움 때문에 기도하게 되었고 그 기도를 통해 하나님과 가까워졌으니 은혜요, 감사 제목입니다. 어려움 때문에 그토록 버리지 못하던 죄를 버렸습니다. 그렇게 오랫동안 버리지 못했던 죄를 어려움 때문에 버렸습니다. 이 또한 놀라운 은혜입니다. 감사해야 합니다. 어려움 때문에 주님 아니면 한순간도 살 수 없다고 철저하게 주님 의지하게 되었습니다. 주님만 의지하게 된 것, 이 또한 얼마나 귀한 은혜입니까? 감사해야 합니다. 어려움 때문에 남은 생애를 어떻게 살아야 할 것인지 분명하게 깨달았습니다. 어려움 때문에 앞으로 후회하지 않을 인생을 살게 된 것입니다. 감사의 제목 아닙니까? 이 외에도 각자의 형편에 따라 어려움 속에 은혜가 있습니다. 어려움 가운데서 어려움 속에 있는 은혜를 깨닫고 감사해야 합니다. '나는 아무리 생각해도 은혜가 깨달아지지 않는다.' 그러면 그냥 감사하십시오. 아무리 어려워도 하나님 살아 계시고 하나님 나를 사랑하시니 하나님의 사랑을 믿고 감사하십시오. 그것만으로도 감사해야 합니다.

"범사에 감사하라." 첫째, 받은 은혜를 감사합시다. 받은 은혜를 깨닫고 감사하십시오. 둘째, 평범하게 지나가는 일상의 모든 일들에 감사하십시오. 아무 생각 없이 지나가는 일상의 모든 일을 진심으로 감사하십시오. 셋째, 어려움 가운데서도 깊이 생각해서 하나님의 은혜를 깨닫고 감사하십시오. 어려움 가운데서도 꼭 감사해야 합니다. 그래서 범사에 감사합시다. 범사에 감사하라. 범사에 감사하는 우리 모두 되기를 바랍니다.

4.
예수 이름의 의미

(마 1:18-25)

    사람의 이름은 의미가 있습니다. 부모가 나름 의미를 담아 자녀의 이름을 짓기 때문입니다. 저는 제 아버지가 목사님이셨는데, 아들을 주시면 하나님께 바치겠다는 서원 기도의 결과로 태어났습니다. 성경에 기도의 결과로 태어난 대표적인 인물이 사무엘입니다. 그래서 원래 제 이름을 사무엘로 지으려 했습니다. 하지만 우리나라는 이름을 세 자로 짓는 경우가 흔치 않습니다. 그래서 뒤의 엘은 떼어내고 사무로 하자니 좋은 의미가 생각나지 않아 사무을 삼우, 석 三 도울 祐, '삼위 하나님께서 도우신다'는 뜻으로 삼우라고 지었습니다. 그리고는 제가 결혼해서 딸을 낳았을 때 제 아버지가 '라엘'이라고 이름을 지어주셨습니다. 제 이름에서 떼어놓았던 '엘'을 제 딸 이름에 붙여주신 것입니다. 참고로 라엘이라는 이름은 성경 민수기 3장에 있습니다.

부모는 대부분 좋은 의미를 붙여 자녀의 이름을 짓습니다. 그런데 모두가 그런 것은 아닌 것 같습니다. 2014년 법원에 이름을 바꾸어달라고 개명 신청한 사람들의 이름을 보니 이상한 이름이 많았습니다. 대표적인 것만 몇 개 소개해봅니다. 방귀남, 방귀녀, 신호등, 임신중, 안녕, 하지마, 강아지, 문문문, 신난다, 변기통…. 솔직히 이게 온전한 정신으로 지은 이름인가 하는 생각이 듭니다.

이스라엘 사람들은 의미보다 사실을 담아 이름을 짓는 경향이 있습니다. 아이를 낳고 보니 털이 많습니다. 털이 많다는 뜻의 에서로 지었습니다. 쌍둥이로 태어나면서 형의 발꿈치를 잡고 태어났다고 해서 발꿈치를 잡았다는 뜻의 야곱으로 지었습니다.

우리 예수님의 이름은 예수입니다. 보통 예수 그리스도라고 하는데 하나는 이름이고 하나는 성인가 생각하는 분 있는지 모르겠습니다. 당시 이스라엘 백성들에게 성은 없었습니다. 예수는 이름이고 그리스도는 직명입니다. 박삼우 목사라고 할 때 예수는 박삼우고 그리스도는 목사와 같습니다. 그리스도(Χριστός)는 헬라어인데, 히브리어로는 메시아(משיח)입니다. 그러니 예수 그리스도는 예수 메시아입니다.

오늘은 성탄절을 앞두고 예수 이름의 의미를 함께 생각하면서 은혜를 나누겠습니다. 본문 18, 19절 함께 읽겠습니다.

"예수 그리스도의 나심은 이러하니라 그의 어머니 마리아가 요셉

과 약혼하고 동거하기 전에 성령으로 잉태된 것이 나타났더니 그
의 남편 요셉은 의로운 사람이라 그를 드러내지 아니하고 가만히
끊고자 하여"

예수님이 마리아의 몸에 성령으로 잉태되었을 때 마리아는 요셉이라는 목수 청년과 약혼 관계에 있었습니다. 당시 유대 나라의 약혼은 지금 우리의 약혼과는 개념이 다릅니다. 당시 약혼은 실제 부부는 아니지만 법적으로는 부부와 똑같습니다. 서로 남편과 아내로 생각했고, 약혼한 상태에서 헤어지려면 이혼을 해야 했습니다. 마리아가 요셉과 함께 호적을 하러 요셉의 고향인 베들레헴에 간 것도 약혼이 법적으로 결혼 관계와 같았기 때문입니다. 이렇게 약혼하고 보통 1년 후에 결혼합니다.

마리아가 예수님을 잉태했을 때 약혼 관계에 있었던 요셉이 이 사실을 알게 됩니다. 영문을 모르는 요셉으로서 심정이 어떠했겠습니까? 나와 약혼한 여자가 나 모르게 아기를 가졌습니다. 얼마나 기가 막힐 노릇이었겠습니까? 이 일을 어떻게 처리해야 합니까? 만약 요셉이 고소를 하면 마리아는 모세의 율법에 의해 끌려 나가 돌에 맞아 죽습니다. 마리아는 결혼한 여자가 간통을 한 것과 똑같은 죄를 지었기 때문입니다.

요셉은 고민합니다. 요셉은 의로운 사람이었습니다. 마리아가 잘못된 일을 했는데 그냥 덮어놓고 함께 살 수는 없었습니다. 그러나 동시에 그는 신중하고 너그러운 사람이었습니다. 마리아를 비참하

게 해서는 안 되겠다고 생각합니다. 그래서 내린 결론이 드러나지 않게 조용하게 헤어지겠다는 것이었습니다. 그러는 중에 천사가 꿈에 요셉에게 나타나 말했습니다. 20, 21절 함께 읽겠습니다.

> "이 일을 생각할 때에 주의 사자가 현몽하여 이르되 다윗의 자손 요셉아 네 아내 마리아 데려오기를 무서워하지 말라 그에게 잉태된 자는 성령으로 된 것이라 아들을 낳으리니 이름을 예수라 하라 이는 그가 자기 백성을 그들의 죄에서 구원할 자이심이라 하니라."

천사가 요셉에게 마리아의 임신은 성령으로 된 것임을 알려줍니다. 아들을 낳을 것이니 이름을 예수라고 지으라고 했습니다. 천사의 말씀을 들은 요셉은 모든 것을 이해합니다. 천사의 지시대로 마리아를 데려왔고 아들을 낳기까지 동침하지 아니했습니다. 그러고는 마침내 아들을 낳았을 때 천사의 지시대로 이름을 예수라고 지었습니다. 이렇게 해서 우리 예수님의 이름이 예수가 되었습니다.

예수, 세상에서 가장 아름답고 사랑스러운 이름입니다. 가장 은혜롭고, 가장 능력 있고, 가장 위대한 이름입니다. 예수라는 말은 히브리어 '여호수아'의 헬라식 발음입니다. 여호수아라는 말을 헬라어로 번역할 때 예수라고 번역했습니다. 여호수아라는 말은 '여호와는 구원이시다'라는 뜻입니다. 따라서 예수 이름의 뜻도 '여호와는 구원이시다'입니다.

본문은 예수님이 예수라는 이름, '여호와는 구원이시다'라는 이름을 갖게 되는 이유를 말씀합니다. 21절을 함께 읽겠습니다.

"아들을 낳으리니 이름을 예수라 하라 이는 그가 자기 백성을 그들의 죄에서 구원할 자이심이라 하니라."

예수님의 이름을 예수라고 지은 이유가 그가 자기 백성을 그들의 죄에서 구원할 자이기 때문이라고 했습니다. "이는 그가 자기 백성을 그들의 죄에서 구원할 자임이라." 이 말씀을 좀 자세히 살펴보겠습니다.

먼저 "자기 백성"이라고 했습니다. "그가 자기 백성을", 예수님은 자기 백성을 구원하시기 위해 이 세상에 오셨습니다.

세상에는 예수님의 백성이 있고 예수님의 백성이 아닌 사람이 있습니다. 예수님 이 세상에 오신 것은 어디까지나 자기 백성을 위해서입니다. 우리가 하나님 선택한 예수님의 백성입니다. 우리는 예수님의 백성 될 자격이 없는 사람들입니다. 세상에는 우리보다 훌륭한 사람들이 얼마든지 있습니다. 유식한 사람들도 있고 돈 많은 사람들도 있고 똑똑한 사람들도 있습니다. 자격으로 따지면 정말 우리는 아무 자격 없습니다. 그런데 하나님 우리를 선택해주셨습니다, 아무것도 보지 아니하시고 무조건적으로 선택해주셨습니다. 그래서 우리가 예수님의 백성이 되었습니다.

예수님이 성탄에 자기 백성을 위해 세상에 오셨기에 예수님의 백성이 아닌 사람들에게 성탄은 아무 의미가 없습니다. 그 사람들 성탄절을 죄짓는 날로 보내는 것, 이상할 것 없습니다. 성탄과 아무 상관이 없기 때문입니다. 주님은 이천 년 전 바로 자기 백성인 우리를 위하여 이 세상에 오셨습니다.

그다음 "그들의 죄에서"라고 했습니다. 인간의 가장 큰 문제가 죄라는 것을 보여줍니다. 사람은 원래 하나님의 형상으로 하나님과 교제하며 하나님을 섬기며 살도록 지음 받았습니다. 이러한 인간이 하나님의 명령에 불순종하여 죄를 짓고 하나님을 떠났습니다. 하나님께 불순종하고 하나님을 떠난 것이 죄입니다. 인간의 모든 비극은 여기서 시작합니다. 보세요. 성경 창세기를 보면 우리 조상이 범죄한 다음 곧바로 나타나는 이야기가 형이 동생을 때려죽이는 사건입니다. 죄를 짓고 난 다음 곧바로 싸움이 시작되었습니다. 싸움을 확대한 것이 전쟁입니다. 전쟁, 질병, 기근, 가난, 고통, 이 모든 비극이 죄로 인해 들어왔습니다. 그뿐만 아니라 인간은 죄로 인해 하나님을 떠나 살다가 마지막에는 지옥에서 영원히 죄의 형벌을 받을 수밖에 없습니다. 결국 죄 문제 해결하지 않으면 인간에게는 소망이 없습니다.

그다음 "구원할 자"라고 했습니다. 이렇게 자신이 죄짓고 자기의 잘못으로 멸망 당할 백성을 구원하기 위해 주님은 이 세상에 오셨습니다. 스스로는 죄 문제를 해결할 길이 없었기 때문입니다.

하나님 앞에서 죄의 값은 사망입니다. 영원한 멸망입니다. 하나님은 자기 백성이었지만 죄를 그저 용서해주실 수는 없었습니다. 누군가 죄 없는 자가 죄의 형벌을 대신 받아야만 했습니다. 주님이 십자가 위에서 자기 백성의 죄의 형벌을 대신 받기로 한 것입니다. 그러므로 자기 백성을 구원하기 위해 오셨다는 말은 십자가에 못 박히시기 위해 오셨다는 말이 됩니다. 베들레헴 말구유는 고난과 섬김의 길을 통해 십자가로 이어지고, 십자가를 통해 부활 승천으로 나아갑니다. 이렇게 해서 예수님께서 자기 백성을 그들의 죄에서 구원하신 것입니다. "이는 그가 자기 백성을 그들의 죄에서 구원할 자이심이라." 말씀 그대로 예수님께서 자기 백성을 그들의 죄에서 구원하셨습니다.

이제 생각할 것은 왜 이렇게까지 해서 예수님은 자기 백성을 구원하셔야 했느냐는 것입니다. 인간이 스스로 죄에 빠졌는데 하나님이 "난 모르겠다" 하시면 안 됩니까? 인간이 스스로 멸망의 길을 선택했는데 예수님이 "나는 모른다" 하면 안 됩니까? 도대체, 왜 무슨 이유로 하나님은 독생자를 내어주셨고, 예수님은 친히 하늘 영광 버리고 사람이 되었고, 십자가에서 생명까지 희생하심으로 우리를 구원하셔야 했느냐는 것입니다.

'우리를 사랑하셨기 때문이다.' 이렇게 말하면 간단합니다. 맞는 말입니다. 그리고 우리는 항상 여기까지만 생각합니다. 이다음 단계를 말한 것을 들어보지 못했고 읽어보지 못했습니다. 하지만 사랑 다음 단계를 생각할 필요가 있습니다. 이것도 알면 거기 은혜가 있기 때문입니다.

제게는 딸 둘이 있습니다. 둘째 딸이 한 다섯 살쯤 되었을 때 잃어버린 적이 있습니다. 제 부모님 집에 갔다가 나오는데 뭔가 두고 나왔기에 큰딸과 저와 아내 셋은 다시 안으로 들어갔는데 둘째는 혼자 가는 줄 알고 가버린 것입니다. 아이를 잃어버렸다는 것을 알았을 때 정말 정신이 하나도 없었습니다. 이것은 경험이 없는 사람은 알 수가 없습니다. 그때 제 마음은 말로 표현을 할 수가 없습니다. 별의별 상상을 다 했습니다. '교통사고가 난 것은 아닐까? 유괴당한 것은 아닐까?' 한두 시간 뒤에 찾았습니다만 그때 얼마나 충격적이었던지 35년이 지난 지금도 그때의 기억이 어제처럼 생생합니다.

한번 생각해 봅시다. 제가 딸을 잃어버렸을 때 왜 찾아야 했습니까? 물론 딸을 사랑하기 때문입니다. 하지만 더 세밀하게 생각해보면 사랑에 어떤 속성이 있고 그 속성 때문에 찾아야만 했습니다. 이것을 알아야 한다는 것입니다.

어떤 사람이 하루는 중국식당에서 음식을 먹다가 나무젓가락을 바닥에 떨어뜨렸습니다. 아무 아쉬움 없이 그 젓가락을 버리고 새 젓가락을 하나 집어서 식사를 계속했습니다. 그런데 이 사람이 다음날 식당에서 식사하다가 돈지갑을 바닥에 떨어뜨렸습니다. 어제 떨어뜨린 젓가락처럼 지갑도 흙이 묻고 먼지가 묻었습니다. 나무젓가락 버렸으니 지갑도 버릴 수 있겠습니까? 지갑도 그냥 버리고 나올 수 있겠습니까? 지갑을 버리고 나오면 정상이 아닙니다. 나무젓가락은 버려도 지갑은 버리지 않습니다. 이유가 무엇입니까? 지갑 사랑합니까? 사랑하지 않습니다. 그런데 왜 못 버립니까? 소중하기 때문입니다. 나무젓가락은 소중하지 않지만, 지갑은 소중합니다. 사랑하기 때문이 아닙니다. 소중하기 때문입니다.

언젠가 수십 년 전 이야기입니다만 골목길에서 어떤 사람들이 하수구 덮개를 들어내고 하수구를 뒤지는 것을 본 적이 있습니다. 당시 하수구는 사각형으로 된 덮개에 덮여 있었는데 그것을 들어내고 바닥을 살피고 있었습니다. 주위에 구경꾼들이 있어 왜 이러냐고 물어보았더니 어떤 부인이 하수구 덮개 사이의 구멍으로 다이아몬드 반지를 떨어뜨려 인부를 구해 찾고 있다고 했습니다. 하수구 바닥을 말 그대로 샅샅이 뒤지고 있었습니다. 저는 곧 그 자리를 떠났기 때문에 결과를 모릅니다만 아마 찾을 때까지 찾았을 겁니다. 이유는 다이아몬드 반지는 소중하기 때문입니다. 사랑해서가 아니라 소중해서입니다. 무엇인가 잃어버렸을 때 찾아야 한다면 그 정확한 이유는 소중하기 때문입니다. 소중하면 할수록 어떤 일이 있어도 찾아야 합니다.

제가 딸을 잃어버렸을 때 찾아야 했던 이유도 딸이 제게 소중하기 때문입니다. 찾아야 하는 이유는 소중하기 때문입니다. 소중한 이유가 사랑하기 때문이지요. 사랑하기 때문에 소중하고 소중하기 때문에 찾아야 합니다. 사랑의 성품 중 하나가 소중함입니다. 사랑하면 소중합니다. 찾아야 하는 이유는 바로 이 소중함 때문입니다. 딸은 부모에게 생명만큼 소중합니다. 그러니 잃어버리면 절대 포기할 수 없습니다.

그러므로 자기 백성을 구원한다는 이 예수님의 이름은 하나님과 예수님께서 우리를 향해 '너는 내게 소중하다'고 말씀하시는 것입니다. 어느 정도 소중한가요? 하나님에게는 나를 찾기 위해 하나밖에 없는 아들을 십자가 죽음에 내어주실 만큼 소중합니다. 예수님에게는 나를 찾기 위해 하늘의 하나님의 영광을 버리고 사람이 되셨고, 마지막에는 십자가의 그 고통스러운 죽음을 감당할 만큼 소중합니다.

우리는 하나님에게도 소중하고 예수님에게 소중하지만, 오늘은 예수님의 이름에 대해 이야기하고 있으니 예수님에게 초점을 맞추겠습니다.

이 소중함, 예수님의 이런 소중함을 직설적으로 무엇이라 표현할 수 있겠습니까? 한번 생각해보세요. 이걸 상대방에게 표현한다면 무엇이라 표현할 수 있겠습니까? 가장 가까운 표현이 "나는 너 아니면 못산다"입니다. 그렇지요. "나는 너 아니면 못 산다." 그렇습니다. 너 아니면 못살기에, 그만큼 소중하기에 엄청난 희생을 지불하고라도 구해 와야 하는 것입니다. 그러니 예수의 이름이 주는 메시지는 '나는 너 아니면 못산다'는 것입니다. '예수, 자기 백성을 구원한다.' 예수님께서 나를 향해 '나는 너 아니면 못 산다' 말씀하십니다.

여러분, 지금까지 예수 믿으면서 '예수님이 나 아니면 못산다', 이런 생각해본 적 있습니까? 아마 없을 겁니다. 아니 어쩌면 제가 이렇게 설명해도 그게 정말인가 생각이 될 겁니다. 정말입니다. 진리입니다. 예수님은 나 아니면 못삽니다. 예수님이 나 없이도 살 수 있다면 성탄에 세상에 오실 필요가 없습니다. 십자가에 달리실 이유도 더욱 없습니다. 예수님은 나 아니면 못삽니다. 예수님이 나를 그렇게 생각해주시다니 황송하고 송구스럽기 짝이 없지만, 이것이 사실이요, 이게 은혜입니다.

보십시오. 베드로는 예수님 붙잡혀서 공회의 심문을 받는 결정적 순간에 예수님을 모른다고 세 번 부인했습니다. 저주하고 맹세까지 하면서 부인했습니다. 완전히 망가져 쓸모없는 사람이 되었습니다. 그래서 부활하신 예수님을 만났음에도 불구하고 낙심해서 갈릴리로 고기잡이하고 있었습니다. 아마 속으로 '나 같은 것은 아무 소용없어, 난 다 끝났어'라고 생각하고 있었을 것입니다. 그런데 예수님은 그런 베드로를 찾아오셔서 "요한의 아들 시몬아, 네가 나를 사랑하느냐?" 물으시면서 베드로의 상처를 어루만져 주시고 고쳐주셔서 "내 양을 먹이라"고 새롭게 세워주셨습니다. 베드로는 예수님을 부인했는데 그런 베드로를 예수님 왜 찾아가서 새롭게 세워주십니까? 이유는 하나, 예수님에게 베드로가 소중하기 때문입니다. 예수님은 베드로 없이 못 사시기 때문입니다. 똑같이 예수님에게는 내가 소중하고 예수님은 나 없이는 못 삽니다.

이 설교를 준비하면서 계속 흥얼거렸던 복음송이 있습니다. 가사가 이렇습니다.

내가 너를 얼마나 사랑하는지 너는 아느냐?
내가 너를 얼마나 좋아하는지 너는 아느냐?

내가 너를 얼마나 기다렸는지 너는 아느냐?
너는 아느냐? 너는 아느냐?
내가 너를 살리려 나의 생명을 주었고
내가 너의 수치를 덮으려 나의 생명을 준 것을
너는 아느냐? 나의 은혜를 얼마나 알며?
내 사랑의 노래를 너는 아느냐?

예수님이 '내가 너를 얼마나 사랑하는지, 내가 너를 얼마나 좋아하는지 너 아느냐? 내가 너를 살리려 나 생명을 주었고, 내가 너의 수치를 덮으려 내 생명을 주었는데 이 은혜를 너는 아느냐?' 묻고 있지요. 이건 다른 말로 하면 예수님께서 '네가 나한테 얼마나 소중한지, 너 아느냐, 내가 너 없이는 못 산다는 것 너 아느냐?' 묻고 있는 겁니다. '나는 너 없이는 못 산다. 그래서 널 살리기 위해 내 생명을 주었다. 너 이것 아느냐?' 묻고 있습니다. 예수님이 묻는 형식으로 되어 있지만 사실은 이 노래를 지은 사람이 예수님은 나 없이는 못 살 만큼 내가 예수님에게 소중하다는 것을 안 것이지요. 이를 알고 나니 너무 좋아, 너무 큰 은혜가 있어 다른 사람들도 이것을 알았으면 좋겠다는 간절한 마음으로 예수님의 질문을 빌려 묻고 있는 겁니다.

그런데 제가 이 노래를 흥얼거린 것은 단순히 이 가사 때문이 아니었습니다. 이 노래를 지은 사람 때문이었습니다. 여러분, 이 노래 가사를 쓴 사람 누군지 아십니까? 송명희입니다. 송명희, 아시지요? 뇌성마비, 중증 지체 장애. 거의 움직이지도 못합니다. 말 한마디 하려면 온 몸을 뒤틀어야 합니다. 이런 사람이 이 노래를 지었습니다.

저는 송명희 씨가 이 노래 가사를 썼다는 사실을 처음 알았을 때 충격을 받았습니다. 잠깐 멍했습니다. 송명희 씨가 내가 주님에게 얼마나 소중한 존재인지를 알고 나니, '주님이 나 없이는 못 산다'는 사실을 알고 나니 너무 좋아, 너무 큰 은혜가 있어, 이것을 모르는 사람들이 안타깝다는 것입니다. 다른 사람도 알았으면 좋겠다고 예수님의 질문을 빌려 '너는 아느냐'고 묻고 있습니다.

그렇습니다. 예수님이 나를 얼마나 좋아하는지 이것만 알면 됩니다. 예수님이 나 없이는 못 산다는 것, 이것만 알면 여기 모든 여건에서 승리할 수 있는 은혜가 있습니다. 이것만 알면 여기 기쁨과 감사한 마음으로 주님만 사랑하고 주님만을 위해 살 수 있는 능력이 있습니다. 진정 주님이 나 없이는 살지 못할 만큼 나를 소중히 여기시는 것만 알면 은혜와 능력은 넘치고 넘칩니다.

"예수, 이는 그가 자기 백성을 그들의 죄에서 구원하실 자임이라." 예수님 나 없으면 못산다는 뜻입니다. 그래서 예수님은 성탄절에 이 세상에 오셨습니다. 나 없으면 못 살기 때문에 나를 구원하기 위해 세상에 오셨습니다. 이 진리를 마음 깊이 꼭 붙드십시오. 이 진리를 믿고 이 진리의 은혜와 능력으로 살아야 합니다. 이 아름다운 예수 이름의 은총이 여러분의 심령에 충만하기를 바랍니다.

5.
선으로 바꾸시는 하나님

(창 50:15-21)

우리 모두의 삶의 공통점은 어려움이 있다는 것입니다. 어려움을 원하는 사람은 아무도 없는데, 어려움을 겪지 않는 사람도 아무도 없습니다. 우리 모두 질병, 실패, 가난 등 원치 않는 어려움을 겪으면서 인생을 살아갑니다.

우리가 어려움을 겪을 때 먼저 한 가지 분명히 해야 할 것이 있습니다. 내 삶을 주관하시는 분은 하나님이라는 사실입니다. 하나님은 내 인생을 주관하시고 내 삶의 모든 사소한 일까지 다스리십니다. 성경은 공중의 참새 한 마리 하나님 허락 없이 땅에 떨어지지 않는다고 했습니다. 내 인생에도 하나님의 허락 없이 일어나는 일은 없습니다. 지금 내가 겪는 어려움도 하나님의 섭리 안에 있다는 말씀입니다. 따라서 중요한 것은 이 어려움을 통해 하나님께서 나를 어디로 인도하시느냐는 것입니다. 이 고난을 통해 하나님 나를 어디로 인도하시느냐, 이것이 중요합니다.

하나님이 나를 어디로 인도하시는가, 이것을 가르쳐주는 말씀이 로마서 8장 28절입니다. 언제 읽어도 위로가 되고 힘이 되는 은혜로운 말씀입니다.

> "우리가 알거니와 하나님을 사랑하는 자 곧 그의 뜻대로 부르심을 입은 자들에게는 모든 것이 합력하여 선을 이루느니라."

하나님을 사랑하는 자, 곧 그의 뜻대로 부르심을 입은 자들, 누구입니까? 바로 우리입니다. 하나님께서 우리에게 일어나는 모든 것이 합력해서 선을 이루도록 인도하신다는 말씀입니다. 하나님은 내게 일어나는 모든 일, 그러니 큰일 작은 일, 좋은 일 나쁜 일, 모든 일이 합력해서 선을 이루도록 섭리하십니다. 바로 이 진리 속에 우리가 모든 어려움을 이길 수 있는 능력이 있습니다.

어려움이란 마지막 결과에 따라 그 성격이 달라집니다. 어려움을 당했지만, 마지막에 아름답고 행복하게 끝이 나면 그 어려움은 나쁜 것이 아닙니다. 오히려 좋은 것입니다. 그런데 보십시오. 모든 것이 합력하여 선을 이룬다고 했습니다. '모든 것' 속에는 분명 어려움도 포함됩니다. 지금 내가 겪는 어려움이 마지막 선을 위한 과정이라는 것입니다. 이 진리를 믿을 때 우리는 어떤 어려움 중에서도 소망을 가지고 담대하게 나아갈 수 있습니다.

우리가 잘 아는 구약의 요셉은 바로 이 합력하여 선을 이루는 진리의 모델케이스입니다. 요셉의 생애를 생각해봅시다. 잘 알다시피 요셉은 열일곱 살의 나이에 형들에 의해 노예로 팔려갑니다. 요셉이 무슨 죄가 있었습니까? 죄가 있다면 아버지의 사랑을 더 받았다는 것이요, 부모와 형들이 자기에게 절을 한다는 꿈 이야기를 한 것뿐입니다. 이런 이유로 형들의 미움을 받아 멀리 노예로 팔려갑니다.

그런데 세월이 흐른 다음 어떻게 되었습니까? 요셉은 애굽의 총리가 되었고, 형들은 먹을 것이 없어 양식을 구하러 애굽에 와서 요셉 앞에 무릎을 꿇었습니다. 완전히 입장이 바뀌었습니다. 요셉의 말 한마디면 형들의 목숨은 다 끝장납니다. 그러나 요셉은 형들을 용서합니다. 깨끗하게 용서합니다. 그리고는 아버지와 모든 식솔들을 다 불러 애굽의 고센 땅, 좋은 곳에서 함께 살게 했습니다.

다시 세월이 지나 아버지가 죽었습니다. 형들은 다시 겁이 났습니다. "아버지가 살아 계셨을 때는 아버지 때문에 참았지만 이제 아버지가 죽었으니 혹시 우리를 미워하여 죽이지 아니할까?" 겁이 났습니다. 그래서 아버지의 장례를 치르자마자 요셉에게 사람을 보내 아버지가 우리를 용서하라고 말했다고 아버지를 들먹이며 다시 용서를 빕니다. 그리고는 직접 찾아와 "우리가 다 당신의 종"이라고 간청합니다. 요셉이 그 말을 들었을 때 울었습니다. 믿지 못하는 형들이 안타까워 운 것입니다. 간곡한 말로 걱정하지 말라고 형들을 위로하면서 "당신과 당신의 자녀들을 다 내가 책임지겠다"고 약속했습니다. 참으로 훌륭한 요셉입니다.

우리가 여기서 알아야 할 것이 있습니다. 우리는 요셉이 형들을 용서한 것이 요셉의 성품이 훌륭했기 때문이라고 생각할 수 있습니다. 물론 요셉의 성품도 훌륭했습니다. 하지만 요셉의 형들을 용서한 데는 더 중요한 이유가 있었습니다. 요셉의 하나님에 대한 믿음 때문이었습니다. 어떤 믿음이었습니까? 요셉이 두려워 떠는 형님들에게 말합니다. 19, 20절을 함께 읽겠습니다.

> "요셉이 그들에게 이르되 두려워 마소서 내가 하나님을 대신하리이까 당신들은 나를 해하려 하였으나 하나님은 그것을 선으로 바꾸사 오늘과 같이 많은 백성의 생명을 구원하게 하시려 하셨나니."

'당신들은 나를 해하려 하였으나 하나님은 그것을 선으로 바꾸사 오늘과 같이 만민의 생명을 구하시려 하였나이다.' 하나님이 선으로 바꾸셨다, 이렇게 믿고 있습니다. 이렇게 믿으니 요셉이 거기 들어가 용서고 뭐고 할 것조차 없습니다. "내가 하나님을 대신하리이까?" 이 말이 그런 뜻입니다. 하나님이 하시는 일인데, 내가 대신할 자리가 없다는 것입니다. 하나님이 선으로 바꾸셨는데 내가 용서고 뭐고 할 것이 없습니다. 형들은 요셉을 해하려 하였으나 하나님이 선으로 바꾸셨습니다.

우리가 이 진리를 정확하게 이해하기 위해 요셉의 생애를 다시 한 번 따라가 봅시다. 노예로 애굽까지 팔려온 요셉은 애굽 왕의 친위대장 보디발이라는 사람의 집의 노예가 됩니다. 어린 나이에 고향과 부모를 잃고 먼 나라에 노예가 되었으니 그 슬픔과 좌절감이 얼마나 컸겠습니까? 죄 없이 형들에 의해 노예로 팔렸으니 형들에 대한 증오와 복수심에 사로잡힐 수도 있었을 것입니다. 그러나 요셉은 좌절감에 넘어지지도 않았고 복수심에 사로잡히지도 않았습니다. 비록 종이 되었지만 그 자리에서 성실하게 주어진 일을 잘 감당했습니다. 그래서 주인의 신임을 받아 청지기의 자리에까지 오릅니다. 우리 성경에 '가정 총무'라고 나오는데 그게 청지기입니다.

이러한 요셉에게 또 한 번 시련이 부딪쳐 옵니다. 주인의 아내가 연정을 품고 요셉을 유혹하기 시작한 것입니다. 이게 얼마나 어려운 시험입니까? 노예는 주인의 것이요, 주인이 시키는 대로 해야 했던 시대입니다. 그런 때에 주인이 노예를 유혹했습니다. 정말 어려운 시험이었습니다.

그런데 놀랍게도 요셉은 이 유혹을 이겼습니다. 그때 그가 외친 말이 있습니다. "내가 어찌 이 큰 악을 행하여 하나님께 죄를 지으리이까?" 하나님 앞에 있다는 것입니다. 아무도 없는 그 자리에 하나님은 계셨습니다. 요셉은 이 믿음으로 그 무서운 시험을 이깁니다.

문제는 그다음입니다. 그 어려운 유혹과 싸워 이겼는데 결과는 거꾸로 자기가 여자를 범하려 한 것이 되고, 그래서 감옥에 갇힙니다. 도대체 이런 억울한 일이 어디에 있습니까? 하나님 앞에서 끝까지 죄짓지 않으려 했는데 어떻게 이렇게 계속 어려움을 당해야 합니까? 그러나 요셉은 하나님을 원망하지 않았습니다. 왜 이렇게 되는지 알 수는 없지만 믿음으로 그냥 따라갔습니다. 그래서 감옥에 가서도 성실하게 최선을 다했습니다.

그랬더니 간수장이 요셉에게 떡 맡은 관원장과 술 맡은 관원장을 수종 들게 했습니다. 두 사람이 꿈을 꾸었는데 요셉이 해석해주었습니다. 술 맡은 관원장은 삼 일 후에 복직이 되고 떡 맡은 관원장은 삼 일 후에 죽임당한다는 것이었습니다. 요셉은 술 맡은 관원장에게 복직이 될 때 자신을 기억해달라고 신신당부했습니다. 요셉의 해석대로 술 맡은 관원장은 삼 일 후 복직되었습니다. 그러나 그는 복직된 후 요셉을 기억하지 않았습니다. 여러분, 한번 상상해 보세요. 요셉이 술 맡은 관원장에게 자신을 기억해달라고 했을 때 어떤 심정이었겠습니까? 지푸라기라도 붙잡는 심정이었을 것입니다. 도와줄 사람 하나 없는 낯선 애굽 땅에서 유일한 소망이라고 생각했을 것입니다. 그런데 기다리고 기다려도 소식이 없습니다. 얼마나 낙심되는 상황입니까? 보통 사람 같으면 하나님 원망하고 말았을 것입니다.

그러나 요셉은 이런 상황에서도 낙심하지 아니하고 감옥에서 성실하게 최선을 다해 살았습니다. 그랬더니 술 맡은 관원장이 복직이 된 지 2년 후 바로가 이상한 꿈을 꾸고는 해석하지 못해서 왕궁에 소동이 일어나고, 그제야 술 맡은 관원장이 요셉을 기억합니다. '그래, 감옥에 꿈을 해석하는 사람이 있었지.' 바로 왕이 요셉을 부르고 요셉이 바로 왕 앞에서 꿈을 해석하고는 대책까지 제시하므로 애굽의 총리대신이 됩니다. 그리고는 자기 가족뿐 아니라 온 백성을 흉년에서 건집니다.

이제 다시 생각해봅시다. 노예로 팔려 오지 않았으면 어떻게 되었겠습니까? 요셉의 이야기는 시작도 될 수 없습니다. 노예로 팔려오는 것이 하나님의 섭리입니다. 보디발의 아내의 유혹이 없었으면 어떻게 되었겠습니까? 감옥에 들어가지 못했을 것이고, 감옥에 들어가지 못했더라면 총리대신은커녕 평생 노예로 살다가 끝났을 것입니다. 누명을 쓰고 감옥에 들어간 것이 하나님의 섭리입니다. 술 맡은 관원장이 요셉을 잊어버린 것도 그렇습니다. 그가 요셉을 기억했다고 합시다. 그러면 최상의 시나리오는 감옥에서 나오는 겁니다. 나왔다면 어떻게 되었겠습니까? 고향으로 돌아가 아버지를 만나는 것으로 끝입니다. 그다음 할 이야기가 없습니다. 그가 요셉을 잊어버린 것이 얼마나 절묘한 하나님의 손길인지 모릅니다. 그러니 보십시오. 당시로는 계속해서 어려움만 부딪쳐오고 계속해서 일이 안 되는 것 같았지만 이제 와서 보니 그 모든 것이 정확한 하나님의 섭리였습니다. 하나하나가 다 너무도 오묘한 하나님의 손길이었습니다. 다 필요했습니다. 하나도 버릴 것이 없습니다. 하나님이 그 모든 것을 선으로 바꾸사 만민의 생명을 구원하게 하셨습니다. 하나님께서 모든 것이 합력하여 선을 이루도록 바꾸셨습니다.

선으로 바꾸시는 분은 하나님이시지만 요셉을 볼 때 하나님께서 선을 이루시도록 사람 편에서 협력해야 할 일이 있습니다. 내가 해야 할 일이 있습니다. 우리에게는 이게 중요합니다. 그게 무엇입니까?

첫째, 무슨 일이든 성실하게 최선을 다하는 것입니다

요셉은 그러했습니다. 그는 애굽의 총리대신이 되었을 때 나라를 잘 다스렸습니다. 총리대신 아무나 잘 할 수 있는 것 아닙니다. 정치 세계가 얼마나 어렵습니까? 당시 애굽은 세계 최강의 나라였습니다. 그런 나라 총리대신 잘하는 것 절대 쉽지 않습니다. 그런데 요셉은 애굽의 총리대신직을 훌륭하게 수행했습니다. 물론 노예생활과 감옥 생활을 통해 총리대신직을 감당할 수 있는 훈련을 받은 부분도 있습니다. 친위대장의 집을 청지기로 관리하면서 관리를 배웠고, 감옥에서는 술 맡은 자와 떡 굽는 자를 수종들면서 애굽의 왕궁의 형편과 정치를 배웠을 것입니다. 그러나 총리대신은 배운 것만 가지고 잘 감당할 수 없습니다. 요셉은 근본적으로 총리대신 할 만큼 그릇이 크고 능력이 있었습니다.

그런데 보십시오. 그런 사람이 보디발의 집에 노예로 있을 때는 노예로서 최선을 다했습니다. 노예로 일하는 것을 시시하다고 생각하지 않았습니다. 노예 일을 시시하게 생각하지 않은 증거가 무엇입니까? 청지기가 된 것입니다. 성경에 가정 총무로 나와 있는데, 이게 청지기입니다. 청지기가 된 것이 요셉이 성실하게 최선을 다했다는 증거입니다. 주인이 누구를 청지기 세웁니까? 종 중에서 일을 제일 잘하는 사람, 제일 믿을 만한 사람을 세웁니다. 청지기가 되었다는 말은 그만큼 노예로서 성실하게 최선을 다했다는 것입니다. 총리대신 그릇이 노예 자리를 시시하다고 생각하지 않았습니다. 감옥에서도 마찬가지였습니다. 성경 보면 감옥에서 간수장은 옥중 사무를 전부 요셉에게 맡겼다고 했습니다. 어떻게 이렇게 됩니까? 감옥에서도 간수장이 일을 맡길 때 최선을 다했기 때문입니다. 그래서 간수장에게 인정을 받았습니다. 이게 중요합니다. 요셉은 무슨 일을 맡든 거기서 정성을 다하고 최선을 다한 것입니다. 그래서 바로 그가 최선을 다한 그 일을 통해서 하나님의 선한 역사가 이루어졌습니다.

많은 사람이 자기가 하는 일이 시시하다고 생각하고 최선을 다하지 않습니다. '나는 그릇이 큰데 이런 시시한 일을 해야 하다니…' 이렇게 생각하고 최선을 다하지 않습니다. 다시 한번 강조합니다. 요셉은 애굽의 총리대신 그릇이었지만 노예의 일을 시시하게 생각하지 않았습니다. 그것을 통해 하나님의 역사가 시작되었습니다. 노예 일이 시시한 일이 아니라면 세상 모든 일이 시시하지 않습니다. 세상에 시시한 일은 없습니다. 지금 내가 할 수 있는 일, 지금 내가 해야 할 일에 성실하게 최선을 다해야 합니다. 이 일을 통해 하나님의 선한 역사가 시작됩니다. 하나님의 역사가 어딘가에서 만들어져 내게 던져지지 않습니다. 지금 내가 하는 일 바로 이 일을 통해 하나님의 선한 역사가 시작됩니다. 그러므로 내가 해야 하는 일, 내가 할 수 있는 일에 최선을 다해야 합니다.

둘째, 불평하지 말아야 합니다

생각해보면 요셉의 삶은 불평할 수밖에 없는 상황의 연속이었습니다. 형들에게 노예로 팔린 것도 억울하고, 죄짓지 않았는데 감옥에 갇힌 것도 억울했습니다. 불평하고 원망할 수밖에 없는 상황이었습니다. 그런데 놀랍게도 요셉은 단 한 번도 불평하거나 원망한 흔적이 없습니다. 불평 안 한 증거가 뭡니까? 무슨 일을 하든 성실하고 정직하게 최선을 다한 것입니다. 그렇습니다. 불평 원망하는 사람치고 성실한 사람 없습니다. 요셉은 끝까지 불평하지 않았습니다. 불평하지 않는 마음이 성실하게 일하는 바탕이 되어 준 것입니다. 여기에 요셉의 또 하나의 승리의 비결이 있습니다.

여러분, 불평하지 마십시오. 모든 불평은 결국은 하나님께 올라갑니다. 예를 들어 남편을 불평하는 사람, 아내를 불평하는 사람 있습니다. 그런데 생각해보세요. 그 남편, 그 아내 내게 주신 분이 누구입니까? 남편 불평하고 아내 불평하는 것, 결국 하나님 불평하는 것입니다. 모든 불평의 궁극적 대상은 하나님입니다. 그러므로 불평은 하나님의 역사를 가로막습니다. 하나님을 향해 불평하는데 어떻게 하나님 그를 향해 선한 역사 이루시겠습니까?

우리는 어떤 상황에서도 불평하지 말아야 합니다. 불평하지 않기 위해서 어떻게 해야 합니까? 우리가 살다 보면 불평할 수밖에 없는 상황을 만납니다. 이런 경우 어떻게 하면 불평하지 않을 수 있습니까? 불평의 반대는 '감사'입니다. 불평을 물리치는 최상의 비결은 감사하는 것입니다. 아니 불평할 수밖에 없는 상황인데 어떻게 감사할 수 있습니까? 그래도 감사해야 합니다. 의지적으로 감사의 제목을 찾아 감사해야 합니다. 기도하면서 감사 제목을 찾아 감사해야 합니다. 그래야 불평하지 않을 수 있습니다. 그래서 성경은 "범사에 감사하라"고 했습니다. 범사, 모든 일에 항상 감사하라는 것입니다. 범사에 불평하지 말라는 것입니다. 여러분! 감사하고 있습니까? 승리하고 있는 것입니다. 불평하고 있습니까? 실패하고 있는 것입니다. 지금 그 불평이 하나님의 역사를 가로막고 있습니다. 감사하십시오. 감사를 통해 하나님의 선한 역사가 이루어질 것입니다.

셋째, 죄짓지 않는 것입니다

중요한 이야기입니다. 죄를 짓지 말아야 합니다. 생각해보십시오. 만약 요셉이 보디발의 아내의 유혹에 넘어가서 죄를 지었다면 어떻게 되었겠습니까? 한번 가정을 해봅시다. 요셉이 보디발의 아내의 유혹에 넘어갔다면 어떻게 되었겠습니까? 물론 우리가 정확하게 알 수는 없습니다. 그러나 죄를 지었다고 가정을 할 때 가능성이 가장 높은 것은 보디발에 의해 죽는 것입니다. 그렇지 않겠습니까? 불륜이라는 게 언제까지 계속될 수 없습니다. 언젠가는 들통납니다. 들통나면 그날로 요셉은 끝장입니다. 그리고 더 분명한 것은 요셉이 죄를 지었다면 감옥에 들어가지 않았을 것이고 그러면 총리대신은 될 수 없었다는 사실입니다. 분명합니다. 요셉이 만약 보디발의 아내의 유혹에 넘어갔다면 성경에 나타나는 요셉의 그다음 이야기는 없습니다. 그렇지요. 그러니 요셉의 선한 결과는 어디까지나 그가 죄짓지 않았기 때문입니다.

하나님의 선한 역사를 이루기 위해서는 죄짓지 말아야 합니다. 죄는 하나님의 역사를 가로막습니다. 죄는 하나님과 우리 사이를 가로막습니다. 여러분, 세상에서 제일 무서운 것이 죄입니다. 죄는 모든 좋은 것을 다 파괴하고 하나님의 역사를 가로막습니다. 그래서 사탄의 유혹은 항상 죄지으라는 겁니다. 우리는 어떠하든지 죄짓지 말아야 합니다. 죄짓지 말아야 하나님의 선한 역사가 이루어진다는 것을 명심, 또 명심하고 죄를 짓지 말아야 합니다.

넷째, 기도해야 합니다

성경에 기록은 없지만 요셉은 당연히 기도했습니다. 지극히 당연한 이야기이기에 성경에 기록하지 않는 것입니다. 성경에 밥 먹었다는 말 기록하지 않은 것과 마찬가지입니다. 그는 노예로 팔려가면서부터 기도했습니다. 그래서 불평하지 않고 형님들 미워하지 않았습니다. 그렇지 않겠습니까? 노예로 팔려간 것, 자기 능력으로 불평하지 않기 어렵습니다. 누명을 뒤집어쓰고 감옥에 들어갈 때도 마찬가지입니다. 자기 힘으로 불평하지 않기 어렵습니다. 하나님께 기도했고 하나님께서 은혜를 베푸신 것입니다. 기도했기에 불평하지 않았습니다. 보디발의 아내의 유혹을 받았을 때도 기도했습니다. 칼빈은 이 구절을 주석할 때 요셉이 보디발의 아내의 유혹을 이긴 것은 그가 도덕적으로 훌륭해서가 아니라 성령에 충만했기 때문이라고 했습니다. 당연히 그랬을 것입니다. 사람의 힘으로 어떻게 그런 유혹 이깁니까? 기도했기에 성령 충만했고, 성령 충만했기에 유혹에서 승리했습니다. 꿈을 해석하는 것도 그렇지 않습니까? 기도해서 하나님으로부터 영감을 받지 않으면 어떻게 남의 꿈을 해석합니까? 요셉은 기도의 사람이었습니다. 분명한 사실입니다. 그리고 기도를 하면 '불평하지 않게 해주세요. 죄짓지 않게 해주세요. 꿈의 의미가 무엇입니까?' 이런 기도만 했겠습니까? 아니지요. 당연히 이런 어려움 가운데서 하나님 선하게 인도하셨습니다. 당연히 기도했습니다. 하나님 그 기도를 통해 하나님은 요셉을 선한 길로 인도하셨습니다.

우리도 기도해야 합니다. 기도해야 무슨 일이든 성실하게 최선을 다할 수 있고 기도해야 불평하지 않습니다. 기도해야 죄에서 승리합니다. 기도해야 합니다. 나아가 기도해야 하나님이 일하십니다. 하나님은 하시기로 다 적정하신 일도 우리가 기도해야 하십니다. 기도의 응답으로 일하십니다. 하나님은 우리가 기도할 때까지 기다리십니다. 기도해야 하나님이 일하십니다. 기도하는 여러분 될 수 있기를 바랍니다.

확실히 우리에게는 질병이 있고, 괴로움이 있고 어려움이 있습니다. 계속해서 난관에 부딪힐 때가 있습니다. 그러나 이제 우리는 그 모든 것을 선하게 바꾸시는 하나님의 역사를 믿습니다. 그러므로 낙심하지 않고 사람 편에서 해야 할 일에 최선을 다할 것입니다. 무엇보다 먼저 지금 내가 하는 일을 성실하게 최선을 다해 감당해야 합니다. 불평하지 않고 감사해야 합니다. 죄짓지 말아야 합니다. 그리고 기도해야 합니다. 그리할 때 결국은 선으로 바꾸시는 하나님의 역사를 체험할 것입니다. 이 놀라운 역사가 여러분에게 이루어지기를 주님의 이름으로 축복합니다.

6.
사랑을 받는 마음

(갈 4:12-20)

잘 아시다시피 우리나라 자살률은 OECD 국가 중 1위입니다. 이 자살률이 자꾸 높아지고 있습니다. 지난 10년 동안 두 배로 높아졌습니다. 특별히 청소년들과 청년들의 사망 원인 첫째가 자살이라고 합니다. 청소년들과 청년들, 희망에 찬 사람들 아닙니까? 그런데 이 나이에 있는 사람의 사망 원인의 첫째가 자살이라고 하니 놀라지 않을 수 없습니다. 가장 희망적인 나이에 있는 청소년들과 청년들이 자살을 하고 있습니다.

요즈음 묻지 마 범죄가 유행처럼 일어나고 있습니다. 묻지 마 살인. 옛날에 살인은 다 이유가 있었습니다. 복수, 원한, 억울함, 증오 등 이유가 있어서 살인을 했습니다. 지금은 그냥 칼 하나 준비하고 나가서 아무나 죽입니다. 이유가 없습니다. 눈에 보인다고 죽입니다. 살인뿐 아니라 묻지 마 범죄가 다 그렇습니다. 그냥 눈에 보인다고 시비 걸고 싸우고 폭행합니다.

도대체 왜 이렇게 되었습니까? 옛날보다 모든 것이 좋아졌지 않습니까? 어렵다 어렵다 하지만 옛날과 비교하면 모든 것이 좋아졌습니다. 분명히 옛날보다 잘살게 되었고 풍요로워졌는데 왜 사람들이 이렇게 되어가고 있습니까? 다 좋아졌는데 하나가 빠졌습니다. 사랑입니다. 모든 것이 좋아지고 풍요로워졌는데 딱 하나 사랑이 빠졌습니다. 사랑의 결핍, 사랑의 부족, 여기에 문제가 있습니다.

여러분, 인격적으로 결함이 있는 사람들을 보십시오. 범죄자들을 한번 보십시오. 백이면 백, 자라면서 정상적인 사랑을 받지 못했습니다. 거의 틀림없습니다. 사랑의 결핍입니다. 사랑의 결핍, 이것이 문제입니다.

생각해보면 이 시대에 사랑이 없는 것은 아닙니다. 사랑은 있습니다. 그렇다면 사랑이 있는데 왜 사랑의 결핍이 옵니까? 사랑이 소통이 되지 않기 때문입니다. 분명히 사랑은 있습니다. 그런데 사랑이 상대방에게 전해지지 않습니다. 보십시오. 부모가 자식을 사랑합니다. 그야말로 모든 것을 다해서 사랑합니다. 그런데 자식은 부모의 언행에서 사랑을 느끼지 못하고 있습니다. 아내가 남편을 사랑하고, 남편은 아내를 사랑하는 데 상대방은 그 사랑을 느끼지 못하고 있습니다. 여기 문제가 있습니다. 사랑의 단절. 사랑이 통하지 않으니 사랑이 있지만 실상은 없는 것이 됩니다.

그렇다면 생각해봅시다. 왜 현대인의 사랑이 소통이 되지 않습니까? 현대인들의 사랑이 전달되지 않는 이유가 무엇입니까? 먼저 사랑을 주는 편에 문제가 있습니다. 사랑을 주는 사람이 너무 자기중심입니다. 사랑이란 상대방을 생각하고 상대방의 뜻에 따라야 하는데, 자기만 생각하고 사랑을 주고 있습니다. 철저하게 자기중심의 사랑입니다. 그러니 상대방은 사랑을 느끼지를 못합니다.

이솝우화에 이런 이야기가 있습니다. '머리가 반쯤 백발이 된 한 중년 남자에게 연인이 둘 있었습니다. 한 여인은 남자보다 젊었고, 다른 여인은 남자보다 나이가 많았습니다. 남자는 두 여자를 번갈아 만납니다. 젊은 여자는 남자가 너무 나이 많아 보이는 것이 싫었습니다. 남자를 만날 때마다 무릎에 눕히고는 흰 머리카락을 뽑아주었습니다. 나이 많은 여인은 연인이 너무 젊어 보이는 것이 싫었습니다. 젊다는 것을 감추려고 만날 때마다 남자의 검은 머리카락을 뽑아냈습니다. 남자는 두 여인을 번갈아 만납니다. 웃을 이야기가 아닙니다. 우리의 사랑의 모습입니다. 사랑을 주는 편에서 자기만을 생각하고 있습니다. 이러니 사랑이 전달될 수가 없습니다.

그런가 하면 사랑을 받는 편에서도 문제가 있습니다. 받는 사람 역시 주는 사람 못지않게 자기만 생각하고 있습니다. 여기 사랑이 소통되지 않는 또 하나의 이유가 있습니다. 사랑은 받는 편에서는 주는 사람의 마음을 헤아려야 합니다. 그런데 받는 사람 또한 상대방의 마음을 전혀 헤아리지 않습니다. 자기중심으로만 생각합니다. 그래서 사랑을 사랑으로 알지를 못하고 또 한 번 사랑의 소통이 막

합니다.

한 노부부가 서로 맞지 않다고 이혼을 했습니다. 이혼을 한 날 헤어지기 전에 마지막 식사를 함께했습니다. 평소 좋아하던 닭백숙집으로 갔습니다. 할아버지는 닭 날개를 찢어 할머니에게 주었습니다. 할머니는 그것을 보고 버럭 소리를 질렀습니다. 40년을 참아왔지만, 이제는 못 참겠다면서 소리를 질렀습니다. "왜 당신은 닭을 먹을 때마다 날개를 주는 거예요? 나는 닭 날개가 제일 싫어요." 할아버지가 깜짝 놀라서 말했습니다. "여보, 당신 날개를 싫어했어요? 나는 닭 날개를 제일 좋아해요. 그래서 내가 좋아하는 날개를 내가 먹지 않고 당신을 주는 건데…." 할머니가 무엇을 좋아하는지는 생각지도 않았던 할아버지 잘못했지요. 그러나 할아버지가 왜 이것을 주는지 생각해보지 못한 할머니도 잘못입니다. 사랑을 받는 사람은 주는 사람의 마음을 헤아려야 합니다.

보십시오. 왜 자녀가 부모의 사랑을 느끼지 못합니까? 부모의 사랑이 자녀가 원하는 대로가 아닙니다. 그러나 부모 입장에서는 사랑을 그렇게 표현할 수밖에 없는 이유가 있습니다. 자녀는 부모가 왜 내게 이렇게 사랑을 표현하는가, 그것을 생각해보아야 합니다. 그러나 자녀는 그것을 생각하지 않습니다. 내 입장에서만 생각합니다. 그러니 사랑이 전달되지 않습니다.

여러분, 하나님의 사랑을 생각해보십시오. 하나님의 사랑의 대 선언은 요한복음 3장 16절 말씀입니다. "하나님이 세상을 이처럼 사랑하사 독생자를 주셨으니." 그런데 이것을 불만으로 삼는 사람이 많습니다. '하나님께서 나를 사랑하셨으면 돈을 주셔야지, 병을 고쳐주셔야지, 소원을 들어주셔야지, 소원은 안 들어주시면서 엉뚱하게 독생자를 주신다고?' 불만입니다. 이러니 사랑을 알 수가 없습니다. 독생자를 주시는 것은 하나님께서 선택하신 사랑의 언어입니다. "내가 너를 사랑하는데, 독생자를 십자가에 못 박음으로 너를 향한 나의 사랑을 보여준다." 내 생각대로가 아닙니다. 하나님의 생각, 하나님의 방법대로입니다. 하나님의 마음을 헤아려야 합니다. 사랑을 주는 하나님의 마음을 헤아리고 그 사랑을 그대로 받아들일 때 하나님의 사랑을 받습니다. 그런데 하나님의 마음을 헤아리지 않습니다. 그래서 하나님의 사랑을 받지 못하고 있습니다.

오늘 본문 말씀에는 사도 바울의 사랑의 고백이 나타납니다. 내가 누구를 얼마만큼 사랑했다는 이야기가 아닙니다. 내가 얼마나 많은 사랑을 받았는가 하는 사랑의 고백입니다. 갈라디아교회 성도들이 자신을 얼마나 사랑했는가 하는 것인데 참으로 귀한 고백입니다. 14절 함께 읽겠습니다.

> "너희를 시험하는 것이 내 육체에 있으되 이것을 너희가 업신여기지도 아니하며 버리지도 아니하고 오직 나를 하나님의 천사와 같이 또는 그리스도 예수와 같이 영접하였도다."

갈라디아교회 성도들이 바울을 마치 천사같이 예수님같이 영접했다고 했습니다.

바울이 갈라디아에서 과연 그런 영접을 받을 만한 사람이었습니까? 그렇지 못했습니다. 오히려 갈라디아에서 바울에게는 큰 문제가 있었습니다. 14절에 "너희를 시험하는 것이 내 육체에 있으되", 성도들을 시험할 만한 것이 바울의 육체에 있었다는 것입니다. 성도들을 시험할 만한 것이 무엇이겠습니까?

바울은 고린도후서 12장에서 육체의 가시, 사탄의 사자라는 말을 하고 있습니다. 자신에게 육체의 가시가 있었다는 것입니다. 여기 가시라는 말, '말뚝'이라는 단어입니다. 당시 죄인을 고문할 말뚝을 앞에 뽀쪽하게 다듬어서 그것으로 죄인을 찔렀습니다. 그렇게 찌르는 것 같은 고통이 있었다는 뜻입니다. 그래서 사탄의 사자라고 했습니다. 그만큼 괴로웠음을 말합니다.

많은 사람이 '바울의 육체의 가시가 무엇일까?' 연구했습니다. 어떤 사람은 두통이라고 합니다. 어떤 사람은 눈이 나쁜 것이라고 합니다. 가장 결정적인 것은 간질병이라는 추측입니다. 물론 성경이 말하지 않고 있으니 단정을 할 수 없습니다. 그러나 앞서 14절에 "너희를 시험하는 것이 내 육체에 있으되"라고 말씀했습니다. 바울의 몸에 성도들을 시험할 만한 것이 있었다는 것입니다. 목사가 머리 좀 아프다고 교인들이 시험 들지 않습니다. 목회자가 눈 좀 안 좋다고 교인들이 시험 들 것까지 없습니다. 성도들에게 시험이 될 만한 것, 그것이 간질이라고 해야 맞아떨어집니다.

한번 상상해 보십시오. 바울이 갈라디아에서 복음을 전하다가 그만 거품을 물고 쓰러졌습니다. 소문이 쫙 돕니다. "야, 바울은 간질이 있어. 그래가지고 무슨 그리스도의 사도야." 충분히 성도들로 하여금 시험에 빠지게 할 수 있는 이야기입니다.

그런데 이런 결정적인 약점에도 불구하고 갈라디아 교인들은 그를 업신여기지도 않고 버리지도 않고 오직 하나님의 천사와 같이, 그리스도 예수와 같이 영접했다는 것입니다. 참으로 아름다운 이야기가 아닐 수 없습니다.

그뿐이 아닙니다. 한마디 더 있습니다. 15절을 함께 읽겠습니다.

"너희의 복이 지금 어디 있느냐 내가 너희에게 증언하노니 너희가 할 수만 있었더라면 너희의 눈이라도 빼어 나에게 주었으리라."

눈물겨운 말씀입니다. 갈라디아 성도들이 바울이 눈 나쁜 것이 마음 아파 자기들의 눈이라도 빼주고 싶어 했다는 것입니다. '우리 같은 사람이야 눈 좀 나쁘면 대순가. 바울 사도야말로 주님의 일 하려면 눈이 좋아야 하는데, 내 눈을 주었으면 좋겠다.' 눈이라도 빼줄 만큼 사랑했다는 것입니다. 여러분, 어떻습니까? 이보다 더 놀라운 사랑의 이야기가 어디에 있겠습니까? 이런 사랑을 받았던 바울은 참으로 행복한 사람이었습니다.

하지만 좀 더 깊이 생각해야 합니다. 여기에는 더 깊은 뜻이 있습니다. 본문을 자세히 보면 갈라디아 교인들이 바울을 위해 눈을 빼주겠다고 한 것 아닙니다. 그들이 바울을 위해 '내 눈 뽑아주겠다.' 그런 말 한 적 없습니다. 그런 뜻을 내비친 적도 없습니다. 이것은 순전히 바울 자신의 생각입니다. 스스로 그러한 사랑을 받고 있다고 믿고 있습니다. 엄격하게 말하면 갈라디아 교인들 바울을 위해 눈을 뽑아줄지 안 뽑아줄지, 그건 모릅니다. 당시로서는 눈을 이식 수술할 때도 아니고 사실상 이것은 있을 수도 없는 일입니다. 그러나 바울은 그렇게 믿습니다. '갈라디아교회 성도들은 나를 위해 눈이라도 뽑아줄 정도로 나를 사랑한다.' 그렇게 믿고 살아갑니다. 이 마음이 얼마나 귀한 마음인지 모릅니다. 이것이 바로 사랑을 받는 마음입니다.

바울은 진정 사랑을 받을 줄 알았던 사람이었습니다. 로마서 16장 4절 보면 바울은 브리스길라와 아굴라라는 사람을 두고도 이런 고백을 합니다.

"그들은 내 목숨을 위하여 자기들의 목까지도 내놓았나니."

"그들은 내 목숨을 위하여 자기들의 목까지도 내놓았다." 바울이 언제 브리길라와 아굴라에게 "날 위하여 목을 내어놓을 수 있겠냐?" 물어보았습니까? 브리스길라와 아굴라가 언제 그런 고백이라도 했습니까? 아닙니다. 아니지요. 바울 자신이 그들의 사랑을 이런 사랑으로 받고 있는 겁니다. 작은 사랑일지라도 귀한 것으로, 엄청난 사랑으로 받고 있습니다. 여러분, 사랑을 이렇게 받아주는 바울의 마음이 얼마나 귀합니까? 그래서 바울은 기쁘고, 그래서 바울은 행복합니다.

　사랑을 받을 줄 알아야 합니다. 여러분, 남편이 나를 얼마나 사랑한다고 생각합니까? 아내가 나를 얼마나 사랑한다고 생각합니까? 오늘 집에 가서 "당신 날 위해 눈 빼어줄 수 있어요?" 물어볼 필요 없습니다. "나는 당신을 위해 눈이라도 빼어주겠소." 그런 말 할 필요 없습니다. 나를 그렇게 사랑한다고 받아들이면 됩니다. '내 남편의 사랑이 그런 사랑이다', '내 아내의 사랑이 그런 사랑이다' 그렇게 받아들이는 사람, 그 사람이 행복한 사람입니다.

　"목사님! 나는 아무리 그렇게 생각하려 해도 그렇게 생각이 되지 않습니다. 내 남편이 나를 위해 눈을 빼주다니요. 말도 안 됩니다. 내 남편이, 내 아내가 그렇게 나를 사랑할 리 없습니다"라고 생각되십니까?

　그렇다면 좋습니다. 생각할 것이 있습니다. 성도들의 사랑을 이토록 큰 사랑으로 받아들이는 바울의 마음 바탕에 무엇이 있느냐는 것입니다. 마음 바탕이 무슨 마음, 어떤 마음이기에 성도들의 사랑을 이토록 큰 사랑으로 받아들입니까? 사실 갈라디아 교회는 하나의 교회가 아닙니다. 갈라디아 지역에 있는 교회들입니다. 바울이 일차 선교여행 때 복음을 전한 곳으로 갈다디아서는 그 지역에 있는 교회들에게 보낸 편지입니다. 그러니 바울이 한 교회에서 제일 오래 머물러도 몇 달 이상은 머무를 수 없었을 것입니다. 깊은 사랑을 받을 시간도 안 되었다는 이야기지요. 그런데도 갈라디아 지역

성도들의 사랑을 '나를 위해 눈이라도 빼줄 것'이라고 크게 받아들이는 바울의 마음은 그 바탕에 무엇이 있었기 때문이었겠습니까? 어떤 마음이었기에 성도들의 사랑을 이렇게 크게 받아들입니까?

바울은 틀림없이 본래 자기를 생각하고 있습니다. 교회를 핍박했고, 예수 믿는 사람 잡아 죽이고, 스데반을 죽이는 일에 앞장섰던 자기를 생각하고 있습니다. 그런 자신을 생각하면 자기는 성도들의 사랑 받을 자격 없습니다. 없고 말고요. 그렇게 교회를 핍박한 사람이 무슨 사랑을 받습니까? 오히려 성도들의 미움을 받아야 합니다. 배척받아야 합니다. 그런데 이런 자신을 성도들이 사랑해줍니다. 그 사랑이 얼마나 고맙습니까? 그렇게 고마울 수가 없습니다. 눈물이 나도록 고맙고 감격스럽습니다. 그 사랑이 참으로 크고 놀랍습니다. 정말 눈이라도 빼줄 것 같습니다.

무슨 말입니까? 자신이 낮아지면 상대방의 사랑이 크게 여겨진다는 것입니다. 그렇습니다. 사랑을 큰 사랑으로 받는 비결은 내가 낮아지는 것입니다. 자신을 낮추는 것입니다. 내가 높아져 있으면 상대방의 사랑이 작게 여겨집니다. 내가 낮아져 있으면 상대방의 사랑이 크게 여겨집니다.

어떤 사람, 아내가 차려주는 따뜻한 식사 한 끼도 눈물이 날 만큼 고맙고 감사합니다. 얼마나 크고 감동스러운 사랑인지 모릅니다. 반면에 어떤 사람은 아내를 볼 때마다 내가 노처녀 하나 구제했다고 생각합니다. 나를 이 정도밖에 사랑하지 못하나 불평입니다. 자신은 더 사랑받아야 한다고 생각합니다.

나를 어떻게 보느냐에 따라 달라집니다. 내가 낮아지면 내가 받는 모든 사랑이 고맙고 감격스러울 뿐입니다. 내가 높아지면 나를 왜 이렇게밖에 사랑하지 못하냐, 불만입니다.

여러분은 어떻습니까? 내가 어떤 존재인지는 나밖에 모릅니다. 깊이 생각해보세요. 나는 어떤 존재입니까? 나는 정말 형편없는 사람 아닙니까? 사랑받을 자격 없는 사람 아닙니까? 그러니 지금 내가 큰 사랑 받고 있습니다. 정말 큰 사랑 받고 있습니다.

마음에 미움과 증오가 가득 찬 한 청년이 있었습니다. 청년은 어렸을 때 부모로부터 버림받아 고아원에서 자랐고 커서는 나쁜 일에 가담하여 감옥살이도 했던 전과자였습니다. 세상에 대해 철저하게 부정적이었고 사랑 따위는 아예 존재하지도 않는다고 거부하는 사람이었습니다. 이 청년이 한번은 목사님을 만났습니다. 청년은 목사님에게 온 세상을 비난했습니다. 그러면서 자기는 태어나 그 누구에게도 사랑받아 본 적이 없다고 단언했습니다. 목사님 청년에게 물었습니다. "그렇다면 자네는 혼자서 우유를 먹었고, 혼자서 기저귀를 갈았고, 그래서 혼자 스스로 컸다고 생각하는가? 자네가 기억도 못 하는 어린 나이에 자네를 먹여주고 입혀주면서 자네를 보살피기 위해 희생한 사람이 있었지 않은가?" 청년이 가만히 생각하니 목사님 말씀이 옳습니다. 누군지는 모르지만 자기를 키워주고 돌보아주고 사랑해준 사람이 있었습니다. 자기를 돌보아준 사람이 없었다면 지금 살아 있을 수가 없습니다. 청년은 자기를 키워 준 사람이 있었음을 시인했습니다. 목사님 다시 말씀하십니다. "그렇다면 생각해보게. 다른 사람들은 부모로부터 그 사랑을 받았네. 그 사랑은 어쩌면 당연한 사랑이네. 하지만 자네는 누군가가 자기 자식도 아닌 자를 사랑해 준 것 아닌가? 그 사랑이야말로 자격 없는 자가 받은 사랑이지 않은가? 더구나 그 사랑은 사람이 한평생 받는 사랑 중 가장 큰 사랑인데, 그 사랑을 자네는 부모도 아닌 사람에게서 받았으니 자네야말로 자격 없는 자가 남들보다 더 크고 더 희생적인 사랑을 받은 것이 아닌가." 청년은 고개를 끄덕였다고 합니다.

"사랑은 성례와 같아서 무릎을 꿇고 받는 것이다."라는 말이 있습니다. 사랑은 성례와 같아서 무릎을 꿇고 받는 것, 진리라고 생각합니다. 성례는 세례와 성찬입니다. 우리는 편의상 성례를 자리에 앉아 받습니다만 원래 성례는 앞으로 나와서 무릎을 꿇고 받습니다. 왜 무릎을 꿇고 받습니까? 자격 없는 자가 받기 때문입니다. 자격 없는 자가 받으니 고마움과 황송함에 무릎을 꿇고 받습니다. 사랑은 성례와 같아서 무릎을 꿇고 받는 것입니다. 우리는 누구도 사랑받을 만한 자격 없습니다. 그런데도 사랑해주니 무릎을 꿇고 감사와 감격으로 받습니다.

하나님의 사랑을 생각해보십시오. 하나님 오늘도 말씀하십니다. "내가 너를 사랑한다. 네가 연약할 때 사랑했고, 죄인일 때 사랑했고, 원수 되었을 때 사랑했다." 연약한 나, 죄인인 나, 원수 된 나, 한마디로 자격 없는 사람입니다. 도무지 사랑받을 자격 없는 사람입니다. 그런 나를 사랑하셨습니다. 그래서 하나님의 사랑이 더 크고 더 놀랍고 더 감격스럽습니다.

이제 이 사랑 안에서 내가 받는 사람들의 사랑을 생각해봅시다. 자격 없는 자가 사랑받고 있습니다. 얼마나 고맙고 얼마나 감사한지 모릅니다. 얼마나 큰 사랑 받고 있는지 모릅니다.

내가 이렇게 사랑받았음을 알고 나도 다른 사람 사랑하는 것입니다. 나 중심의 사랑이 아니라 상대방 중심의 사랑입니다. 그리할 때 우리의 사랑이 서로 감사와 감격으로 소통이 될 것입니다. 우리 가정에, 우리 교회에, 내 주위에 사랑이 가득하게 될 것입니다. 그 사랑이 우리 가정을 살리고 우리 교회를 살리고 병든 우리 사회를 살리게 될 것입니다. 이 아름다운 사랑의 은혜가 여러분의 심령에 충만하기를 바랍니다.

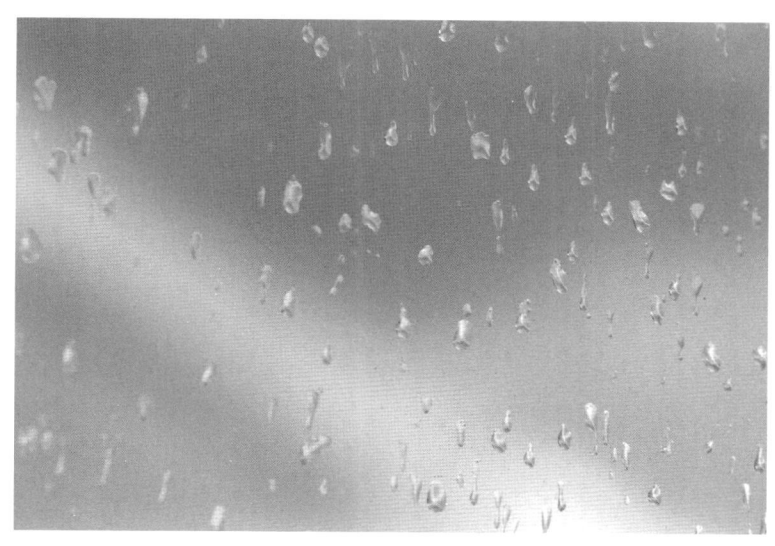

3부

생활을 위한 말씀

1.
눈에 보이지 않는 것

(마 25:1-13)

    루키즘(Lookism)이란 말이 있습니다. 루키즘, 옛날에는 없었는데, 근래 새로 만들어진 말입니다. 이 시대의 가치관을 잘 반영하는 말입니다. 영어로 '보다'라는 뜻인 look에 ism을 부쳐서 만든 단어입니다. 룩, 즉 보는 것을 중시하는 가치관, 그런 뜻입니다. 굳이 우리말로 번역하면 '외모지상주의'에 가깝습니다. 지난날에는 한 사람이 세상적으로 성공하기 위해 중요한 것이 학력, 실력, 재산, 배경, 인맥…, 뭐 이런 것들이었습니다. 이러한 것들이 인생 성공에 중요한 요소였을 뿐만 아니라 사람들 사이에 불평등을 만드는 요소이기도 했습니다. 그런데 이제는 외모가 인생 성공에 결정적 역할을 하고, 외모가 사람 사이의 불평등을 만드는 가장 중요한 요소가 되었다는 뜻에서 생긴 단어가 루키즘입니다.

    2013년 서울 중앙대학교에서 수도권 전문대학 재학 중인 여대생

439명을 대상으로 조사를 했습니다. 인생 사는 데 외모가 중요하냐는 질문에 97.9%가 그렇다고 했습니다. 성형 시술, 수술과 시술이 다른 것 같은데 성형 시술을 위해 의사의 상담을 받은 적이 있느냐는 질문에 45.1%, 그러니 거의 절반이 상담을 받았고, 35.1%, 그러니 3분의 1 이상이 실제 성형 시술을 받았다고 했습니다. 성형 시술을 받은 사람 중에 받은 후 외모나 자신감이 좋아졌다고 느낀 비율은 94.4%에 달했습니다. 우리나라 여대생들만 외모에 이렇게 관심이 많겠습니까? 국민 모두 다를 것 없습니다.

금수저, 은수저, 흙수저란 말 아시지요? 금수저가 최고지요. 요즈음은 금수저보다 더 좋은 수저가 있습니다. 무엇인지 아십니까? 얼수저입니다. 얼수저의 대표가 차은우입니다. 얼마 전에 차은우 군 입대했습니다. 군부대 앞에 차은우가 나타나니 아들 군대 보내려고 따라온 엄마들이 차은우 나타났다는 소리를 듣고는 자기 아들 버려두고 차은우 보러 달려갔다는 이야기를 들었습니다.

사람이 어느 정도 외모에 관심을 갖는 것은 당연한 일입니다. 그러나 외모에만 지나치게 관심을 갖고 속, 다시 말해 보이지 않는 내용을 소홀히 한다면 잘못입니다. 사람은 보이는 것보다 보이지 않는 것이 더 중요하기 때문입니다. 생각해보십시오. 인격, 믿음, 성격, 인품, 마음가짐 전부 눈에 보이지 않습니다. 하지만 이러한 것들이 얼마나 중요합니까? 가만히 보면 우리가 인생을 사는 데 정말 중요한 것들은 눈에 보이지 않는 것들입니다. 우리는 이 시대의 소위 이 루키즘, 외모지상주의를 경계해야 합니다.

오늘 읽은 말씀은 열 처녀 비유라고 불리는 예수님의 이야기입니다. 본문의 내용을 정확하게 이해하기 위해서는 먼저 주님 당시 결혼식 풍습을 알아야 합니다.

주님 당시 유대인들은 결혼식을 저녁에, 그것도 주로 해가 진 다음 어두울 때 했습니다. 가장 중요한 이유는 기후 때문입니다. 이스라엘 지역은 낮에는 아주 덥습니다만 습기가 많지 않기 때문에 해만 지면 서늘합니다. 시원한 저녁이 아무래도 잔치하기에 좋습니다. 그래서 저녁에 혹은 밤에 결혼식을 했습니다.

결혼이 시작되는데도 독특한 풍습이 있었습니다. 결혼이 확정되면 신랑이 신부의 집을 찾아옴으로 결혼식이 시작됩니다. 이때 신부 측에서는 선택된 신부의 친구들이 길에 나가 신랑을 맞이했습니다. 그러니 본문의 열 처녀는 신부의 친구들입니다. 중요한 것은 신랑이 어두울 때 오기에 등불을 켜서 들고 신랑을 맞이했다고 합니다.

한 가지 더 기억해야 할 것은 신부의 친구들이 신랑을 맞이하여 함께 대문 안에 들어서면 그 시로 대문을 닫아버렸다고 합니다. 당시 도둑과 강도가 많았고 특별히 신부를 훔쳐 가는 강도까지 있었기 때문에, 안전을 위해 아예 대문을 잠가버렸습니다.

다시 본문을 생각해 봅시다. 오늘 본문은 예수님의 재림에 관한 말씀입니다. 여기 신랑은 주님을 가리킵니다. 열 처녀가 신랑을 기다린 것은 성도들이 주님 재림을 기다리는 것입니다. 그런데 신랑은 오지 아니했습니다. 시간이 자꾸 지나 밤은 깊어 갑니다. 그래도 오지 않았습니다. 결국 밤이 더 깊어 모든 사람이 잠이 들고 열 처녀마저도 잠에 빠져들어 갔습니다. 바로 그때 신랑이 왔습니다. 신랑은 사람들이 기다리다 지쳐 오지 않으리라 생각할 때 온다는 진리입니다.

사람들은 초대교회 때부터 기다리던 주님이 아직 오시지 않았다고 말합니다. 이제는 모두가 지쳐 잠에 빠져들어 가고 있습니다. 제가 어릴 때만 해도 재림 찬송 많이 불렀고, 재림에 관한 설교도 들었습니다. 요즈음 재림 찬송 부르지 않고 재림 설교도 들을 수 없습니다. 재림을 기다리는 사람 거의 없습니다. 모두가 재림에 관한 한 졸며 자고 있습니다. 모두가 졸며 잘 때 신랑이 왔다는 사실을 다시 한번 기억해야 합니다. 모두가 졸며 잠에 빠져들어 가고 있는 지금이야말로, 주님 맞이할 준비해야 할 때입니다.

무엇을 준비해야 합니까? 본문 말씀에는 등불을 준비하라고 합니다. 등불을 준비하지 않고는 신랑을 맞으러 나갈 수 없습니다. 무엇보다 각자의 등불을 준비해야 합니다.

본문에 슬기로운 다섯 처녀와 미련한 다섯 처녀가 똑같이 등을 준비했습니다. 하지만 신랑이 왔을 때 다섯은 신랑을 맞으러 나갔지만 다섯은 나갈 수가 없었습니다. 다섯은 기름이 준비되어 있었지만 다섯은 기름이 준비되지 않았기 때문입니다. 기름이 없는 등은 불을 켤 수 없습니다. 불을 켜지 못하니 신랑을 맞으러 나갈 수가 없었습니다.

흔히 신랑이 왔을 때 슬기로운 처녀는 깨어 있었고 미련한 처녀는 잠들어 있었다고 합니다. 그렇지 않습니다. 본문 5절을 보면 "다 졸며 잘새"라고 했습니다. 슬기로운 처녀도 미련한 처녀도 똑같이 졸았고 똑같이 잠들었습니다. 달랐던 것은 오직 하나 기름입니다. 슬기로운 처녀는 기름을 준비해놓고 잤고 미련한 처녀는 기름 준비 없이 잤습니다.

기름이 무엇입니까? 기름을 생각하기에 앞서 본문이 강조하는 것은 등은 있는데 기름이 없었다는 사실입니다. 등은 있는데 기름이 없었다. 여러분, 등과 기름을 한번 연결시켜 보십시오. 등은 기름이 없으면 불을 켤 수 없습니다. 등은 기름이 없으면 무용지물입니다. 그런데 등은 잘 보입니다만 기름은 관심을 갖지 않으면 보이지 않습니다. 그러니 등이 있었는데 기름이 없었다는 말은 눈에 보이는 것은 있었는데 그 눈에 보이는 것이 기능을 하기 위해서 없어서는 안 되는 것이 눈에 보이지 않는다는 이유로 없었다는 것입니다. 형식은 있는데 그 형식 속에 들어갈 내용이 없었습니다. 생각해 보면 오늘 현대 그리스도인들의 신앙생활의 결정적 문제가 여기 있습니다.

신앙에서 보이는 것이 무엇입니까? 신앙에서 눈에 보이는 외모의 대표가 직분입니다. 우리가 그리스도인을 보면 제일 먼저 직분을 보고 무의식중에 이 직분으로 사람을 평가합니다. 목사, 장로, 권사, 집

사. 집사도 안수 집사, 서리 집사…. 이것으로 그 사람의 신앙 수준을 생각합니다. 예를 들어 친구들이 모였는데 다른 사람 다 장로인데 나는 집사라면 벌써 기가 죽습니다. 다 권사인데 나만 집사라면 내가 신앙생활을 잘못한 것 같은 느낌이 듭니다. 직분자가 되는 것은 교회마다 사정이 다릅니다. 또 아무리 신앙생활 잘해도 교회를 옮기면 직분자 되기 어렵습니다. 본인이 원하지 않는 사람도 있습니다. 늦게 신앙생활 시작해도 직분자 되기 어렵습니다. 그런데 아무도 이런 사유는 생각하지 않습니다. 직분이라는 외모 하나로 사람의 신앙을 평가해버립니다. 이러니 현대 그리스도인들이 직분에 관심을 갖지 않을 수 없습니다. 직분자 선출을 위한 공동의회를 하면 온 교회가 긴장합니다. 공동의회 끝나면 시험 드는 교인들도 생깁니다. 영적 루키즘, 영적 외모지상주의의 영향이라고 할 수 있습니다.

직분은 외모입니다. 본문의 등입니다. 직분을 가지려면 그 직분에 걸맞은 신앙인품을 갖추어야 합니다. 믿음이 있고 성령충만하고 인격적으로 존경받고 필요한 리더십을 가져야 합니다. 이런 것들이 기름입니다. 그런데 여기에는 관심이 없습니다. 이게 문제입니다.

예배드리는 것도 눈에 보이니 외모입니다. 본문의 등입니다. 그래서 예배 잘 드립니다. 하지만 예배에 정말 중요한 것이 무엇입니까? 하나님을 만나는 것입니다. 그러니 예배 때 하나님 만나기를 사모하는 간절한 마음이 있어야 합니다. 순서 순서마다 정성을 다해 참여함으로 하나님을 만나는 은혜와 감격을 누려야 합니다. 이것이 예배의 내용이요 본문이 말하는 기름입니다. 그런데 우리의 예배에 과연 기름이 있습니까?

　교회 봉사도 외모입니다. 눈에 보입니다. 누가 어느 부서에서 무슨 일을 한다, 다 보입니다. 얼마나 열심히 하는지도 다 보입니다. 본문의 등입니다. 눈에 보이지 않는 것은 무엇입니까? 구원의 은혜에 감사하는 마음과 주님 사랑하는 마음입니다. 구원의 은혜가 정말 고마워 그 은혜의 만분의 일이라도 보답하기 위해 봉사하기 때문입니다. 주님 사랑하기 때문에 봉사하기 때문입니다. 그런데 오랜 시간 봉사를 하다 보니 구원의 은혜에 감사하는 마음이 사라졌습니다. 하다 보니 그냥 습관적으로 합니다. 그 봉사는 껍데기입니다. 기름 없는 등에 지나지 않습니다.

　언젠가 그런 이야기를 들었습니다. 불우이웃 돕기를 위해 어느 회사에서 방송사에 성금을 가지고 왔습니다. 요즈음은 모르겠는데 옛날에는 불우이웃 돕기 성금을 내면 방송사에서 뉴스 끝나고 성금 낸 사람들의 명단을 보여주었습니다. 성금을 내면서 직원이 사장의 사진을 방송에 내어달라고 했더니, 방송국에서는 규정상 이 액수로는 이름만 내드릴 수 있고, 사진을 내드릴 수 없다고 했습니다. 그랬더니 가지고 왔던 돈을 다시 가지고 돌아갔다는 이야기를 들었습니다. 불우이웃돕기라는 등은 있는데 불우한 이웃을 사랑하고 불쌍히 여기는 기름은 없었습니다.

　우리는 당연히 처음에는 등에 기름이 있었습니다. 그런데 등은 다른 사람들이 보는데 기름은 잘 보지 않으니 자연스럽게 다른 사람들이 보는 등에 관심을 갖습니다. 보기 좋은 등을 갖기 위해 노력합니다. 그러면서 보이지 않는 기름에 대해서는 무관심해집니다. 그러는 사이 기름은 점점 사라집니다. 무서운 것은 등이 있기 때문에, 기름이 없어졌는데, 없어진 줄을 모른다는 사실입니다. 결국 겉으로는 잘 믿는 것 같지만 성령의 역사도, 성령의 능력도 없습니다. 신앙생활의 기쁨과 감격도 없습니다. 이건 사실 죽은 신앙입니다. 깊이 생각해 보면 무서운 이야기입니다.

이런 전해오는 이야기가 있습니다. 중세에 훌륭한 신앙인품으로 사람들에게 존경받는 한 대주교가 있었습니다. 대주교는 매일 같은 시간에 똑같은 말로 기도를 시작해서 기도를 드렸습니다. "거룩하고 영화로우시며 살아 계신 하나님 아버지." 똑같은 말로 기도를 시작해서 경건하게 기도를 드렸습니다. 오랜 세월 기도를 드렸습니다. 하루는 "거룩하고 영화로우시며 살아 계신 하나님 아버지" 하고 기도를 하는데 놀라운 일이 일어났습니다. 하늘에서 하나님의 음성이 들려왔습니다. "그래, 내가 듣고 있다. 내가 듣고 있으니 말해 보아라." 대주교가 너무 놀라 심장마비로 죽는다는 이야기입니다.

여러분, 한번 생각해봅시다. 이 대주교가 처음에 기도를 드릴 때 그 마음이 어떠했겠습니까? 두렵고 떨리는 마음으로 진실하게 드렸을 것입니다. 정말 하나님을 바라보며 기도했을 것입니다. 그런데 오랜 세월 기도를 드렸습니다. 오랜 세월 드리다 보니 기도가 하나의 습관이 되었습니다. 기도는 계속 드리는데 하나님을 생각하는 마음은 점점 줄어듭니다. 나중에는 하나님 없이 기도를 드렸습니다. 하나님이 없는데, 없는 줄도 몰랐습니다. 기도라는 등만 남았고 하나님이라는 기름은 없었습니다. 이게 우리 모습일 수 있다는 이야기입니다.

우리가 주님을 섬기기 위해 직분을 갖는 것, 귀한 일입니다. 예배드리고 봉사를 하고 선을 행하는 것, 다 중요합니다. 하지만 이 모든 것이 등이라는 사실을 잊지 말아야 합니다. 우리는 어떤 등을 갖느냐, 다시 말해 큰 등을 갖는 데 관심이 많습니다. 하지만 등이 크면 클수록 기름도 더 많아야 합니다. 등이 크면 클수록 기름이 없을 때 더 큰 낭패를 당할 수밖에 없습니다.

기름이 무엇이겠습니까? 오늘 비유에서 기름 준비한 처녀들은 혼인 잔치에 들어갔습니다. 혼인 잔치는 천국이고 천국은 믿음으로 가는 곳이니 기름이 믿음이라고 말할 수 있습니다. 그러나 그렇게 말하면 오늘 비유가 강조하는 특징이 하나도 나타나지 않습니다. 예수님 비유는 예수님이 이 비유를 말씀하시는 이유를 생각해야 합니다. 예수님 이 비유를 통해 말씀하시고자 하는 의도가 뭡니까? 등은 있었는데 기름이 없었다, 형식은 갖추었는데 내용이 없는 신앙생활, 껍데기만 있는 신앙생활이 문제라는 것입니다.

그러니 본문의 기름은 우리 신앙생활의 모든 형식에 내용이 되어주는 것들, 이게 빠지면 우리 모든 신앙 행위가 형식, 껍데기가 되는 그런 것들입니다. 우리의 모든 신앙생활이 살아있는 신앙생활이 되도록 해주는 것들이 있습니다. 그게 무엇입니까? 여러 가지가 있습니다만 가장 중요한 두 가지만 말씀드리겠습니다.

첫째, 구원의 감격입니다

우리가 왜 신앙생활 합니까? 구원받았기 때문입니다. 구원받지 못한 사람은 신앙생활 하지 않습니다. 그러나 우리는 구원받았기 때문에 신앙생활을 합니다. 하나님이 세상을 이처럼 사랑하사 독생자를 주셨으니, 독생자를 주시고 그것도 십자가에 내어주시고 나를 구원하셨습니다. 얼마나 큰 은혜인지 모릅니다. 이 구원의 은혜가 너무나 감사해 그 은혜에 보답하기 위해 신앙생활을 합니다. 이 은혜를 우리 모두 함께 감사하기 위해 예배드립니다. 이 은혜에 천만분의 일이라도 보답하기 위해 봉사합니다. 이 은혜가 감사해서 하나님 기쁘게 해드리기 위해 선을 행합니다. 구원의 은혜에 대한 감사가 신앙생활의 동력이요 기름입니다. 구원의 은혜에 감사하는 마음이 없는 예배, 봉사, 선행, 다 껍데기입니다. 형식이요, 습관입니다.

그런데 여러분에게 지금 구원의 감격이 있습니까? 옛날 말고 지금, 예수 처음 믿을 때 말고 지금 구원의 은혜에 감사하는 마음 있습니까? 물론 내가 구원받은 것은 믿습니다. 그러나 그 믿음이 하나의 지식이 되고 그냥 내 이론이 되어 버린 것은 아닙니까? 구원받은 것을 생각해도 아무런 기쁨도 감격도 없고, 가슴은 냉랭하기만 한 것 아닙니까?

이래서는 안 됩니다. 구원의 감격을 다시 찾아야 합니다. 하나님이 나를 어떻게 구원하셨는가를 깊이 생각해 보십시오. 생각하고 또 생각해야 합니다. 찬송을 부르며 생각하며 기도하고 생각하며 말씀을 묵상하며 생각해야 합니다. 가슴이 뜨거워질 때까지 눈물이 날 때까지 생각해 보십시오.

그래서 구원의 은혜에 대한 감사와 감격을 회복하고 구원의 은혜의 감격으로 신앙생활을 해야 합니다. 구원의 은혜에 감사하는 마음으로 예배드릴 때 예배가 살아 있는 예배가 됩니다. 구원의 은혜에 대한 감사로 봉사할 때 봉사하고 봉사하고도 '주님, 이것밖에 못했습니다.' 이런 마음 듭니다. 어떤 선을 행해도 '더 잘했어야 하는데…' 하는 마음뿐입니다. 이게 얼마나 능력 있는 신앙생활입니까? 구원의 은혜에 대한 감사가 기름입니다. 구원의 은혜에 대한 감사를 회복해야 합니다.

둘째, 하나님을 사랑하는 마음입니다

하나님이 우리를 먼저 사랑하셨기에 우리도 하나님을 사랑합니다. 누군가를 정말 사랑하면 사랑하는 대상을 위해 살게 되어 있습니다. 우리는 하나님을 사랑하니 하나님을 위해 삽니다. 하나님을 사랑해서 하나님을 위해 사는 것이 우리 신앙생활입니다. 하나님을 사랑해서 하나님께 공적으로 사랑한다고 고백하는 것이 예배입니다. 하나님을 사랑하니 하나님을 위해 봉사하고 헌신하고, 하나님을 사랑하니 하나님을 기쁘게 해드리기 위해 선을 행합니다. 하나님 사랑이 밖으로 나타난 것이 우리의 신앙생활입니다. 그러니 하나님 사랑하는 마음이 없는 신앙생활은 껍데기입니다. 기름은 없고 등만 남은 것입니다.

그렇다면 이제 생각해 봅시다. 여러분, 하나님 사랑하십니까? 예수님 사랑하십니까? 사랑하면 그 대상을 생각합니다. 당연하지요. 생각이 납니다. 그러면 여러분, 하나님 얼마나 생각하십니까? 하루에 몇 번 생각하십니까? 아니 일주일에 몇 번 생각하십니까? 사랑하면 교제합니다. 그렇지요. 사랑하면 서로 대화하고 교제합니다. 여러분, 하나님과 교제하는 시간 있습니까? 얼마나 있습니까? 그리고 사랑하면 그 대상을 생각할 때 즐겁습니다. 저는 손주가 셋인데, 생각하면 즐겁습니다. 하나는 잘생겼고 하나는 예쁘고 하나는 귀엽습니다. 생각하면 제 마음이 흐뭇합니다. 사랑하기 때문입니다. 여러분, 주님 사랑하면 즐겁습니까? 마음이 좋습니까? 마음이 흐뭇합니까?

그렇지 않다면 하나님 사랑하기를 소원하고 하나님 더 사랑하게 해달라고 기도해야 합니다. 간절히 소원하고 간절히 기도해야 합니다. 평생의 소원이 주님 더 사랑하는 것이어야 합니다. 그래서 하나님 사랑해야 합니다. 하나님 사랑해서 하나님 기쁘게 해드리기 위해 예배드리고, 하나님 기쁘게 해드리기 위해 봉사하고 헌신하고, 선을 행해야 합니다. 하나님 사랑해서 신앙생활 하면 신앙생활 자체가 행복이요 기쁨입니다. 최선을 다하고도 늘 부족하고 아쉬운 마음뿐입니다. '주님, 더 잘해야 하는데 이것밖에 못했습니다.' 하는 마음입니다. 등에 기름이 채워진 것입니다.

본문으로 돌아가 봅시다. 신랑이 온다는 말을 듣고서야 기름이 없다는 것을 발견한 처녀들이 기름을 사러 간 동안에 기름을 준비한 처녀들은 신랑과 함께 혼인 잔치에 들어가고 문은 닫혔습니다. 뒤늦게 돌아온 처녀들이 "주여, 주여!" 부르며 문을 두드렸지만, 문은 열리지 않았습니다. 안에서 "내가 너희를 알지 못한다"라는 차가운 대답만 들려 왔습니다.

문이 닫히면 그때는 늦다는 것을 경고합니다. 기회가 있을 때 준비해야 합니다. 지금 준비해야 합니다. 주님 재림이 아니더라도 우리에게는 갑자기 문이 닫히는 순간이 올 수 있습니다. 아니, 기름이 없는 신앙생활은 껍데기 신앙생활이기에 지금 기름 준비해야 합니다.

구원의 은혜에 감격해서 그 은혜에 만분의 일이라도 보답하는 마음으로 신앙생활 해야 합니다. 하나님을 사랑해서 하나님을 사랑하는 마음으로 신앙생활을 해야 합니다. 그래서 주님 언제 오시더라도 기쁨으로 맞이하는 우리 모두 될 수 있기를 바랍니다.

2.
하나님께서 구하시는 것

(미 6:6-8)

　스토킹(stalking)이란 말이 있습니다. 특정한 사람을 따라다니며 괴롭히는 것을 두고 하는 말인데, 아이러니하게도 대상이 대부분 좋아하거나 사랑하는 사람입니다. 사람을 좋아하는 거야 나쁠 것 없지만 정도가 지나치니 문제가 됩니다. 상대방의 입장은 완전히 무시하고, 시도 때도 없이 전화를 걸고 따라다니고, 선물을 보냅니다. 전화번호를 바꾸고 이사를 해도 소용이 없습니다. 그러면서 내가 당신을 좋아한다, 내가 당신을 사랑한다고 그럽니다. 이런 행위를 스토킹이라 부르는데, 이건 사랑이 아니라 협박이요 고문입니다. 당하는 편에서는 견딜 수 없는 고통이 됩니다.

　사랑에 가장 중요한 것은 상대방에 대한 이해와 존중입니다. 상대방의 뜻을 존중하는 것이 사랑의 기본입니다. 사랑한다고 하면서 상대방의 뜻을 생각하지 않는다면 그것은 결코 사랑이라 할 수 없습니다. 성가시게 하는 것이요 심하면 스토킹이 됩니다.

우리는 모두 하나님을 사랑합니다. 그러나 문제가 있습니다. 하나님을 사랑한다고 하면서 자기 마음대로, 자기 생각대로 사랑합니다. 하나님을 사랑한다면 당연히 하나님의 뜻을 알고 그 뜻을 이루어드려야 하는데 하나님의 뜻은 알려고도 하지 않습니다. 내 생각대로 내 마음대로 이렇게 하면 되는 것이라 생각하고 있습니다. 하나님을 바르게 사랑하는 것이 아닙니다. 자칫하면 하나님을 성가시게 하는 것이 될 수 있고 심한 경우 하나님을 향한 스토킹이 될 수 있습니다.

오늘 본문은 하나님께서 이스라엘 백성들에게 하나님 원하시는 것이 무엇인지를 가르쳐 주시는 말씀입니다. 원하시는 것을 말씀하시는 이유는 나를 사랑하려면 이렇게 하라는 뜻입니다. 그런데 본문을 가만히 보면 하나님 먼저 원치 않는 것을 말씀하십니다. 하나님이 지금 굳이 원치 않는 것을 말씀하시는 이유는 이스라엘 백성들은 이것을 자꾸 하나님 앞에 내놓고 있기 때문입니다. 하나님은 원치 않는데 마치 스토킹하는 사람처럼 자꾸만 이것을 가지고 하나님께 나옵니다. 그래서 이것 잘못되었으니 먼저 바꾸라는 뜻입니다. 그렇다면 하나님이 원치 않는 것이 무엇입니까?

본문 7절 함께 읽겠습니다. "여호와께서 천천의 숫양이나 만만의 강물 같은 기름을 기뻐하실까? 내 허물을 위하여 내 맏아들을, 내 영혼의 죄로 말미암아 내 몸의 열매를 드릴까" 했습니다. '천천의 숫양, 만만의 강물 같은 기름, 엄청난 제물인데 기뻐하실까?'라는 말은 기뻐하지 않는다는 뜻입니다. 하나님은 천천의 숫양, 만만의 강물 같은 기름의 제물을 기뻐하시지 않습니다.

이 말씀은 우리를 당황하게 합니다. '하나님! 왜 제사와 제물을 기뻐하지 않으십니까?' 제사와 제물은 구약시대에 하나님의 백성들이 하나님께 나아가는 유일한 방법입니다. 하나님께서 그렇게 정해주셨고, 하나님 그것을 기뻐하셨습니다. 그런데 왜 본문에서는 제사를 기뻐하지 않는다고 말씀하십니까?

하나님은 제물을 기뻐하십니다. 그러나 보다 더 중요한 것이 있습니다. 제물 이전에 그 제물을 드리는 사람의 마음이요, 그의 인격이요, 그의 삶의 모습입니다. 당시 유다는 온갖 부조리와 죄악이 가득했습니다. 상인들은 저울을 속이기에 바빴고, 관리들은 부패하여 자신의 사리사욕을 채우기에 급급했습니다. 부자들은 사치와 쾌락과 방탕에 빠졌고 가난한 사람들은 천대와 멸시를 받았습니다. 이런 가운데 자기들의 죄악에 대해서는 아무런 회개도 없이 성전에서는 제사만 끊임없이 드렸습니다. 하나님 어떻게 그 제사를 기뻐하시며 그 제물을 기쁘게 받으실 수 있었겠습니까?

여러분, 당시의 시대상이 오늘날과 비슷하다고 생각되지 않습니까? 지금 우리 사회도 사치와 방탕, 온갖 죄악과 부조리가 가득합니다. 문제는 그리스도인들입니다. 그리스도인들은 전혀 그리스도인다운 모습을 보여주지 못하고 있습니다. 세상 사람들과 똑같아졌고 이제는 오히려 세상 사람들의 비난을 받고 있습니다.

　언젠가 KTX가 다니기 전, 새마을 열차를 탔습니다. 열차 중간 제 좌석에서 세 칸 떨어진 자리에 한 오륙십 되어 보이는 아주머니 두 분이 앉았는데 두 분이 조곤조곤 대화를 나누기 시작했습니다. 기차 안이 조용하다 보니 제 자리가 그분들 자리에서 세 칸이나 떨어져 있는데도 그 대화 소리가 다 들리는 겁니다. 제 귀에 들렸으니 저보다 가까운 사람들의 귀에는 다 들렸을 것입니다. 그런데 원치 않게 두 사람의 대화를 들어보니 두 분이 교회 권사님들입니다. 그리고 그분들의 이야기가 전부 다른 사람 비방하는 겁니다. 어떤 집사는 어떻고, 어떤 권사는 어떻고, 어떤 장로는 어떻고…. 돌아가면서 비방을 하는 이야기입니다. 여러분, 제가 내성적으로 보입니까? 외성적으로 보입니까? 저 내성적인 사람입니다. 어디 쉽게 잘 나서고 그러지 못합니다. 그런데 제가 두 분 이야기를 계속 듣고 있자니 견딜 수가 없었습니다. 한 30분은 들었을 겁니다. 참다못해 제가 그분들에게 가서 말했습니다. 제 자리를 가리키면서 "저기가 제 자린데, 여기서 하는 이야기가 다 들립니다. 이야기가 전부 다른 사람 비방하는 말들이네요." 이분들이 갑자기 낯선 사람이 와서 이런 말을 하니 얼마나 당황했겠습니까? 버벅거리면서 "우리 다른 사람 비방하는 말 안 했는데요." 그러더라고요. '안 하긴 왜 안 해, 다 들었는데.' 저는 그러고 그냥 제가 이 말을 속으로 하면서 제자리에 돌아왔습니다. 제가 말하고 나서는 도착할 때까지 두 사람이 말 한마디 하지 않더라고요.

이렇게 살고 주일이면 예배드립니다. 하나님이 그 예배를 기쁘게 받으실 수 있겠습니까? 우리가 예배드릴 때 우리가 드리는 예물은 일주일 동안의 우리의 삶입니다. 우리의 삶과 우리 자신을 예물로 드립니다. 물질은 그것을 드리는 표식입니다. 그렇다면 주일마다 수백만 명의 그리스도인들이 예물을 드리는데 그중에 하나님 기뻐하시는 예물이 얼마나 되겠습니까?

더욱이 오늘 말씀 가운데는 이교적인 제사 의식까지 나타나 있습니다. 7절 하반절에 "내 허물을 위하여 내 맏아들을, 내 영혼의 죄로 말미암아 내 몸의 열매를 드릴까." 당시 몰렉이라는 우상 종교는 몰렉에게 드리는 최고의 예물이 자기 아들이라고 생각해서 아들을 제물로 바쳤습니다. 이스라엘 백성도 여기 물들어서 자기 아들까지 하나님께 드리는 최고의 예물이라고 제물로 바쳤습니다. '아들까지 바쳤으니 하나님 내 죄를 용서하실 것이다. 아들까지 바쳤으니 하나님 나를 제일 기뻐하실 것이다.' 이런 정신 나간 행동까지 했습니다.

여러분! 예수 잘 믿는 사람은 어떤 사람입니까? 열심히 예배드리는 것, 귀한 일입니다. 기도, 찬송, 말씀 다 중요합니다. 또 봉사하는 것, 헌금 많이 하는 것, 다 소중한 일입니다. 그러나 더 중요한 것이 있습니다. 가정에서 어떻게 살고 있느냐 하는 것입니다. 직장에서 어떻게 살고 있느냐 하는 것입니다. 여기서부터 평가되어야 합니다. 세상에서 다른 사람에게 신뢰받고 존경받을 만한 신앙적 인격이 되어 있을 때 그 사람이 예수 잘 믿는 사람입니다. 사람됨이 다른 사람에게 예수 믿을 마음을 불러일으킬 수 있어야 예수 믿는 사람입니다. "저 사람을 보니 나도 예수 믿어야 되겠다." 이런 마음이 우러나게 하는 사람이 진짜 그리스도인입니다. 그런데 "저 사람을 보니 교회 갈 마음이 없어져." 남들이 이렇게 본다면 하나님은 어떻게 보시겠습니까?

하나님이 원하시는 것은 제사 이전에 바른 삶을 살아라는 것입니다. 그래서 본문에 하나님이 기뻐하시는 삶을 살기 위해 가장 중요한 세 가지를 말씀하십니다. 8절 함께 읽겠습니다.

> "사람아 주께서 선한 것이 무엇임을 네게 보이셨나니 여호와께서 네게 구하시는 것은 오직 정의를 행하며 인자를 사랑하며 겸손하게 네 하나님과 함께 행하는 것이 아니냐."

여기 먼저 '정의를 행하라'고 했습니다. "여호와께서 네게 구하시는 것은 오직 정의를 행하며."

첫째, 정의입니다

정의란 공평하고 의롭다는 뜻입니다. 오늘 말씀을 조금 더 읽어보면 10절 이하에 정의에 관해 이렇게 말씀합니다.

> "악인의 집에 아직도 불의한 재물이 있느냐 축소시킨 가증한 에바가 있느냐 내가 만일 부정한 저울을 썼거나 주머니에 거짓 저울추를 두었으면 깨끗하겠느냐."

'에바'라는 말이 나오는데 에바는 곡식의 양을 재는 용기인데, 여기서는 저울의 추와 의미가 같습니다. 무슨 뜻입니까? 저울의 추가 정의를 상징하고 있습니다. 저울은 추가 정확해야 합니다. 추가 정확할 때 정의가 섭니다. 사람에 따라 여건에 따라 추가 달라질 때, 그것이 바로 정의가 무너지는 것입니다. 그래서 희랍 신화의 정의의 여신은 한 손에는 저울을 한 손에는 칼을 들고 눈을 가리고 있습니다. 정의는 저울이 공평해야 한다는 것입니다. 눈을 가린 것은 사람에 따라 달리지면 안 된다는 뜻이요, 칼을 든 것은 공평하지 않을 때 용납해서는 안 된다는 뜻입니다. 저울이 공평해야 정의가 섭니다. 저울이 공평해야 합니다.

사람에 따라 저울추가 바뀌어서는 안 됩니다. 부자나 힘 있는 사람은 많이 달아주고, 가난하고 힘없는 사람은 적게 달아주면, 이것이 정의가 무너지는 것입니다. 부자나 가난한 자나, 힘 있는 자나 힘없는 자, 똑같이 대해야 합니다. 그것이 정의입니다. 힘 있는 사람은 만나면 반가워하고 힘없는 사람은 못 본 척하고, 부자는 가까이하고 가난한 사람은 가까이하지 않고, 힘 있는 사람 앞에서는 굽실거리고 힘없는 사람 앞에서는 어깨 힘주고 그러지 마십시오. 똑같이 대해야 합니다.

성경에 하나님이 가장 싫어하시는 것 중 하나가 가난하고 힘없는 사람 멸시하는 겁니다. 하나님은 정의로운 하나님이시기 때문입니다. 여러분, 아말렉 아시지요. 하나님이 가장 미워하셨던 족속입니다. 신명기 25장 19절을 보면 천하에서 아말렉에 대한 기억을 지워버리라고 명령하셨습니다. 멸절시켜서 아예 이 땅에서 사라지게 하라는 말씀입니다. 왜 아말렉을 이토록 미워하셨습니까? 신명기 25장 18절을 보면 "네가 피곤할 때에 네 뒤에 떨어진 약한 자들을 쳤고"라고 했습니다. 아말렉은 이스라엘이 애굽을 나온 후 제일 먼저 공격해온 족속입니다. 이스라엘이 행군의 대열을 갖춘 것은 시내산입니다. 그러니 이때는 행군의 대열도 없었습니다. 그냥 무질서하게 걸어갈 때입니다. 이때 정면으로 이스라엘을 공격한 것이 아닙니다. 뒤로 와서 뒤에 떨어진 약한 자들을 쳤습니다. 뒤에 떨어진 약한 자들이 누구겠습니까? 병든 사람들, 장애인들, 노약자들, 이런 사람 아니겠습니까? 이런 사람을 친 아말렉을 하나님은 가장 미워하셨습니다. 천하에서 아예 아말렉이란 이름을 없애버리라고 하셨습니다. 하나님은 약한 자들을 멸시하고 천대하는 것 가장 싫어하십니다. 우리는 사람을 똑같이 대해야 합니다. 그것이 정의입니다. 우리가 정의로운 그리스도인 되는 것, 여기 하나님의 소원이 있습니다. 정의로운 우리의 삶이 우리가 하나님께 드리는 아름다운 예물입니다.

둘째, 인자입니다

그다음 "인자를 사랑하며"라고 했습니다. 여기 '인자'란 말은 히브리어로 '헤세드'(חסד)라는 말인데 구약에 가장 많이 나오는 하나님의 성품입니다. 헤세드는 긍휼의 사랑, 허물을 덮어주는 사랑입니다. 팽팽하게 맞서 있는 긴장 관계의 사랑이 아닙니다. 얼마를 주었으니 얼마를 받아야 한다는 그런 저울질하는 사랑이 아닙니다. 거저 주고 거저 베푸는 사랑입니다. 나를 미워하는 사람까지도 사랑하는 마음, 이것이 하나님이 원하시는 인자입니다. 인자로 사람을 대하며 살라는 것입니다.

제가 목회할 때 어느 기관에서 야외로 나가는데 저도 함께 가기로 했기에 약속 장소에 갔습니다. 시간이 되었는데 버스가 오지 않았습니다. 하는 말들을 들어보니 어떤 분이 일을 잘못했습니다. 마침 그분이 없었습니다. 없는 동안 그분을 실컷 성토했습니다. 그분이 왔습니다. 사람들이 직접적으로는 아니지만, 그분이 잘못했다고 지적을 합니다. 그런데 그분이 사과를 하지 않습니다. 사과하면 끝나겠는데 끝까지 사과를 하지 않았습니다. 제가 생각을 해보았습니다. '왜 사과를 하지 않았을까?' 다른 사람들이 하는 말이 공격적이었습니다. 어떻게 일을 이따위로 했냐는 식이었습니다. 그렇게 말하니 기분 나빠 사과를 하지 않는 것입니다. 그때 제가 깨달았습니다. '맞는 말도 사랑의 마음이 없으면 하지 않는 것이 낫다.' 사랑이 없는 말은 문제 해결하지 못합니다.

여러분, 자녀를 사랑 없이 정의만 가지고 한번 길러보십시오. 눈앞에서는 잘할 것입니다. 그러나 그것은 어디까지나 눈가림입니다. 잘하는 척하는 것입니다. 결국은 잘못된 길로 가고 맙니다.

분명히 아셔야 합니다. 정의만으로 되지 않습니다. 정의에는 언제나 사랑이 함께 있어야 합니다. 호세아 6장 1절에 귀한 말씀이 있습니다.

"오라 우리가 여호와께로 돌아가자 여호와께서 우리를 찢으셨으나 도로 낫게 하실 것이요 우리를 치셨으나 싸매어 주실 것임이라."

하나님이 찢고 치셨습니다. 정의입니다. 이스라엘이 잘못할 때 치셨습니다. 정의입니다. 그러나 그것으로 끝이 아니었습니다. 낫게 하시고 싸매어 주셨습니다. 인자입니다. 여기 하나님의 인자의 손길이 있습니다. 알고 보면 하나님 우리를 바로 이 인자로 대해주셔서 우리가 살아가고 있습니다.

빅토르 위고의 소설 "레미제라블"을 읽어보셨을 것입니다. 장발장이라고 하는 죄수가 주인공입니다. 어쩌다가 빵 한 조각을 훔치다가 붙잡혀 5년 형을 선고받고 감옥 생활을 시작했는데 몇 번 탈옥하다가 붙들리다 보니 죄가 늘어나 19년 동안 감옥 생활을 했습니다. 만기가 되어 출소했으나 갈 곳이 없습니다. 감옥에서 일을 해서 모은 100프랑이 있습니다만 전과자라는 이유로 어느 곳에서도 받아주지 않습니다. 삼 일을 걸었는데 해가 저물어도 잠잘 곳이 없습니다. 마지막으로 찾아간 성당 사제관에서 뜻밖의 따뜻한 영접을 받고 은식기로 식사 대접까지 받은 뒤 하룻밤을 쉽니다. 물론 신부는 그의 과거를 알면서도 묻지 않고 귀한 손님으로 대접한 것입니다. 그런데 장발장은 이른 새벽, 다시 옛 버릇이 도져서 은 식기를 훔쳐 달아납니다. 얼마 못 가 경찰에 붙잡혀 다시 사제관으로 끌려오는데, 경찰이 신부에게 은 식기를 잃어버리지 않았느냐고 묻습니다. 이때 신부는 경찰에게 "은 식기는 내가 준 것입니다"라고 말하고 장발장에게 "은촛대도 주었는데, 왜 은촛대는 안 가져갔지요?" 합니다. 이것이 인자입니다. 장발장의 허물을 덮어주는 사랑입니다. 장발장은 그 순간 온몸에 벼락을 맞는 것 같은 충격을 받고 마음속으로 뜨거운 감격의 눈물을 흘립니다. 그는 여기서 처음으로 회개합니다. 새사람이 됩니다. 19년 동안 감옥에 가두어 고생을 시켰는 데도 사람이 안 되었습니다. 그러나 한순간의 사랑과 인자가 그를 남은 한평생 진실된 인간으로, 위대한 사람으로 변화시켜줍니다. 그는 남은 생애 참으로 숭고한 삶을 살아갑니다.

세상은 점점 강퍅해지고 어두워집니다. 진실로 이 시대에 필요한 것은 인자입니다. 우리가 인자를 행해야 합니다. 우리가 참된 사랑의 실천자가 되어야 합니다. 우리 가슴속에 주님의 사랑이 다시 살아나야 합니다. 그래서 하나님은 인자를 사랑하라고, 인자를 사랑하라고 요구하십니다.

마지막으로, 겸손히 하나님과 함께 행하라고 말씀하십니다

"겸손히 네 하나님과 함께 행하는 것이 아니냐." 여기 행하라는 말은 '동행한다'는 뜻입니다. 겸손하게 하나님과 동행하는 삶을 살라는 말씀입니다. 그러면 여기 겸손과 하나님 동행, 두 가지가 나오는데 어느 것이 먼저입니까? 겸손이 먼저입니다. 하나님이 구하시는 것이 겸손입니다. 겸손하면 하나님과 동행합니다. 하나님은 항상 우리와 동행하시기를 원하는데 우리가 교만해서 동행이 이루어지 않고 있습니다. 겸손하면 됩니다. 하나님과 동행하기 위해 먼저 필요한 것이 겸손입니다. "겸손히 네 하나님과 행하는 것이 아니냐."

겸손해야 합니다. 생각해보면 우리는 하나님 앞에 아무것도 아닙니다. 그런데 이스라엘 백성은 나는 제사장이다, 나는 선지자다, 나는 제물을 많이 드렸다, 나는 비싼 제물을 드렸다…, 그러니 하나님 나와 동행할 것이라 착각했습니다. 하나님 저들과 동행하시는 것이 아니라 오히려 노엽게 생각하셨습니다.

이런 이야기가 있습니다. 코끼리와 개미가 서로 반대 방향에서 나무다리를 건넙니다. 다리 위에서 만났습니다. 개미가 코끼리에게 말합니다. "야, 코끼리야, 우리가 다리를 건너니 다리가 막 흔들리는구나." 우리가 아닙니다. 다리는 코끼리 때문에 흔들립니다. 개미가 왜 들어갑니까? 개미는 아무것도 아닙니다. 여러분, 우리는 개미입니다. 우리는 다 죽어 마땅한 죄인입니다. 하나님의 은혜로 살아가는 것뿐입니다. 개미보다 훨씬 더 아무것도 아닙니다. 나를 내세울 것 아무것도 없습니다. 나는 아무것도 아니라고 겸손할 때 하나님 나와 동행하십니다.

종교개혁자 중에 츠빙글리라는 분이 있습니다. 마틴 루터, 존 칼빈과 더불어 종교 개혁의 과업을 이루었던 위대한 하나님의 사람이었습니다. 그는 항상 겸손했고 그래서 하나님께서 크게 들어 사용하셨습니다. 이 츠빙글리가 겸손한 사람이 된 데는 재미있는 일화가 있습니다. 어느 날 아침 츠빙글리가 산등성을 걷다가 한 광경을 목격하였습니다. 좁은 산길인데 염소 한 마리는 아래서 위로 올라가고 또 다른 한 마리는 위에서 아래로 내려오고 있습니다. 길은 좁아 한 마리가 겨우 지나갈 자리가 있을 뿐이었습니다. 두 마리가 만나면 과연 어떻게 될 것인가 궁금해서 츠빙글리가 지켜보았습니다. 마침내 두 마리가 딱 마주쳤습니다. 꼿꼿이 서서 대치하는데 마치 한판 싸움이라도 벌일 것 같았습니다. 그런데 다음 순간 놀라운 일이 벌어졌습니다. 내려오던 염소가 땅바닥에 엎드리자 다른 한 마리가 그 등을 딛고 올라갔습니다. 그리고는 엎드렸던 염소가 일어나서 내려갔습니다.

츠빙글리는 거기서 깨달았습니다. '자기를 낮추는 것이 문제를 해결하는 길이구나. 낮아질 때 문제가 해결되는구나.' 그렇습니다. 여러분, 길이 막혔습니까? 한 번 나를 낮추어보십시오. 내가 엎드려 보세요. 나를 낮추면 문제가 해결됩니다. 낮추면 사는 길이 열리고, 낮추면 은혜의 길이 열리고, 낮추면 축복의 길이 열립니다.

앞서 기관에서 있었던 일 이야기했습니다. 다른 사람들이 말을 따뜻하게 하지 않았지요. 그게 문제였다고 했습니다. 그러나 그래도 잘못한 그분은 사과를 해야 했습니다. "내가 일을 잘못했습니다. 나 때문입니다. 죄송합니다." 여러분, 이분이 이렇게 말하면 다른 사람들이 무시했겠습니까? 아닙니다. 오히려 존경했을 것입니다. 문제도 당연히 해결되었습니다. 내가 엎드리면 됩니다. 내가 겸손하면 됩니다. 겸손하면 문제 해결되고 나아가 겸손하면 하나님도 나와 함께하십니다. "겸손히 네 하나님과 함께 행하는 것이 아니냐." 그렇습니다. 여러분, 겸손하십시오. 겸손히 하나님과 함께 행하는 것입니다.

이제 우리 다시 한번 깊이 생각해봅시다. 그동안 우리는 하나님을 사랑한다고 하면서 하나님 구하시는 것은 무시하며 살았습니다. 이제는 하나님이 구하시는 것에 순종해야겠습니다. 정의를 행해야 합니다. 인자를 사랑해야 합니다. 겸손히 하나님과 동행해야 합니다. 정의와 인자와 겸손입니다. 정의와 인자와 겸손, 하나님 기뻐하십니다. 정의와 인자와 겸손으로 하나님 소원 이루어드리는 여러분, 다 되시기를 바랍니다.

3.
요나의 고민

(욘 4:1-11)

　사람은 누구에게나 고민이 있습니다. 고민을 적게 하는 사람이 있고 많이 하는 사람이 있습니다만 일단 고민은 있습니다. 현대인들은 가급적 고민을 하지 않고 모든 것을 쉽게 생각하고 쉽게 판단하는 경향이 있습니다만 고민을 해야 할 일에 고민하지 않으면 삶이 너무 가벼울 수도 있습니다. 해야 하는 고민이라면 피하려 하지 말고 부딪혀야 합니다. 고민하면서 그 고민과 싸워 고민을 풀어가는 과정에 깨달음이 있고 성숙이 있습니다.

　우리의 고민에는 여러 가지가 있습니다. 이 중에서 우리가 그리스도인이기에 갖는 남다른 고민이 있습니다. 예수 믿지 않는 사람들에게는 없는 고민이 우리에게 있습니다. 하나님의 뜻을 알 수 없다는 것입니다. 하나님의 뜻만 알면 되겠는데 하나님의 뜻을 알 수 없습니다. 말씀을 묵상하고 기도하고 고민합니다만 잘 모르겠습니다. 그래서 하나님의 뜻이 무엇인가를 알기 위해 고민합니다.

그런가 하면 하나님의 뜻을 알고 난 다음에 오는 고민도 있습니다. 하나님의 뜻이 내 뜻과 다릅니다. 내가 생각할 때는 이것입니다. 아무리 생각해도 이것입니다. 이것이 틀림없습니다. 그런데 하나님은 저것이라고 하십니다. 실제 저렇게 하십니다. 이런 경우 하나님의 뜻을 따라야 합니다. 그러나 내 뜻을 버릴 수가 없습니다. 아무리 생각해도 내 뜻이 맞기 때문입니다. '이게 아닌데, 이렇게 될 수는 없는데, 왜 이렇게 되어야 하는가?' 괴로워하고 고민하며 때로는 잠을 못 이루기도 합니다.

오늘 본문을 보면 요나가 지금 몹시 화가 나 있습니다. 요나가 이렇게 화를 내는 이유를 우리가 압니다. 하나님께서 요나를 불러 "니느웨 성에 가서 하나님의 말씀을 전하라"고 명령하셨습니다. 니느웨 성에 죄악이 너무 극심해 하나님의 심판을 받게 되었습니다. 하나님께서는 이 성을 멸하시기 전에 먼저 요나를 보내어 하나님의 말씀을 전하게 하셨습니다. 그래서 그들이 회개하고 돌이켜 용서받기를 원하셨습니다.

요나는 하나님의 명령을 받았지만 갈 마음이 없었습니다. 니느웨 성은 앗수르 나라의 수도인데, 당시 앗수르는 이스라엘 나라를 가장 괴롭혔던 나라였습니다. 기회만 있으면 쳐들어와서 사람들을 죽이고 건물을 파괴하고 불태우고 물건을 빼앗아 갔습니다. 한마디로 앗수르는 이스라엘의 원수입니다. 이스라엘 사람에게는 앗수르가 망하는 것처럼 반가운 일이 없습니다. 요나도 이스라엘 사람입니다. 요나는 아마 니느웨가 망한다는 말을 들었을 때 속으로 박수를 치며 좋아했을 것입니다.

그런데 하나님은 요나에게 니느웨 성에 가서 저들에게 회개하도록 전하라고 말씀하십니다. 요나가 생각할 때 말도 안 되는 이야기입니다. 그래서 여러분 아시는 대로 '차라리 도망이나 가자.' 생각하고 멀리 다시스로 가는 배를 탔습니다. 하나님이 그냥 보고 계실 리가 없습니다. 배가 풍랑을 만났고, 요나는 물속에 던져집니다. 하나님은 큰 물고기를 준비하고 계셨고, 요나가 큰 물고기 배 속에서 3일을 지내고, 3일 만에 물고기가 요나를 육지에 토했습니다.

하나님은 다시 요나에게 "니느웨로 가서 말씀을 선포하라" 하고 명령하십니다. 내키지는 않지만 요나가 니느웨로 갑니다. 여기 니느웨로 가는 일을 두고 한마디만 하겠습니다. 제가 주일학교 다닐 때 '요나가 배를 탈 때 니느웨로 가는 배를 타야 하는데, 다시스로 가는 배를 탔고, 물고기가 토했더니 니느웨 앞이더라.' 이렇게 배웠습니다. 저는 저만 그렇게 배운 줄 알았는데 아내에게 이야기를 했더니 아내도 그렇게 배웠다고 했습니다. 혹 여러분 중에도 그렇게 배우신 분 있을지 몰라 말씀드립니다. 이건 잘못된 가르침입니다. 니느웨는 지금의 이라크에 있습니다. 정확하게는 이라크의 무술 지역이 니느웨입니다. 이라크의 무술 지역에서 니느웨의 유적이 발굴되었습니다. 배로는 갈 수 없는 곳입니다. 다시스는 스페인이니까, 서쪽으로 가는 배를 탔다고 볼 수 있습니다. 물고기는 요나를 출발한 곳쯤에

토해놓은 것입니다. 그래서 육로로 니느웨로 갔습니다.

이렇게 해서 요나가 니느웨로 가서 거리에 다니면서 "40일 후에는 이 성이 망하니 회개하라"라고 외칩니다. 니느웨는 한 바퀴 도는 데 삼 일 걸리는데, 요나는 딱 하루 말씀을 전했습니다. 정말 하기 싫지만 마지못해 억지로 외친 것입니다. 여러분, 요나가 이 설교를 어떻게 했을지 한번 상상해보세요. 그냥, 뭐 사람을 쳐다보지도 않고 하늘을 보고 외쳤는지도 모르겠습니다. 그런데 놀라운 것은 이렇게 시원찮게 설교를 하는데 사람들이 하나둘 회개하기 시작합니다. 너도나도 굵은 베옷을 입고 금식을 하면서 잘못을 하나님 앞에 회개하는데, 마침내 그 소문은 앗수르 왕에게까지 전해지고, 왕도 보좌에서 내려와 굵은 베옷을 입고 재에 앉아 회개합니다. 그리고는 온 성에 조서를 내려 모든 백성뿐 아니라 가축까지 금식하게 하며 여호와께 부르짖어 회개하도록 명령합니다. 참으로 놀라운 역사입니다. 온 성에 회개의 역사가 일어난 것입니다. 마침내 하나님이 니느웨를 향한 진노를 거두시고 용서해 주십니다.

요나가 회개를 전한 다음 니느웨 성밖에서 이것을 지켜보고 있었습니다. 성 밖 언덕에 초막을 하나 지었습니다. 성경에 초막이라고 했지만 무슨 집이겠습니까? 그냥 나무 몇 개 얽어 세워놓고 그 아래 앉아 성을 지켜보고 있는 것입니다. 보니 자기 기대와는 정반대로 되어집니다. 임금부터 시작해서 모두가 다 회개하고, 아니나 다를까 하나님은 진노를 거두십니다. 기가 차고 억울해서 죽을 지경입니다. 하나님 앞에 불평을 토합니다. '하나님, 내가 고국에 있을 때에 이러

하다고 하지 아니했습니까? 그래서 내가 도망했었습니다.'

"주께서는 은혜로우시며 자비로우시며 노하기를 더디하시며 인애가 크시사 뜻을 돌이켜 재앙을 내리지 아니하시는 하나님이신 줄을 내가 알았음이니이다"(욘 4:2).

벌써 처음에 하나님이 요나더러 니느웨로 가라고 하실 때 요나가 눈치를 챘습니다. '내가 외치면 저들은 회개할 것이고 자비로우신 하나님은 그러면 뜻을 돌이켜 저 성을 멸망시키지 않으실 것이라고 예측했습니다. 그래서 도망갔는데, 왜 하나님은 나를 다시 불러 결국 저 성을 용서해 주십니까?' 요나가 하나님께 화를 내고 있습니다.

그리고는 마침내 '하나님, 차라리 내 생명을 취하소서. 사는 것보다 죽는 것이 더 낫겠습니다'라고 대듭니다. 이런 모습을 보니 차라리 죽는 것이 낫다는 것입니다. 요나의 마음 이해할 수 있습니다. 원수 나라로서 지금까지 너무도 괴롭혔습니다. 저 나라 때문에 이스라엘에 지금까지 생긴 고아와 과부가 얼마나 많은지 모릅니다. 요나는 생각합니다. '하나님, 하나님이 도대체 누구의 편입니까? 앗수르 편입니까? 이스라엘 편입니까?' 요나로서는 납득할 수가 없었습니다.

생각해보면 우리의 고민과 갈등도 여기에 있습니다. 아무리 보아도 나쁜 사람입니다. 나를 얼마나 괴롭히는지 모릅니다. 나는 잘못한 것도 없는데 사사건건 나를 힘들게 합니다. '하나님, 왜 저들을 벌하지 않습니까? 왜 하나님, 일이 이리되도록 버려두시고 잠잠하기만

하십니까?' 그렇지 않습니까? 내 생각대로 되지 않는다는 것입니다. 분명히 이렇게 되어야 하는데 하나님 그렇게 하시지 않습니다.

하나님의 뜻이 있고 내 뜻이 있습니다. 우리는 내 뜻과 하나님의 뜻이 일치할 때는 좋다고 기뻐합니다. 내 뜻과 하나님의 뜻이 엇갈릴 때는 불평합니다. 이 불평 때문에 고민과 원망이 생겨납니다. 이건 깊이 생각해보면 내 뜻으로 하나님의 뜻을 거역하겠다는 것이요, 내 생각이 하나님의 생각을 이기겠다는 고민입니다.

그러나 분명히 알아야 합니다. 하나님은 양보하시지 않습니다. 하나님은 하나님의 뜻을 이루십니다. 그러므로 내 뜻을 고집하는 동안은 절대로 마음에 평안이 없습니다. 내 고집을 주장하는 동안은 고민과 불평, 괴로움만 계속될 수밖에 없습니다.

하나님이 요나에게 가르쳐 주십니다. 실물 교습을 하십니다. 하나님 박 넝쿨을 하나 준비해서 요나가 앉아 있는 머리 위로 자라게 하여 그늘이 지게 했습니다. 앞서 초막을 하나 지었다고 했지만 얼기설기 얽어 놓다 보니 햇볕이 그대로 내리쬔 것 같습니다. 보잘것없는 박 넝쿨의 그늘이지만 뜨거운 지역이기에 박 넝쿨이 햇볕을 가려주니 요나는 아주 기뻐하며 좋아했습니다. 하나님께서 이튿날 새벽에 벌레를 준비해서 박 넝쿨을 씹어 곧 시들게 하시고는 해가 뜨기가 무섭게 뜨거운 바람이 불어오게 했습니다. 요나가 일어나 앉았는데 태양은 작열하고 뜨거운 바람은 불어오는데 가만히 보니 박 넝쿨은 시들어 버렸습니다. 요나는 다시 화를 내면서 죽여 달라고 아우성을 칩니다. 하나님이 요나에게 말씀하셨습니다. "요나야, 네가 박 넝쿨로 인해 성을 내는 것이 합당하냐?" 요나의 대답이 맹랑합니다. "내가 성내어 죽기까지 할지라도 옳으니이다." 하나님 다시 말씀하십니다. "그래, 너는 네가 가꾸지도 아니한 박 넝쿨 하나, 하룻밤에 났다가 하룻밤에 말라버린 박 넝쿨 하나를 이렇게 아꼈거든, 이 성에는 좌우를 가리지 못하는 자가 십이만 명이나 있는데 내가 어찌 이 성을 아끼지 아니하겠느냐."

'십이만 명이란 하나님의 형상으로 지어진 고귀한 생명이 있는데 내가 어찌 이 성을 아끼지 않겠느냐?' 하나님의 마음입니다. '십이만 명이 있는데 이 성을 아끼지 않겠느냐?' 이 하나님의 마음을 알아야 합니다. '너는 그들이 너희 나라를 괴롭히는 것만 생각하지만, 이대로 두면 그들은 다 영원한 멸망에 빠진다. 영원한 멸망이다. 그렇다면 그들도 구원해야 하지 않겠느냐?' 하나님의 마음입니다.

쉬운 예로 일본을 생각해 봅시다. 일본은 지난날 36년 동안 우리나라를 식민 통치했습니다. 일본이 우리를 얼마나 강압적으로 다스렸는지 제가 굳이 이야기할 필요가 없습니다. 이름도 일본 이름으로 바꾸었고 우리말은 사용도 못하게 했습니다. 아예 우리나라를 자기 나라의 일부로 만들려고 했습니다. 그뿐만이 아닙니다. 군인으로, 정신대로, 또 노동자로 얼마나 많이 끌고 갔습니까? 또 얼마나 많은 사람을 죽였습니까? 그런데 이 잘못에 대해 일본 정부는 진심으로 잘못했다고 생각하지 않는 것 같습니다.

독일도 2차대전 때 잘못을 저질렀습니다. 그러나 독일은 거기에 대해 진심으로 자기들이 잘못했다고 생각합니다. 독일 사람들은 나치를, 비록 그들이 자기 할아버지들이지만 나쁘다고 생각합니다. 피해를 입힌 국가나 민족에게 진심으로 사과하고 있고, 아이들에게도 나치가 나쁘다고 가르칩니다. 일본 사람들이 2차 대전을 일으킨 자기들의 할아버지들을 나쁘다고 생각합니까? 겉으로는 잘못했다고 그러지만, 속으로는 나쁘다고 생각하지 않습니다. 나쁘다고 생각하면 그들을 국립묘지 비슷한 데 묻어놓고 거기에 참배하러 갈 수가 없지요. 일본 사람들은 속으로는 나쁘다고 생각하고 있지 않습니다. 속으로는 자기들이 2차 대전에 진 것을 억울하게 생각하고 있습니다. 이런 사실 생각하면 일본 사람들 참 나쁜 사람들입니다. 일본만 생각하면 약이 오릅니다.

하지만 우리는 생각해야 합니다. 하나님은 일본 사람들을 어떻게 보시겠습니까? 하나님이 일본을 어떻게 보시겠습니까? '이 땅에 일억 이천만 명이 넘는 사람들이 있다. 내가 왜 그들을 아끼지 않겠느냐?' 하나님 마음입니다. 하나님이 우리를 아끼듯 일본 사람도 아끼십니다. 우리를 사랑하듯 일본 사람도 사랑하십니다. '그들을 어찌 내가 불쌍히 여기지 않겠느냐?' 하나님의 마음입니다. 하나님의 마음을 우리가 어떻게 해야 합니까? 하나님의 마음을 받아들이는 사람이 진정한 하나님의 사람입니다. 우리가 일본을 사랑하고 일본에 선교사를 보내야 합니다.

우리 주위의 사람들도 마찬가지입니다. 사람들 중에서는 정말 못된 사람이 있습니다. 나를 힘들게 하는 사람이 있습니다. 이들을 어떻게 대해야 합니까? 하나님의 마음으로 대해야 합니다. 하나님의 마음을 생각해야 합니다.

4·19 혁명이 일어난 후 연일 자유당의 부정부패가 신문에 발표되었습니다. 부정 정치인, 부정 경제인, 신문에 대문짝만하게 이름과 내용이 공개됩니다. 목사님 한 분과 집사님 한 분이 마주 앉아 있었는데 집사님이 신문을 보고 있었습니다. 집사님이 신문을 보고는 "이럴 수가 있나!" 개탄을 합니다. 그러더니 "하나님께 살아 계신다면 어떻게 이런 사람을 여태껏 살려두셨을까?" 불평을 합니다. 목사님께서 정색을 하시고는 집사님에게 물었습니다. "집사님, 하나 물어봅시다. 만약 이 명단 속에 집사님 아들이 끼어있다면 같은 말 할 수 있겠습니까?" 불평하던 집사님 머뭇머뭇하더니 "그렇다면 할 말이 없겠지요." 목사님 다시 말씀하십니다. "집사님 보시기에는 다 나쁜 사람들이지만 그중에 하나님께는 아들도 있지 않겠습니까?"

못된 것 사실입니다. 혹 실수하고, 아니 범죄하고 잘못하는 것도 사실입니다. 그러나 하나님의 자녀일 수 있습니다. 여러분의 자녀라면 여러분은 어떻게 하시겠습니까? 참고 기다리고 사랑으로 포용하지 않겠습니까?

여러분, 직장에 여러분을 괴롭히는 상사가 있습니까? 혹 가정에 여러분에게 상처를 주는 사람이 있습니까? 혹 교회 안에, 혹 이웃에 여러분을 힘들게 하는 분이 있습니까? 하나님은 '그 사람도 내가 사랑하는 사람'이라고 말씀하십니다. 어떻게 해야 하겠습니까? 답은 하나입니다. 하나님이 사랑하는 사람이라면 나도 사랑해야 합니다. 아무리 내 마음에 들지 않더라도 하나님 사랑하시면 나도 사랑해야 합니다. 하나님이 회개하기를 기다리신다면 나도 긍휼을 베풀어야 합니다.

우리는 나를 향한 하나님의 사랑을 믿습니다. 참으로 놀라운 그 엄청난 사랑을 내가 받았음을 압니다. 그런데 이 엄청난 하나님의 사랑이 한 사람 건너 다른 사람에게 갈 때는 흔적도 없이 사라져 버립니다. 저들도 하나님 그렇게 사랑하신다는 사실을 너무 쉽게 잊어버립니다. 내가 받는 하나님의 사랑과 똑같은 사랑을 그들도 받고 있습니다. 이 진리를 받아들일 때 우리의 마음이 달라집니다. 미움의 대상이 아니라 불쌍히 여겨야 할 대상이 되고 사랑의 대상이 됩니다. 그들이 믿지 않는 사람이라면 복음 전해야 할 대상이 됩니다.

여러분, 손양원 목사님을 아십니까? 목사님은 한센병자들과 함께 생활하고 심지어 그 고름을 입으로 빨아주기까지 했다고 합니다. 손 목사님이 아무리 사랑이 많다지만 어떻게 이런 사랑이 가능합니까? 인간적인 사랑으로 가능한 이야기가 아닙니다. 저들도 하나님의 사랑의 대상이라는 것입니다. 저 한센병자 한 사람을 구원하기 위해 주님은 십자가를 지셨습니다. 주님이 그토록 사랑하신다면 나도 사랑해야 하지 않겠느냐는 것입니다.

두 아들을 죽인 사람을 양아들로 삼은 것도 마찬가지입니다. 그 사람도 하나님의 사랑의 대상일 수 있습니다. 아니 대상이라고 생각했습니다. 그렇다면 내가 할 일은 용서하고 사랑하는 것밖에 없습니다. 하나님 사랑하신다면 나도 사랑해야 합니다. 여기 참사랑의 비결이 있습니다.

오래전에 〈가이드포스트〉에서 읽은 이야기입니다. 미국 어느 도시에 아주 신실한 기독교인으로 베노즈벨이라는 부부가 살고 있었습니다. 나이 육십이 넘은 분들로 그 부인은 Rh-라는 독특한 혈액형을 가지고 있었습니다. 이 혈액형을 가진 사람이 많지 않고 또 이 혈액형은 이 혈액형만 수혈을 할 수 있기 때문에 혈액이 필요한 일이 생기면 서로 수혈을 해주기 위해 이름을 다 병원에 등록해놓고 있습니다. 어느 토요일 오후, 병원에서 전화가 왔습니다. 같은 혈액형을 가진 사람이 큰 사고를 당해 피를 많이 흘려 위독하니 수혈을 해달라는 부탁이었습니다. 육십이 넘었지만, 사람이 죽어 간다고 하니 그냥 있을 수 없었습니다. 남편과 함께 병원으로 갑니다. 부인이 누워 피를 뽑고 그 피가 사고를 당한 사람에게로 건너갑니다. 수혈하는 동안 남편이 옆에서 지켜보다가 저 사람은 어쩌다가 저런 큰 사고를 당했나 궁금했습니다. 이래저래 주위 사람들에게 알아보았습니다. 알아보니 어머니날에 형제들이 어머니 집에 다 모였답니다. 모여서는 어떻게 효도할 것인가를 의논한 것이 아니라 어머니 유산 문제로 시비가 붙어 싸움이 되고 마침내 칼부림이 나서 형제 중 한 사람이 칼에 찔렸다는 것입니다. 베노즈벨 씨는 기분이 나빴습니다. '저따위 벌레 같은 인간을 살려주려고 내 아내가 피를 뽑아야 하나?' 그러나 기왕 좋은 일 하는데 선한 마음으로 봉사하자고 참았습니다. 수혈이 끝났습니다.

　베즈노벨 부인은 나이도 있고 평소에도 건강이 썩 좋은 편이 아니라 충분이 휴식을 취해야 회복할 수 있었습니다만 때마침 주일에 교회에서 맡은 행사가 있어 몸을 무리하게 쓰고 말았습니다. 아내는 지쳤고 다음 날 병원에 입원까지 하게 되었습니다. 병상에 누워있는 아내의 모습을 보고 있자니 남편은 화가 났습니다. '어머니날에 어머니 앞에서 재산을 놓고 형제간에 칼부림을 하는 그런 쓰레기만도 못한 인간을 살리자고 내 아내가 대신 이런 고통을 받아야 하는가? 어찌 이런 일이 있을 수 있단 말인가?' 생각할수록 화가 났습니다. 하나님 앞에 원망 어린 기도를 드립니다. 그때 성령님의 역사가 마음에 일어났습니다. 평소에 암송하고 있던 로마서 5장 8절 말씀이 생각이 났습니다. 로마서 5장 8절 말씀을 읽어봅시다.

　　"우리가 아직 죄인 되었을 때에 그리스도께서 우리를 위하여 죽으심으로 하나님께서 우리에 대한 자기의 사랑을 확증하셨느니라."

　'내가 쓰레기만도 못한 인간이었을 때 예수님은 나를 위하여 목숨을 주셨구나. 그 사람도 쓰레기만도 못한 사람이지만 하나님은 그 사람도 사랑해서 그 사람을 위해 독생자를 주셨구나. 그렇다면 나도 아내도 그 사람 사랑해야지. 주님은 생명을 주셨는데 피 조금 주는 것, 그게 무슨 대순가? 더 사랑해야지.' 그의 마음에 하나님의 사랑이 충만해졌습니다. 그의 눈에 감사와 감격의 뜨거운 눈물이 흘렀습니다.

여러분은 무엇이 못마땅합니까? 고민의 원인이 어디에 있습니까? 하나님의 뜻을 거역하고 있기 때문입니다. 이제는 내 뜻을 버리고 하나님의 뜻에 순종해야 합니다. 요나가 니느웨 백성도 하나님이 사랑하신다는 그 하나님의 귀한 뜻에 순종했다면 그의 마음이 얼마나 평안했겠습니까? 니느웨 성이 구원받는 것을 보고 오히려 더할 수 없이 기뻐했을 것입니다.

요나가 다른 사람 아닙니다. 거울을 보십시오. 우리의 모습입니다. 우리의 고민의 뿌리에 하나님의 뜻을 거역하는 우리 고집이 있습니다. 이제 돌이켜 하나님의 뜻에 순종합시다. 하나님은 그 사람 사랑하십니다. 그렇다면 우리도 다른 사람 오직 불쌍히 여기고 사랑할 것뿐입니다. 그 어떤 사람이라도 우리는 불쌍히 여기고 사랑해야 합니다. 그러할 때 참 기쁨과 평강이 함께합니다. 이 놀라운 은총이 여러분의 심령에 충만하기를 바랍니다.

4.
뜻을 정한 사람들

(단 1:8-17)

미국의 한 연구소에서 인생의 실패를 경험한 2,500명을 대상으로 실패의 이유를 물었습니다. 약 서른 가지로 답을 만들어놓고 그중에서 실패의 원인을 지적하라고 했는데, 가장 많은 사람이 지적한 것이 "결단이 확고하지 못했기 때문이었다"라는 항목이었다고 합니다. 일을 시작했으니 결심은 했는데 그 결심이 확고부동하지 못했기 때문이었다는 것입니다. 그렇습니다. 인생에는 확고부동한 결단이 중요합니다. 분명한, 그래서 흔들림 없는 결단이 없을 때 아무것도 이룰 수 없습니다. 무엇이든 제대로 이루기 위해서는 확고한 결단이 있어야 합니다.

성탄절 전날이었습니다. 두 명의 젊은이가 술에 취한 채 2차로 마시기 위해 술집을 향해 걸어가고 있었습니다. 그때 길가의 예배당에서 성탄절 전야의 특별 예배를 알리는 종소리가 울렸습니다. 순간

한 청년이 어릴 때 성탄절 전야에 예배당에 갔던 생각이 났습니다. 그러면서 그의 마음에 순간적으로 '내가 지금 어디로 가고 있는가? 무엇을 하고 있는가? 이렇게 사는 것이 과연 바르게 사는 것인가?' 하는 생각이 들었습니다. 그는 친구에게 술집으로 가지 말고 예배당으로 가자고 말했습니다. 친구는 정신이 나갔냐며, 무슨 소리냐며, 콧방귀를 뀌었습니다. 결국 둘은 거기서 헤어졌습니다. 친구는 비웃으며 술집으로 갔고 그는 혼자 예배당 문을 열었습니다.

그는 그날 밤 회개하고 결단했습니다. 완전히 새사람이 되어 새로운 인생을 시작했습니다. 그는 나중에 정치에 발을 들여놓았고, 성실한 신앙인으로 정치를 함으로 많은 사람에게 존경을 받아 결국은 미국 대통령이 되었습니다. 그가 바로 미국의 22대, 24대 대통령 클리블런드입니다. 그런데 수십 년 전 성탄절 이브 날 예배당으로 가자고 했을 때 술집으로 갔던 그 친구는 클리블런드가 대통령으로 취임하던 바로 그날 형무소에서 옛 친구의 대통령 취임을 소식을 들으며 하염없이 눈물을 흘렸습니다. 한순간의 확고한 결단이 한 사람은 백악관으로 가게 했고, 한 사람은 형무소에서 평생을 살게 했습니다. 이 얼마나 결정적 이야기입니까? 확고한 결단이 중요합니다.

오늘 본문을 보면 다니엘이 뜻을 정했다고 했습니다. 8절 함께 읽겠습니다.

"다니엘은 뜻을 정하여 왕의 음식과 그가 마시는 포도주로 자기를 더럽히지 아니하리라 하고 자기를 더럽히지 아니하도록 환관장에게 구하니."

여기 다니엘이 뜻을 정했다고 했습니다. 뜻을 정했다는 말은 확고한 결단을 했다는 뜻입니다. 내용을 가만히 살펴보면 다니엘만 뜻을 정한 것은 아닙니다. 다니엘의 세 친구도 함께 뜻을 정했습니다.

지금 저들은 남의 나라에 포로로 끌려와 있습니다. 유다가 바벨론에게 망할 때 수많은 다른 사람들과 함께 바벨론까지 포로로 끌려온 것입니다. 바벨론 왕은 이 포로들 중에서 인재를 뽑았습니다. 포로 가운데서 똑똑하고 총명한 소년들을 발탁해서 왕궁에서 먹이고 입히고 가르쳤습니다. 그렇게 교육을 시켜 나중에 나라의 공직자로 삼았습니다. 나라가 워낙 넓다 보니 많은 인재가 필요했고, 그래서 나라에 공직자를 포로 가운데서도 어릴 때부터 양성한 것입니다. 다니엘과 그의 세 친구가 여기에 발탁된 것입니다. 참으로 잘된 일이었습니다. 그 비참한 포로 생활을 면할 뿐만 아니라 왕궁에서 호의호식하며 공부까지 합니다. 그리고는 장차 나라의 공직자가 됩니다. 세상에 이렇게 좋은 일이 어디 있겠습니까? 참으로 큰 복을 받았다고 하지 않을 수 없습니다.

그러나 그럼에도 불구하고 그들은 맹목적으로 좋아하지 않았습니다. 왕의 음식과 포도주로 자신들을 더럽히지 않겠다고 뜻을 정했다고 했습니다. 느부갓네살 왕은 그들에게 왕의 음식과 포도주를 주었습니다. 저들은 이 음식을 먹지 않기로 뜻을 정한 것입니다. 왜 왕이 주는 음식을 먹지 않기로 했겠습니까? 그 음식이 우상의 제물일 가능성도 있고, 더 정확한 것은 그 음식 속에 부정한 음식이 있었기 때문이었습니다. 레위기 11장을 보면 모든 생물은 정결한 음식이 있고 부정한 음식이 있습니다. 하나님은 부정한 음식은 더러우니 먹지 말라고 하셨습니다. 왕의 음식 중에 당연히 부정한 음식이 섞여 있습니다. 왕의 음식을 먹으면 부정한 음식 먹지 않을 수 없습니다. "나를 더럽히지 않게 해 달라." 아예 왕의 음식을 먹지 않겠다고 요구했습니다. 포도주도 먹지 않겠다고 했습니다. 포도주는 율법적으로 먹지 말아야 할 이유는 없습니다. 포도주도 마시지 않겠다는 것은 아예 식사 자체를 즐기는 마음으로 하지 않겠다는 뜻으로 보입니다. 나라가 망했고 포로로 끌려왔는데 포도주를 마시는 것 하나님이 기뻐하시겠느냐, 이런 생각이었던 것 같습니다. 하나님을 바로 섬기기 위해 포도주도 마시지 않겠다고 뜻을 정했습니다. 이때 저들의 나이가 얼마나 되었는지 정확하게 알 길은 없습니다만 여러 가지 정황을 볼 때 15세에서 20세 정도로 추측합니다. 어린 나이였지만 놀랍게도 저들은 이렇게 단호히 뜻을 정하고 결단을 내렸습니다.

여러분, 한 해가 시작되고 있습니다. 여러분은 어떤 마음으로 금년 한 해를 시작하고 있습니까? 우리는 보통, 새해를 맞으면 복을 받기를 원합니다. 새해에는 좋은 일이 많이 일어났으면 좋겠다고 생각합니다. 분명히 아십시오. 나는 가만히 있는데 복을 받는 것, 좋은 일이 일어나는 것, 그런 것은 없습니다. 그것은 기독교가 아닙니다. 기독교는 요행을 믿는 종교가 아닙니다. 좋은 일이 일어나려면, 복을 받으려면 내가 변해야 합니다. 내가 복 받은 사람, 복 있는 사람이 되면 복을 받습니다. 내가 변하기 위해서는 뜻을 정해야 합니다. 결단해야 합니다.

많은 분이 결단을 하라고 하면 지난날 뜻을 정했고 결단도 했지만 별 소용없더라고 생각합니다. 솔직하게 되돌아봅시다. 지난날 정말 확고부동한 결단을 해 보았습니까? 그렇지 못했습니다. 그저 '새해니까 한번 새롭게 해보자' 희미하게 결심하다가 시간이 지나면서 흐지부지하고 말았습니다. 진정한 의미의 결단, 확고한 결단을 하지 못했습니다.

우리가 지난날의 실패를 변명할 때 예수님께서 겟세마네 동산에서 제자들에게 하신 말씀을 잘 내세웁니다. 예수님 기도하라고 하셨는데 계속 잠만 자는 제자들을 향하여 마음은 원이로되 육신이 약하다고 하셨습니다. "마음은 원이로되 육신이 약하도다." 우리가 이 말을 가지고 자기변명을 합니다. 결단도 했고, 마음도 간절했지만, 육신이 약해서 이루지 못했다는 것입니다. 그러나 여러분, 다시 한번 생각해보세요. 겟세마네 동산의 제자들 정말 마음이 원했습니까? 그렇지 못했습니다. 예수님께서 제자들을 자비로운 마음으로 허물을 덮어주셔서 그렇게 말씀하신 것이지, 실제 제자들은 마음이 없었습니다. 생각해보세요. 내일 아침이면 주님이 십자가를 지시고 돌아가신답니다. 주님이 십자가를 지시는데 정말 마음이 있으면 잠이 옵니까? 수면제를 먹어도 잠이 안 올 겁니다. 그렇잖아요. 아니 주님이 곧 십자가를 지시는데 어떻게 잠이 와요. 잠이 올 수가 없습니다. 그런데도 잠을 잔 것은 마음이 없었기 때문입니다. 그렇지만 예수님이 너희들 마음이 없구나, 그렇게 말씀하시면 제자들 어떻게 되겠습니까? 그래서 예수님은 제자들을 불쌍히 여겨 마음은 원하지만 육신이 약하다고 허물을 덮어주신 것입니다. 사실은 제자들, 마음이 없었습니다.

우리도 마찬가지입니다. 지금까지 결단다운 결단을 못 내렸습니다. '어떤 일이 있어도 이루겠다.' 이런 결단 없었습니다. '마음을 다 모은 결단. 정말 목숨을 걸겠다.' 이런 결단이 없었습니다. 그러므로 다시 결단해야 합니다. 진정한 의미의 결단을 내려야 합니다.

다니엘과 그의 친구들의 결단은 왕의 음식과 포도주를 먹지 않겠다는 것이었습니다. 왜 이런 결단을 했습니까? 이것을 이방 땅에서 하나님을 바로 섬기느냐, 섬기지 못하느냐의 문제로 보았습니다. '이방 나라지만 하나님을 바로 섬기겠다.' 이것이 그들의 결단이었습니다. '하나님을 바로 섬기겠다.' 그 구체적인 내용으로 왕의 음식과 포도주를 먹지 않기로 한 것입니다. 그러니 왕궁에 들어왔으니, 어려운 생활 면하게 되었으니 잘 되었다, 좋다, 아니었습니다. 엄청나게 좋은 환경을 얻었지만, 그 안에서 하나님을 바로 섬기기 위해 뜻을 정하여 선을 긋고 스스로를 분명하게 제한했습니다. 어떤 희생을 지불하더라도 하나님 바로 섬기겠다 결단한 것입니다.

새해에 우리도 하나님을 더 잘 섬기겠다는 결단이 있어야 합니다. 우리 인생에 가장 중요한 결단은 하나님 잘 섬기겠다는 결단입니다. 이보다 중요한 결단은 없습니다. 여기에서 하나님과 나의 관계가 결정되고, 내 인생이 어떤 일생이 되느냐가 결정됩니다. 내가 어떤 복을 받느냐가 결정됩니다.

결단은 어려움이나 희생, 손해가 있다는 뜻입니다. 그런 것이 없으면 그냥 하면 되지 굳이 결단할 필요가 없습니다. 결단한다는 자체가 어려움이 있다는 뜻입니다. 한번 생각해보십시오. 그들이 이 음식을 거절하는 것이 얼마나 어려운 일이었겠습니까? 포로들입니다. 포로 주제에 감히 왕의 호의를 거절한다, 자칫 죽을 수도 있습니다. 그러나 하나님을 바로 섬기는 데 방해된다고 생각할 때 개의치 않았습니다. 하나님만 바로 섬길 수 있다면 그로 인해 불이익을 당하고, 어려움을 겪고 심지어는 죽는다고 해도 아랑곳하지 않았습니다.

본 회퍼 목사님이 이런 말을 했습니다. "현대 그리스도인들의 가장 큰 문제는 값싼 은혜만을 구하는 것이다." 깊이 생각해야 할 말입니다. 하나님의 은혜에 무슨 뭐, 값싼 은혜가 있고 비싼 은혜가 있겠습니까? 그런 것 없습니다. 그러면 이 말 무슨 뜻입니까? 하나님을 위해 아무런 희생도 지불하지 아니하고, 은혜만 받겠다고 한다는 뜻입니다. 아무 대가도 지불하지 않고 복만 받겠다고 합니다. 대가를 지불하지 않는 은혜가 값싼 은혜입니다. 현대 그리스도인들은 값싼 은혜, 싸구려 은혜만 원하고 있다는 것입니다.

하나님을 잘 섬기기 위해서는 지불해야 할 대가가 있습니다. 깊이 생각해보세요. 아직도 버려야 할 것을 버리지 못하고 있는 사람 없습니까? 버리기로 결단해야 합니다. 아직도 기도 생활 온전히 하지 못하고 있는 사람 없습니까? 기도하기를 결단해야 합니다. 아직 사랑하지 못하고 있는 사람 없습니까? 사랑하며 살기로 결단해야 합니다. 아직 정직하지 못한 사람 없습니까? 정직하기로 결단해야 합니다. 착하게 살기로 결단해야 하고 의롭게 살기로 결단해야 합니다. 섬기며 살기로 결단하고 충성하기로 결단해야 합니다. 하나님을 잘 섬기기 위해 내가 해야 할 결단을 해야 합니다. 깊이 생각해보십시오. 내가 해야 할 결단은 무엇입니까? 이 새해 첫 주일에 내가 해야 할 결단을 해야 합니다. 그래야 새해가 새해가 되고 새해가 복된 한 해가 됩니다. 아니 나의 남은 인생이 복된 인생이 됩니다.

그다음 생각할 것은 저들은 뜻을 정한 다음 변함이 없었다는 사실입니다. 일단 뜻을 정한 다음에는 변하지 않았습니다. 본문의 뒤에 나오는 3장에서 우리는 참으로 귀한 장면을 목도하게 됩니다. 이 소년들이 성인이 되어 지방의 수령이 된 다음의 이야기입니다. 느부갓네살 왕이 거대한 황금 신상을 세우고 낙성식을 거행합니다. 나라의 모든 백성으로 하여금 그 신상 앞에 절을 하도록 명합니다. 악단이 악기를 연주할 때 모든 백성이 다 황금 우상 앞에 절을 하도록 했습니다. 그러나 지방 장관으로 있던 세 친구는 절하지 않았습니다. 세 친구가 왕 앞에 끌려왔습니다. 지금이라도 절하면 살려주겠지만 절하지 않으면 극렬히 타는 풀무 불에 던져 넣겠다는 무서운 선언이 떨어졌습니다. 곁에는 지금 풀무 불이 타고 있습니다.

세 사람이 입을 열어 말합니다. 다니엘 3장 16, 17절입니다.

"느부갓네살이여 우리가 이 일에 대하여 왕에게 대답할 필요가 없나이다 왕이여 우리가 섬기는 하나님이 계시다면 우리를 맹렬히 타는 풀무 불 가운데서 능히 건져내시겠고 왕의 손에서도 건져내시리이다 그렇게 하지 아니하실지라도 왕이여 우리가 왕의 신들을 섬기지도 아니하고 왕이 세우신 금 신상에게 절하지도 아니할 줄을 아옵소서."

감격스러운 말씀입니다. '우상에게 절을 하겠느냐, 하지 않겠느냐?' 이런 물음에는 대답할 필요가 없다는 것입니다. 엄청난 용기입니다. 풀무 불 속에 던져질지라도 하나님께서 우리를 건져 주실 것이고 그렇게 하지 아니하실지라도 우리는 우상 앞에 절할 수 없다고 했습니다. 그렇게 하지 아니하실지라도, 풀무 불 속에서 죽는다고 할지라도 할 수 없다는 것입니다. 무슨 조건적인 문제가 아닙니다. 하나님 섬기는 사람으로, 죽어도 좋다는 것입니다. 죄와 더불어 세상에서 잘 살기를 바라지 않습니다. 무엇을 보여줍니까? 우상에게 절하지 않겠다, 왕의 음식을 먹지 않겠다, 그 결단이 변하지 않은 것입니다. '왕의 음식을 먹지 않겠다, 우상에게 절하지 않겠다.' 같은 마음입니다. 하나님 잘 섬기겠다는 마음입니다. 소년 시절 하나님 앞에서 정했던 뜻을 그대로 지켜가고 있는 것입니다. 하나님이 이들을 기뻐하셔서 일곱 배나 뜨거운 풀무 불 속에서 보호해주셨습니다.

다니엘은 어떠했습니까? 다니엘의 이 결단이 언제까지 계속됩니까? 세월이 지났습니다. 다니엘이 노인이 되었습니다. 총리대신이 되었습니다. 다니엘을 시기하는 자들이 왕을 속이고 하나님께 기도하면 사자 굴에 던져지도록 법을 정했습니다. 다니엘은 그것을 알면서도 기도하기를 쉬지 아니했습니다. 생명을 걸고 기도했습니다. 바로 소년 시절 뜻을 정한 하나님을 향한 자세가 변함이 없었던 것입니다다. 하나님을 잘 섬기겠다, 그 마음입니다. 생명은 포기해도 그 마음은 포기할 수 없었습니다. 그동안 나라도 바벨론에서 페르샤로 바뀌었고 왕들도 네 번이나 바뀌었고 모든 것이 변했습니다. 그러나 다니엘의 결단은 변함이 없었습니다. 마지막 생명이 다하는 날까지 소년 시절 뜻을 정한 그 결심대로 살았습니다. 그래서 다니엘은 위대한 하나님의 사람입니다.

결단을 했으면 변하지 말아야 합니다. 환경이 변했다고 달라지면 안 됩니다. 어떠한 손해와 고통도 어떠한 불이익도 감수할 자세가 되어야 합니다. 세상이 어떻게 변하더라도, 정한 뜻에 변함이 없어야 합니다.

결혼을 두고 생각해봅시다. 젊은 사람들, 혼기가 가까이 오면 고민이 많습니다. "결혼을 할까, 말까?, 이 사람하고 결혼할까, 말까?" 고민합니다. 그러다가 결혼을 합니다. 결혼했다는 것이 무슨 뜻입니까? 결단을 했다는 뜻입니다. 그렇지요. 결단을 했기에 결혼했습니다. 인생의 대표적인 결단이 결혼입니다. 그러면 이제 죽을 때까지 그대로 가야 합니다. 결혼을 해놓고 고민하는 사람이 있습니다. '아닌 것 같다. 그때 그 사람하고 결혼했어야 했는데…' 정말 미련한 생각이요, 말도 안 되는 소리입니다. 결단했으면 끝났습니다. 남편을 두고 코를 이렇게 크게 고는 줄 몰랐다, 성격이 이런 줄 몰랐다, 아내를 두고 반찬을 못 한다, 잔소리가 많다, 어쩔 수 없습니다. 받아들이고 지혜롭게 해결해나가야 합니다. 결단은 못 바꿉니다. 결단했으면 천하가 바뀌어도 지켜야 합니다. 결단을 지키며 의지적으로 끝까지 사랑할 때 행복이 있고 평안이 있고 자유가 있습니다.

하나님 섬기는 것은 더욱 그러합니다. 버려야 할 것을 버렸으면 다시는 가져오지 마세요. 영원히 버리는 것입니다. 기도하겠다고 결단했으면 어떤 일이 있어도 기도하세요. 기도하기로 결단해놓고 그렇게 쉽게 포기해도 되겠습니까? 포기하지 마세요. 사랑하기로 결단했으면 사랑하세요. 사랑하겠다고 결단해놓고, 사랑받을 때만 사랑하고, 미움받을 때는 미워한다면 그건 결단이 아닙니다. 미움받아도 나는 끝까지 사랑해야 합니다. 정직하게 살기로 결단했으면 세상이 아무리 거짓되어도 나는 정직하게 사는 겁니다. 정직하게 살아 손해를 보아도 정직해야 합니다. 착하게 살고 의롭게 사는 것도 마찬가지입니다. 상대방이 아무리 악하게 나와도 나는 착하게 살고 의롭게 사는 겁니다. 섬김과 충성도 그렇습니다. 무슨 일이 일어나든, 환경이 어떻게 변해도 나는 흔들리지 말아야 합니다. 끝까지 섬기고 끝까지 충성하는 것입니다. 하나님 더 사랑하는 것, 주님 더 사랑하는 것은, 하나님 더 잘 섬기기 위해 우리 모두 해야 할 결단입니다. 한번 뜻을 정했으면 어떤 상황에서도 변치 않아야 합니다. 언제까지 변치 않아야 합니까? 죽는 그날까지, 마지막 하나님 앞에 서는 그날까지 변치 않아야 합니다.

이제 다시 본문으로 돌아가 봅시다. 다니엘과 세 친구는 이런 믿음과 결단으로 왕의 진미를 먹지 않고 푸성귀와 물만 먹도록 허락받습니다. 시간이 지나고 보니 얼굴이 더욱 아름답고 살이 윤택해 보입니다. 본문 15절을 함께 읽겠습니다.

> "열흘 후에 그들의 얼굴이 더욱 아름답고 살이 더욱 윤택하여 왕의 음식을 먹는 다른 소년들보다 더 좋아 보인지라."

건강하고 아름다운 모습으로 보란 듯 설 수 있었습니다.

나아가 하나님께서 이들에게 복을 주십니다. 17절에 "네 소년에게 지식을 얻게 하고 모든 학문을 주시고 서적을 깨닫게 하시고 지혜를" 주셨다고 했습니다. 그 외에도 하나님 다니엘에게는 꿈과 환상을 해석할 수 있는 지혜를 더 주셨습니다. 결국 다니엘은 나라를 총괄하는 총리의 자리에까지 오르게 됩니다. 하나님께서 이들을 참으로 귀하게 사용하셨습니다. 뜻을 정한 사람들에게 하나님께서 함께하시고 복을 주십니다. 정말 하나님을 기쁘게 해드리기 위해 결단하고 그 뜻을 이루어갈 때 분명 하나님 함께하시고 복을 주십니다.

아사 D. 캔들러라는 사람이 있었습니다. 이 사람 한때 알코올중독자였습니다. 알코올, 이 술에 중독이 되어서 술을 안 먹으면 살 수 없고 술을 먹지 아니하면 정신이 들지 않습니다. 알코올중독자 재활센터에 들어가서 오랫동안 여러 차례 고생했건만 술에서 헤어나지 못하고 비참하게 살아갔는데 하루는 재활센터 안에 있는 예배당에서 예배를 드리다가 하나님의 음성을 들었습니다. "언제까지 이렇게 살 것이냐? 이렇게 살면 결국 죽을 수밖에 없다. 새로운 삶을 시작해라."

그는 큰 은혜를 받고 집에 돌아가 아내의 손을 잡고 자기가 깨달은 바를 고백하고 같이 울며 하나님 앞에 기도하며 결단을 내렸습니다. 술을 끊고 새로운 삶을 살기로 결단을 내렸습니다. 그리고 두 가지를 결심했습니다. '하나는 술을 마시는 사람들이 술을 끊는 데 도움이 되는 삶을 살겠다. 하나는 소득의 십일조를 드리겠다.' 결국 이 두 가지는 하나님 잘 섬기겠다는 결단이지요. 하나님 더 잘 섬기겠다고 결단을 한 것입니다. 그렇게 결단을 하고 결단대로 새로운 삶을 시작해서 마침내 큰 기업을 이룹니다. 이 사람이 이룬 기업이 바로 유명한 코카콜라입니다. 원래 코카콜라를 만든 동기가 술을 대용할 수 있는 음료로 만든 것입니다. '술을 끊는 데 도움이 되는 삶을 살겠다.' 그의 결심을 이룬 것입니다.

한 해가 시작되고 있습니다. 새해에 다니엘과 세 친구와 같은 신앙적 결단이 우리에게도 있어야겠습니다. 새해가 그냥 새해가 아닙니다. 우리의 새로운 결단이 새해를 새해 되게 합니다. 새로운 결단은 하나님을 더 잘 섬기는 결단입니다. 그렇다면 생각해 보십시오. 나는 무엇을 결단해야 하겠습니까? 깊이 생각해 보십시오. 결단을 내리십시오. 그리고 변치 않고 끝까지 그 뜻을 이루어가야겠습니다. 그래서 하나님께서 함께하시고, 하나님께서 역사를 이루시는 새해를 맞이하는 여러분 다 되기를 바랍니다.

5.
복 있는 사람

(시 1:1-6)

　우리는 모두 복 받기를 원합니다. 그러나 복이 무엇인지 잘 모르는 사람들이 많고 또 어떻게 하면 복을 받는지도 모르는 사람들이 많습니다. 그래서 오늘은 시편 1편을 통해 복에 대해 한 번 정리를 하겠습니다.

　먼저 분명히 할 것은 복은 좋은 것이라는 사실입니다. 요즈음 기복신앙을 비판하면서 마치 복 자체가 뭔가 잘못된 것처럼 말하는 사람들이 있습니다. 그렇지 않습니다. 기복신앙은 잘못된 것이지만 복은 좋은 것입니다. 성경을 보십시오. 성경은 복 이야기로 가득 차 있습니다. 기독교는 복의 종교입니다. 복은 중요하고 우리가 꼭 받아야 하는 것입니다. 이것을 먼저 분명히 해야 합니다.

　그다음 알아야 할 것은 복은 영적인 복이 중요하다는 사실입니다. 많은 사람이 복이라 하면 돈 많이 벌고 건강하고 출세하고 자녀 좋은 학교 들어가고…. 이런 것들을 생각합니다. 물론 그런 것들도 복은 복입니다. 그러나 그러한 것들은 중요한 복이 아닙니다. 보세요. 하나님 아브라함을 부르시고 언약을 맺으십니다. 그 언약의 제일 중요한 약속이 "네 씨로 말미암아 천하 만민이 복을 받으리라"(창 22:18)라는 것입니다. 아브라함의 씨를 통해 천하 만민을 복을 받는다는 것입니다. 여기 아브라함의 씨가 누구입니까? 예수님입니다. 복을 받는다는 말은 무슨 뜻입니까? 구원받는다는 뜻입니다. 복은 구원받는 것입니다. 성경이 말하는 가장 큰 복, 절대적 복이 구원받는 것입니다. 아무리 여건이 어려워도 구원받았으면 복 받은 사람이요, 아무리 여건이 좋아도 구원받지 못했으면 복 받지 못한 사람입니다.

우리는 다 구원의 복을 받았습니다. 구원의 복을 받은 다음 중요한 것은 이 복을 누리는 것입니다. 구원의 복 속에는 정말 많은 복이 있습니다. 그 복을 내가 누려야 합니다. 이건 사람마다 누리는 정도가 다릅니다. 어떤 사람은 많이 누리고 어떤 사람은 조금 누립니다. 어떻게 하면 이 복을 많이 누릴 수 있습니까? 하나님과 가까워지면 됩니다. 그렇지요. 하나님과 가까워질수록 구원의 복을 많이 누립니다. 그러니 돈 벌었는데 하나님과 멀어졌다면 지금 복을 잃어버리고 있는 것입니다. 돈은 잃었는데 하나님과 가까워졌다, 그러면 지금 복을 받고 있는 것입니다. 하나님과 가까워지는 것이 복 받는 것입니다. 하나님과 가까워진 다음 세상적인 복을 받아야 합니다. 그래야 세상적인 복이 진정한 복이 됩니다.

이제 생각할 것은 어떻게 하면 복을 받느냐는 것입니다. 어떻게 하면 복을 받을 수 있습니까? 우리가 복을 받기 위해 가장 많이 하는 것이 복을 달라고 기도하는 것입니다. 복을 달라고 기도하는 것은 잘못된 것이 아닙니다. 우리는 다른 사람, 그리고 자녀들, 그리고 내게 복 주시기를 기도해야 합니다.

그런데 복을 기도하기 전에 더 중요한 것이 있습니다. 복 받을 사람이 되는 것입니다. 복 받을 사람, 복 있는 사람이 되는 것이 더 중요합니다.

자, 보십시오. 마태복음 10장을 보면 예수님 열두 제자를 전도인으로 파송하시면서 이런 말씀을 하십니다. "어떤 집에 들어가든지, 그 집에 들어가면서 평안하기를 빌라." 평안은 히브리어로 샬롬(שׁלוֹם)인데, 샬롬은 이스라엘 백성들의 인사요 이스라엘 백성들이 생각했던 가장 큰 복입니다. 그러니 평안을 빌라는 말은 복을 빌라는 말입니다. 그런데 그다음 이렇게 말씀하십니다. 마태복음 10장 13절에 "그 집이 이에 합당하면 너희 빈 평안이 거기 임할 것이요 만일 합당하지 아니하면 그 평안이 너희에게로 돌아올 것이니라"라고 하였습니다. 별생각 없이 지나가기 쉬운 말씀인데 사실은 중요한 말씀입니다. 복을 빌었는데, 그 집이 그 복을 받기에 합당해야 복이 임합니다. 합당하지 않으면 아무리 복을 빌어주어도 소용없습니다. 그러니 복 받기에 합당한 사람이 있고 그렇지 못한 사람이 있습니다. 복 받기에 합당하지 못한 사람은 아무리 복을 빌고 또 복을 빌어주어도 소용없습니다. 복 받기에 합당한 사람이 되어야 비는 복이 임합니다. 그러니 복을 받으려면 먼저 복 받기에 합당한 사람이 되어야 합니다.

    기복신앙이 뭡니까? 우리가 기복신앙이 잘못된 것인 줄은 아는데, 도대체 뭐가 잘못된 것입니까? 기복신앙의 대표가 샤머니즘인데 샤머니즘에서 말하는 복을 생각해 보십시오. '내가 어떤 사람인지 일체 묻지 마시고 복만 주세요.' 이게 샤머니즘입니다. 무당에게 굿할 때 무당이 굿하러 온 사람에게 착한 사람이 되세요, 선하게 사세요, 이런 말 합니까? 일체 하지 않습니다. 돈 내고 굿만 하면 복 받습니다. 돈 많이 내면 그만큼 큰 굿을 하고 복도 그만큼 더 많이 받습니다. 돈 많이 내고 비싼 부적 사서 붙이면 그만큼 큰 액운이 도망갑니다. 그가 어떤 사람이냐, 그가 어떤 삶을 사느냐, 전혀 관계하지 않습니다. 이게 기복신앙입니다. 그러니 하나님 앞에서도 "하나님! 내가 어떻게 사느냐는 보지 마시고 내가 헌금 많이 할 테니 복 주세요." 이게 기복신앙입니다. 성경은 그렇게 가르치지 않습니다. 내가 어떤 사람이냐, 내가 어떻게 사느냐, 이것이 먼저입니다. 이게 더 중요합니다. 복 받을 사람이 되면 복은 따라옵니다. 이게 성경의 진리입니다.

    오늘 시편 1편 말씀을 읽었습니다. 여러분, 이 말씀을 자세히 보십시오. 복을 비는 것을 가르치는 말씀이 아닙니다. 주제는 '복 있는 사람'입니다. 복 있는 사람이 되어야 한다는 진리입니다. 복을 받고 싶으면 복 있는 사람이 되어야 합니다.

그러면 누가 복 있는 사람입니까? 먼저 죄를 멀리하는 사람이라고 말합니다. 1절을 함께 읽겠습니다.

> "복 있는 사람은 악인들의 꾀를 따르지 아니하며 죄인들의 길에 서지 아니하며 오만한 자들의 자리에 앉지 아니하고."

비슷한 표현이 반복되고 있는데 성경에서 반복은 강조입니다. 무엇을 강조하고 있습니까? 죄짓지 않는다는 것입니다. '죄를 짓지 않는다.'

그렇습니다. 복 있는 사람이 되려면 무엇보다 먼저 죄를 짓지 말아야 합니다. 왜, 복 있는 사람이 되려면 죄를 멀리해야 합니까? 모든 복은 하나님에게서 옵니다. 하나님은 복의 원천입니다. 하나님과 가까워지는 것이 복입니다. 그런데 죄는 하나님과의 관계를 막아버립니다. 이사야 59장 1절 2절을 봅시다.

> "여호와의 손이 짧아 구원하지 못하심도 아니요 귀가 둔하여 듣지 못하심도 아니라 오직 너희 죄악이 너희와 너희 하나님 사이를 갈라놓았고 너희 죄가 그의 얼굴을 가리어서 너희에게서 듣지 않으시게 함이니라."

하나님이 손이 짧아서도 아니고 듣지 못해서도 아니다, 죄가 하나님과 너희 사이를 갈라놓았다고 했습니다. 죄는 하나님과 사람을 갈라놓습니다.

죄가 하나님과 사이를 갈라놓으니 죄를 지으면 기도가 막힙니다. 은혜가 되지 않습니다. 하나님과의 관계가 막히니 은혜도 내려올 수 없습니다. 예배를 드려도 찬송을 불러도 은혜가 되지 않습니다. 당연히 복도 받을 수 없습니다. 하나님과의 관계가 막혀 있으니, 하나님께서 복을 주시려고 해도 주실 수가 없습니다. 여기서 끝나는 것이 아닙니다. 우리가 이미 받은 복도 그것이 하나님과 연결되어 있을 때 복입니다. 하나님과의 관계가 끊어지면 그 복도 다 파괴됩니다. 에덴동산의 아담과 하와를 생각해 보십시오. 원래 에덴동산이 얼마나 복된 곳이었습니까? 그런데 죄가 들어올 때 에덴동산의 모든 복이 파괴되었습니다. 죄는 받은 복도 파괴합니다. 그러니 복 있는 사람 되려면 무엇보다 먼저 죄를 멀리해야 합니다. 죄짓지 말아야 합니다.

어떻게 하면 죄짓지 않을 수 있습니까? 제가 앞서 1절 말씀이 비슷한 말을 반복하고 있다고 했는데, 자세히 보면 그냥 비슷한 말을 반복하고 있는 것이 아니라 죄를 짓는 과정을 이야기하고 있습니다. '악인', '죄인', '오만한 자', 이렇게 나오는데 순서대로 죄를 더 많이 짓는 사람입니다. 악인은 그냥 죄짓는 사람. 죄인은 계속 죄를 짓는 사람, 오만한 자는 죄를 짓고 하나님의 심판을 우습게 아는 사람입니다. 점점 더 큰 죄를 짓습니다. 그다음도 보면 처음에는 '꾀'라고 했고, '악인의 꾀', 그다음 '길', '죄인의 길', 그다음 '자리', '오만한 자의 자리'라고 했습니다. 꾀, 길, 자리. 꾀는 '생각'입니다. 죄는 처음에 생각으로 시작합니다. 처음부터 행동하지 않습니다. 생각부터 합니다. 그다음 길은 '행동'입니다. 생각이 행동으로 나타납니다. 마지막 자리라고 했는데, '고정되었다'는 뜻입니다. 죄짓는 전문가가 된 것입니다. 동사도 처음에는 '따라간다', 그다음 '서다', 그다음 '앉는다'입니다. 따라간다는 말은 죄에 매력을 느끼고 뒤에서 따라갑니다. 그다음 선다고 했는데 따라가다가 보면 어느새 내가 서서 행동합니다. 마지막에는 앉는다고 했는데, 계속적으로 행동하는 것입니다. 무슨 뜻입니까? 죄는 처음부터 큰 죄를 짓는 것 아닙니다. 처음에는 멀찍이서 매력을 느끼는 것으로, 그래서 마음으로 생각하고 슬그머니 따라가는 것으로 시작합니다. 그런데 그것을 그냥 두면 점점 커져서 나중에는 큰 죄가 됩니다.

죄가 이렇게 자란다는 사실은 죄는 처음에 끊어야 한다는 진리를 가르칩니다. 죄를 짓지 않는 비결은 처음에 시작될 때 끊는 것입니다. 처음에 끊지 않으면 나도 모르는 사이에 점점 큰 죄가 되고 큰 죄가 될수록 끊기 어렵습니다. 데살로니가전서 5장 22절에 "악은 어떤 모양이라도 버리라"라고 했습니다. 귀한 말씀입니다. 모양은 악이 아닐 수도 있습니다. 그러나 모양부터 버려야 아예 죄를 짓지 않습니다.

주부가 아침에 설거지를 끝내고 잠깐 혼자 쉬면서 차를 한잔 마시는데 비가 오고 있습니다. 비도 오고 하니 마음이 왠지 허전합니다. 그때 전화가 걸려왔습니다. 얼마 전에 동창회에서 만났던 첫사랑입니다. 지나가는 길에 생각나서 전화했다고 하면서 차나 한잔하자고 합니다. 동창과 만나 차 한잔하는 것, 죄 아닙니다. 그러나 여기 뭔가 매력이 있습니다. 끌리는 것이 있습니다. 안 마시는 것이 정답입니다. 죄가 그렇게 시작될 수 있는 가능성이 있기 때문입니다. 이것이 본문이 가르치는 진리입니다. 처음부터 하지 말라는 것입니다. 생각부터 차단하라, 멀찍이 따라가는 것도 하지 말라, 모양이라도 버리라는 것입니다.

여러분, 복 있는 사람 되기 원한다면 죄를 멀리해야 합니다. 죄를 멀리하는 것이 복입니다. 어떠하든지 죄짓지 않기로 결심하십시오. 내 마음에 죄악된 생각이 들어올 때 물리치십시오. 복 있는 사람은 무엇보다 먼저 죄를 멀리합니다.

복 있는 사람은 두 번째로 말씀을 즐거워하여 말씀을 주야로 묵상한다고 했습니다. 2절을 함께 읽겠습니다.

"오직 여호와의 율법을 즐거워하여 그의 율법을 주야로 묵상하는도다."

여기 율법은 하나님의 말씀을 가리킵니다. 이 시편이 기록될 당시 하나님의 말씀은 모세 오경밖에 없었습니다. 모세 오경을 율법서라고 합니다. 그래서 여기 율법이라고 한 것입니다. 지금 우리에게 여기 율법은 신구약 전체에 해당합니다. 그러니 복 있는 사람은 신구약 성경 66권, 하나님의 말씀을 즐거워하고 주야로 묵상하는 사람입니다. 죄를 멀리하는 것이 복 있는 사람의 소극적인 모습이라면 말씀을 즐거워하고 말씀을 주야로 묵상하는 것은 복 있는 사람의 적극적인 모습입니다.

말씀을 즐거워한다고 했습니다. 말씀 듣는 것이 좋고 말씀 배우는 것이 좋고 말씀 읽는 것이 좋아야 합니다. 주야로 묵상한다고 했습니다. 묵상한다는 말의 원어의 뜻은 '계속 웅얼거린다'는 뜻입니다. 말씀을 되새긴다는 뜻입니다. 말씀을 계속 되새기고 암송해서 내 것으로 삼는 것입니다. 그래서 그 말씀이 내 안에 머물게 하고, 말씀이 내 안에 가득하게 하는 것입니다. 말씀을 계속 묵상하면 말씀이 내 안에 충만해집니다.

여러분! 생각해보세요. 말씀은 누구의 말씀입니까? 하나님의 말씀입니다. 우리는 아무렇게나 말할 때가 있지만 하나님은 아무렇게나 말씀하시는 법이 없습니다. 정확하게 하나님의 생각, 하나님의 마음을 말씀하십니다. 그러니 말씀을 묵상해서 말씀이 내 안에 가득하면 하나님의 생각, 하나님의 마음이 내 안에 가득하게 됩니다. 이것은 사실상 하나님이 내 안에 가득하게 되는 것입니다. 여러분, 하나님이 내 안에 계시는 분이 누구입니까? 성령님입니다. 말씀이 내 안에 충만할 때 성령님이 충만하게 됩니다. 말씀 충만이 성령 충만입니다. 이 이상의 복이 어디 있겠습니까?

말씀을 묵상하는 방법을 말씀드립니다. 주일 목사님이 설교를 하시면 그 설교 본문 중 가장 중요한 말씀을 메모지에 쓰십시오. 일주일 동안 그 메모지를 가지고 다니면서 시간이 있을 때마다 읽고 생각하는 것입니다. 일주일 동안 그 말씀을 묵상하는 것입니다. 묵상하면서 '이 말씀을 통해 성령님 내 마음에 충만하소서.' 소원합니다. 말씀이 내 마음에 충만하게 되고 성령님이 내 마음에 충만하게 됩니다.

여러분, 복 있는 사람 되기를 원하십니까? 죄를 멀리하고 말씀을 즐거워하며 묵상하십시오. 이 두 가지면 됩니다. 죄 안 짓고 말씀을 내 것으로 삼고 그 말씀의 능력으로 살 때, 복 있는 사람으로 살아가게 됩니다.

복 있는 사람의 특징이 무엇입니까? 3절을 함께 읽겠습니다.

"그는 시냇가에 심은 나무가 철을 따라 열매를 맺으며 그 잎사귀가 마르지 아니함 같으니 그가 하는 모든 일이 다 형통하리로다."

시냇가에 심은 나무와 같다고 했습니다. 복 있는 사람의 첫 번째 특징은 시냇가에 심은 나무와 같습니다. 시냇가에 심은 나무라는 말은 우리나라에서는 실감이 잘 나지 않는 말입니다. 우리는 시냇가에 심은 나무나 산에 심은 나무나 차이가 없습니다. 이스라엘 지역은 사막지대입니다. 비가 오지 않으면 나무가 말라 죽는데, 시내에서 얼마나 떨어졌느냐에 따라 말라 죽는 시간이 다릅니다. 시내에서 멀수록 빨리 말라 죽고 마지막까지 살아남는 나무가 시냇가에 심은 나무입니다. 시냇가에 심은 나무는 가뭄에도 마르지 않습니다. 뿌리에 물이 있기 때문입니다.

가뭄이라는 환경은 모든 나무에 똑같이 주어집니다. 어려움은 똑같이 닥쳐옵니다. 예수 믿는 사람이라고 가뭄이 닥쳐오지 않는 것 아닙니다. 똑같이 닥쳐옵니다. 그런데 복 없는 사람은 가뭄이 오면 뿌리에 물이 없으니 말라 죽습니다. 복 있는 사람은 뿌리에 물이 있으니 어떤 가뭄도 이기고 나갑니다. 어떤 어려움도 이기고 나갑니다. 뿌리에 물이 있다는 말이 무슨 뜻입니까? 말씀이 심령에 충만하고 성령이 충만하니 마음에 은혜가 있습니다. 뿌리에 하나님의 은혜가 있습니다. 은혜가 있으니 은혜의 능력으로 어떤 어려움도 이깁니다.

생각해보면 가뭄을 이기는 데서 끝나는 것 아닙니다. 가뭄은 햇볕이지요. 햇볕이 내리쬘 때 뿌리에 물이 없는 나무는 말라 죽습니다. 햇볕이 뜨거우면 뜨거울수록 뿌리에 물이 없는 나무는 더 빨리 말라 죽습니다. 그러나 뿌리에 물이 있는 나무는 햇볕이 뜨거우면 뜨거울수록 열매를 더 풍성하게 맺습니다. 그래서 햇볕 뜨거운 열대 지역에 밀림이 생기고 열대 지역에 열대 과일이 유명합니다.

선키스트. 여러분, 선키스트 오렌지 들어보셨지요. 선키스트는 미국 캘리포니아와 애리조나주의 농업협동조합 이름입니다. 여기서 생산한 선키스트 오렌지는 세계 최고입니다. 왜 그렇습니까? 원래 캘리포니아와 애리조나는 사막지대입니다. 햇볕은 뜨거운데 물이 없어 농사를 지을 수 없는 곳입니다. 콜로라도강에 댐을 쌓고 수로를 만들어 이 사막지대에 콜로라도강물을 끌어들였습니다. 그리고는 오렌지 나무를 심었는데 세계 최고의 오렌지가 생산됩니다. 무슨 말입니까? 뿌리에 물만 있으면 햇볕이 뜨거울수록 더 좋은 열매를 맺는다는 이야기입니다. 시냇가에 심은 나무가 그렇습니다. 뿌리에 물이 있습니다. 햇볕, 어려움이 심하면 심할수록 더 큰 은혜를 받습니다. 더 큰 복을 받습니다. 어려움이 클수록 더 큰 하나님의 선을 이룹니다.

죄를 멀리하고 말씀 묵상할 때 시냇가에 심은 나무가 됩니다. 때로는 고난도 있지만 얼마든지 이깁니다. 뿌리에 항상 물이 있습니다. 마음에 은혜가 계속 공급됩니다. 은혜의 능력으로 고난이 오히려 복이 됩니다. 고난으로 인해 오히려 더 풍성한 삶을 삽니다.

4-6절을 함께 읽겠습니다.

"악인들은 그렇지 아니함이여 오직 바람에 나는 겨와 같도다 그러므로 악인들은 심판을 견디지 못하며 죄인들이 의인들의 모임에 들지 못하리로다 무릇 의인들의 길은 여호와께서 인정하시나 악인들의 길은 망하리로다."

복 있는 사람과 대조해서 악인에 대해 말씀합니다. 여기 악인, 죄인이라는 말이 나오는데, 복 있는 사람과 대조되는 사람입니다. 죄 짓는 사람, 말씀이 없는 사람입니다. 바람에 나는 겨와 같다고 했습니다. 겨, 곡식 껍질입니다. 많이 쌓여 있어도 바람 한번 불면 다 날아가 버립니다. 아무것도 남지 않습니다. 추풍낙엽입니다. 악인의 형통, 부러워할 것 없습니다. 대단한 것같이 보여도 아무것도 아닙니다. 그래서 악인이 심판을 견디지 못하며 죄인이 의인의 모임에 들지 못한다고 했습니다. 악인은 결국 하나님으로부터 심판받습니다. 세상에서 안 받으면 심판대 앞에서 받습니다. 결국은 심판받습니다. 절대로 악인이 의인의 모임에 들어오지 못합니다.

그러나 복 있는 사람은 어떠합니까? 그 길은 여호와께서 인정하신다고 했습니다. 복 있는 사람의 두 번째 특징입니다. 하나님께서 그의 길을 인정하십니다. 하나님 싫어하시는 죄를 멀리하고 하나님의 말씀인 말씀을 묵상하니 하나님이 인정하실 수밖에 없습니다. 하나님이 인정하시는 것, 가장 중요하고, 진정한 힘이 되고 그리고 영원한 것입니다.

세상의 인정, 믿을 것 못 됩니다. 한때 그렇게 좋다고 박수하고 환호하다가도 어느 순간 완전히 뒤돌아설 수 있는 것이 세상의 인정입니다. 믿을 수 없습니다. 그러나 하나님의 인정, 변치 않습니다. 영원합니다. 때로는 외롭고 힘들고 혹 사람들이 알아주지 않아도, 혹 사람들에게 인정받지 못해도 하나님 인정하시면 그것으로 족합니다. 하나님이 인정하시면 하나님이 책임지십니다. 하나님이 인도하시고 결국은 하나님이 승리하게 하십니다. 하나님이 인정하실 때 거기 진정한 만족과 진정한 행복, 진정한 기쁨과 진정한 승리가 있습니다.

복 있는 사람은 첫째, 죄짓지 않습니다. 둘째, 말씀을 즐거워하고 묵상합니다. 죄짓지 않기로 그리고 말씀 묵상하기로 결심합시다. 작은 결심 같지만, 세상에 이 이상의 복이 없습니다. 복 있는 사람이 됩니다. 시냇가에 심은 나무가 됩니다. 하나님께서 인정하십니다. 우리 모두 복 있는 사람 되기를 바랍니다.

6.
실로암 망대 사건이 주는 말씀

(눅 13:1-5)

하나님은 지금도 말씀하십니다. 두 가지 방편을 통해 말씀하십니다. 성경을 통해 말씀하시고, 자연과 현실 가운데서 일어나는 사건들을 통해 말씀하십니다. 성경을 통해 주시는 말씀은 구원과 삶에 대해 완벽하게 가르칩니다. 자연과 일어나는 사건을 통해 주시는 말씀은 구원에 대해 가르치지 않고 삶에 대해서도 부분적으로만 가르칩니다. 그래서 우리는 성경을 통해 하나님이 주시는 말씀을 중요하게 여기고 항상 듣습니다. 그러나 우리는 자연과 일어나는 사건들을 통해 주시는 하나님의 말씀도 들을 줄 알아야 합니다. 거기에도 귀한 하나님의 가르침이 있기 때문입니다.

지난 수요일 2025년 6월 25일은 한국전쟁이 일어난 지 75년째 되는 날이었습니다. 한국전쟁에 대한 이름이 여러 개 있습니다만 지금은 세계적으로 '한국전쟁'이라는 이름으로 정리가 되었기 때문에

저도 한국전쟁이라고 하겠습니다. 세월은 흘렀지만 우리는 한국전쟁을 잊어서는 안 됩니다. 잊어버리기에는 지불한 대가가 너무 컸습니다. 정확한 통계는 어렵습니다만 대략 약 300만 명이 생명을 잃었습니다. 인류 역사상 세 번째로 사람이 많이 죽은 전쟁입니다. 2차 세계 대전 때 사람이 제일 많이 죽었고, 그다음 1차 세계 대전, 그다음이 한국전쟁입니다. 1차, 2차 세계 대전은 전투가 전 세계에서 벌어졌고 기간도 1차 세계대전은 4년, 2차 세계대전은 6년 걸렸습니다. 우리는 이 좁은 우리나라 안에서 싸웠고 기간도 3년입니다. 이 작은 땅덩어리에서 3년 동안 300만 명이 죽었으니 그 전쟁이 얼마나 처참했겠는가를 짐작할 수 있습니다. 맥아더 장군이 1951년 미 의회에서 증언할 때 한국전쟁을 두고 자신이 평생 전쟁터에서 살아온 사람이지만 이렇게 처참한 전쟁은 처음 본다고 했다고 합니다. 정말 참혹한 전쟁이었습니다. 한국전쟁은 지불한 대가를 생각할 때 잊어서는 안 됩니다.

하지만 우리가 한국전쟁을 잊지 말아야 할 보다 더 중요한 이유가 있습니다. 한국전쟁을 통해 하나님께서 말씀하셨기 때문입니다. 그 엄청난 사건 속에 하나님의 말씀이 있습니다. 우리는 이 하나님의 말씀을 들어야 하고 또 잊지 말아야 합니다.

읽은 본문에 두 가지 사건이 기록되어 있습니다. 하나는 빌라도가 갈릴리 사람들을 죽여서 제물에 그들의 피를 섞은 사건이고, 다른 하나는 실로암이라는 곳에서 망대가 무너져 열여덟 사람이 치어 죽은 사건입니다. 그런데 가만히 보면 두 사건에 대한 예수님의 말씀은 똑같습니다. 똑같습니다. 두 사건의 의미가 같다는 뜻입니다.

의미가 같으니 한 사건만 생각하면 됩니다. 실로암 망대 사건을 생각해봅시다. 실로암에 망대가 무너져 열여덟 사람이 치어 죽었습니다. 요즈음 같으면 신문과 텔레비전에 실로암에서 망대가 무너져서 열여덟 명이 치어 죽었다고 크게 보도되고 방송되었을 것입니다.

그리고 여러 가지로 사건의 이유를 분석했을 것입니다. '부실공사였다', '누가 또 돈을 떼먹고 엉터리 공사를 해서 이런 사고가 났다' 진단했을 것입니다. '설계가 잘못되었다'고도 할 수 있을 것이고, '당국이 잘못했다, 당국이 제때 파악해서 보수공사를 했어야 하는데, 그렇게 하지 않았으니 당국의 잘못이다' 말했을 수도 있습니다.

이러한 분석은 물론 필요합니다. 하지만 예수님은 이 사건을 이런 차원에서 보시지 않았습니다. 이런 말씀 한마디도 하지 않았습니다. 흔히 그리고 당연히 생각할 수 있는 그런 관점에서 보시지 않고 특수한 관점에서 보셨습니다. 영적인 눈으로, 신앙적인 눈으로 보셨습니다.

예수님의 말씀을 한번 들어보십시다. 4, 5절 함께 읽겠습니다.

> "또 실로암에서 망대가 무너져 치어 죽은 열여덟 사람이 예루살렘에 거한 다른 모든 사람보다 죄가 더 있는 줄 아느냐 너희에게 이르노니 아니라 너희도 만일 회개하지 아니하면 다 이와 같이 망하리라."

예수님의 말씀 가운데는 두 가지 메시지가 있습니다. 첫째, 심판입니다. "죄 때문에 죽었다." 이 사건이 죄에 대한 하나님의 심판이라는 것입니다. 열여덟 사람이 죄로 인해 하나님의 심판을 받아 죽었습니다. 이것이 첫 번째 메시지입니다. 두 번째는 경고입니다. "죽은 사람이 너희들보다 죄가 더 많아서 죽은 것이 아니다. 그것은 하나의 경고이다. 너희도 회개하지 아니하면 이와 같이 망하리라." 경고입니다. 여기 경고는 깊이 생각하면 심판을 통해 주시는 하나님의 은혜입니다. 너희들도 당연히 망해야겠지만, 아니 너희들이 더 망해야 할 사람들이지만, 이것이 경고이니 이것을 보고 깨닫고 회개하라는 말씀입니다. 이 경고 가운데 하나님의 은혜가 있습니다. 그러니 심판과 경고, 이 두 가지가 실로암 망대 사건을 통해 하나님이 주시는 말씀입니다.

한국전쟁을 다시 생각해봅시다. 한국전쟁의 원인이 무엇입니까? 북에서 쳐내려온 것입니다. 당시 북한은 소련의 도움으로 남한을 무력통일하기 위해 준비를 다 갖추었는데, 우리는 이에 대한 아무런 대비가 없었습니다. 그때 우리나라엔 군대라고는 제대로 훈련도 안 된 군인 10만도 채 못 되었습니다. 탱크는 한 대도 없었고, 무기가 저들과 비교가 되지 않았습니다. 때마침 미군마저 남한에 정부가 수립된 다음 해인 1949년 6월 21일을 기해 500명의 군사고문단만 남기고는 전부 철수했습니다. 결국 1950년 6월 25일 주일 새벽에 북한이 전면 남침을 시작하므로 한국전쟁이 시작되었습니다.

그러나 이것이 우리의 가장 중요한 관심사는 아닙니다. 이것은 실로암 망대 사건이 공사가 부실공사였고 설계가 잘못되었기 때문에 일어났다고 말하는 것과 똑같습니다. 주님은 그런 데에 관심이 없으셨습니다. 우리는 주님의 시각으로 보아야 합니다. 주님의 시각으로 볼 때 하나님의 말씀을 들을 수 있습니다.

주님의 시각으로 보면 한국전쟁은 죄 때문입니다. 망대가 무너져 치어 죽은 사람들이 죄 때문이었습니다. 마찬가지로 한국전쟁도 죄 때문입니다. 무슨 죄 때문인가? 이것을 단정적으로 말하는 것은 조심해야 합니다. 그러나 그렇다고 아무것도 생각하지 않는 것도 잘못입니다. 아무것도 생각하지 않는 것은 한국전쟁을 통해 주신 하나님의 말씀을 들을 생각을 하지 않는 것입니다. 가장 가능성 있는 추측을 해보아야 합니다.

해방 후 기독교는 일제 강점기 시대 때 있었던 신사참배 문제를 두고 격심한 혼란을 겪고 있었습니다. 좀 더 구체적으로 말씀드리면 일제 강점기 시대 때 일본제국주의자들은 모든 기독교인에게 신사참배를 하라고 했습니다. 모든 기독교인에게 일본의 귀신 천조대신에게 경배하라고 한 것입니다. 일본에는 팔백만 귀신이 있는데 그중 제일 높은 귀신이 천조대신이고 그들은 일본 왕이 천조대신의 후손이라고 믿습니다. 이 천조대신에게 경배를 하라고 한 것입니다. 신사가 가까이 있으면 직접 가서 참배하고 그렇지 못하면 신사가 있는 방향을 향해 참배하라고 했습니다. 이 신사참배 문제로 조선 기독교는 극심한 어려움을 겪습니다. 신실한 기독교인들은 신사참배를 거절하다가 붙잡혀 감옥에 갇히고 수많은 기독교인들이 해외로, 혹은 산속으로 피신했습니다. 당시 유일한 신학교였던 평양신학교는 자진해서 문을 닫았습니다. 안타까운 것은 바로 이때 1938년 제27회 조선장로교총회가 "신사참배는 국민의례이기 때문에 기독교 신앙에 위배되지 않는다"라고 결의를 한 것입니다. 총회가 결의하니 이제는 신사참배를 반대하는 사람이 총회의 결정에 불복하는 것이 되었습니다. 그래서 대표적으로 주기철 목사님 같은 경우도 신사참배를 반대한다고 평양노회에서 목사 면직이 되었습니다. 기가 막힌 이야기입니다. 기독교 지도자들이 하나님 앞에 엄청난 죄를 범한 것입니다.

해방 후 한국 장로교가 안고 있었던 가장 큰 문제가 바로 이 신사참배에 대해 어떻게 회개하느냐 하는 문제였습니다. 신사참배를 반대했던 지도자들은 신사참배를 한 지도자들은 다 회개하고 자숙할 것을 주장했습니다. 그러나 신사참배를 한 지도자들은 이 요구를 거절했습니다. 그들이 수적으로 절대다수였습니다. 길게 말씀드릴 수 없습니다만, 이 문제에 대해 최종결단을 내려야 할 총회가 1950년 4월 21일 대구제일교회에서 열렸던 제36회 총회였습니다. 참고로 이때는 장로교가 하나였고 당연히 총회도 하나였습니다. 이 총회에서 신사참배를 반대한 지도자들의 건의는 전부 기각당합니다. 그래서 신사참배를 반대했던 지도자들이 총회를 나와 우리 고신 교단을 세웠습니다. 이 점에 대해서는 역사학자였던 숭실대학교 김양선 교수가 그의 저서 《한국 기독교 해방 10년사》에서 이때 있었던 일들을 상세히 기술하면서 고신이 한국장로교의 순결과 전통을 이어갔다고 기록했습니다. 중요한 것은 바로 이 총회가 끝난 지 두 달

후에 한국전쟁이 일어났다는 사실입니다. 이것을 결코 우연한 일이라 할 수 없습니다.

일제에서 해방되었을 때 한국 교회가 제일 먼저 해야 할 일이 신사참배를 회개해야 했습니다. 눈물을 흘리며 가슴을 치며 회개해야 했습니다. 그러나 회개하지 않았습니다.

하나님은 교회의 죄를 보시고 그리스도인들의 죄를 보십니다. 하나님의 관심은 불신자들의 죄가 아닙니다. 그들에게는 영원한 형벌이 예비되어 있습니다. 하나님은 그리스도인들이 범죄할 때, 교회가 타락하고, 교회 지도자들이 부패할 때 용납하지 아니하십니다. 징계 채찍을 드십니다. 전쟁은 하나님이 사용하시는 가장 큰 징계의 채찍입니다. 한국전쟁은 한국 교회에 내리신 하나님의 징계요, 심판이었습니다.

중요한 것은 한국전쟁이 심판만으로 끝난 것이 아니라는 사실입니다. 만약 그러했다면 다 망하고 말았을 것입니다. 남겨둘 필요가 없었습니다. 낙동강 이남에 조금 남았을 때 그냥 밀어버렸으면 끝났습니다. 그러나 하나님은 유엔군을 보내셨고, 우리를 구해주셨습니다. 그것은 한국전쟁이 우리에게 경고가 되기를 원하셨기 때문입니다. 주님은 실로암 망대 사건이 경고라고 하셨습니다. 회개하고 바로 살도록 주시는 경고라고 하셨습니다. 한국전쟁도 우리에게 주시는 경고였습니다. 한국전쟁이 우리에게 주는 두 번째 하나님의 말씀은 경고입니다.

여기서 한마디하고 지나가겠습니다. UN군이 한국전쟁에 참전한 것은 소련이 안전보장이사회에서 거부권을 행사하지 않았기 때문인데 이 일을 두고 흔히 "소련 대표가 회의에 참석하러 오다가 사고가 나서 참석하지 못했다. 이것도 하나님의 은혜다" 하는 말이 있는데 이건 사실이 아닙니다. 이렇게 알고 있는 분들이 많기에 말씀드립니다. 1949년 모택동의 공산당이 중국을 완전히 점령하고 중화인민공화국을 세웠는데 UN 안전보장이사회 상임이사국은 여전히 대만이었습니다. 소련을 이것을 반대하며 1950년 1월부터 안전보장이사회 참석을 거부하고 있었습니다. 그래서 한국전쟁 문제로 안전보장이사회가 열릴 때도 참석하지 않았습니다. 혹시 잘못 알고 계시는 분들은 바로 아시는 것이 좋을 것 같아 말씀드립니다.

그동안 한국전쟁은 경고의 역할을 감당했습니다. 제가 어릴 때만 해도 온 세계의 다른 나라 사람들이 '한국' 하면 전쟁으로 찌든 나라로 생각했습니다. 그런데 그로부터 75년이 지난 오늘날 우리는 어떻습니까? 한류는 말할 것도 없고 이제는 경제적으로 선진국입니다. 언젠가 홍콩에 가니 밤에 레이저 쇼를 하는데, 홍콩은 섬과 육지로 되어 있는데 홍콩 섬에서 레이저 쇼를 하고 육지에서 봅니다. 홍콩 섬의 빌딩마다 옥상에 전 세계의 유명한 회사를 광고하는 전광판이 있고 그 전광판을 다 켜놓고 레이저 쇼를 합니다. 그 전광판 중에 제일 중앙에 있는 전광판, 그 전광판에 불이 켜지면서 그곳에 "Welcome To Hongkong"이라고 나오면서 쇼가 시작됩니다. 그러니 그 전광판이 꼭 홍콩 섬의 주인 같은 인상을 줍니다. 그런데 그 전광판이 바로 삼성입니다. 제가 그걸 보고 얼마나 기분 좋았는지 모릅니다. 자, 생각해봅시다. 우리가 어떻게 이런 경제 성장을 이루었습니까? 여러 가지 이유를 말합니다만 정답은 하나님 복을 주셨기 때문입니다. 하나님께서 복을 주셨습니다. 이유는 이 땅의 그리스도인들이 하나님 앞에서 바로 살았기 때문입니다. 물론 부족한 것 많았지만 그래도 기도했고 그래도 하나님 앞에서 최선을 다했습니다.

한국 교회의 부흥을 생각해 보십시오. 한국 기독교는 세계 선교사의 유례가 없을 정도의 급성장을 이루었습니다. 지금 우리는 세계에서 선교사를 두 번째로 많이 보낸 나라입니다. 정말 놀라지 않을 수 없는 이야기입니다. 이 한국 교회 부흥의 가장 큰 원인 중 하나가 한국전쟁이라고 해도 과언이 아닙니다. 정말 그랬습니다. 한국전쟁이 경고가 되어 왔기 때문에 신앙의 허리띠를 풀지 않았습니다. 나라가 어려울 때마다 성도들이 기도했습니다. 하나님을 의지했고 순수하게 신앙을 지켜왔습니다. 그러니 하나님 이 땅의 그리스도인을 보시고 한국 교회에 복을 주셨고, 한국 교회를 보시고 우리나라에 복을 주셨습니다. 결국 우리나라가 복을 받는 것도 한국 교회가 복을 받는 것도 한국전쟁이 경고가 되어 왔기 때문이었습니다.

이제 중요한 것은 우리 세대가 이 경고의 말씀을 잊지 않는 것입니다. 우리 이전의 세대는 이 말씀을 잘 들었습니다. 이제는 우리가 들어야 합니다.

"실로암에서 망대가 무너져 치어 죽은 열여덟 사람이 예루살렘에 거한 다른 모든 사람보다 죄가 더 있는 줄 아느냐? 너희도 만일 회개하지 아니하면 다 이와 같이 망하리라."

그들이 우리보다 죄가 더 많아서 벌 받은 것 아닙니다. 우리가 하나님 앞에서 바로 살고 우리가 하나님 앞에서 회개하는 삶을 살도록 경고로 주셨습니다.

전투할 때 그런 일들이 있습니다. 군인들이 숲속을 조심스럽게 걸어갑니다. 어디 적이 있을지 모르니 조심조심 갑니다. 그러다가 갑자기 앞에서 '꽝' 하고 터집니다. 지뢰가 터진 것입니다. 지뢰 지대입니다. 앞에 가던 사람이 지뢰를 밟아 죽었습니다. 이 사람 덕분에 뒤에 따라가던 사람들은 지뢰를 살핍니다. 조심합니다. 죽지 않습니다. 앞에 가다 죽은 사람, 대표로 죽은 것입니다. 뒤에 따라오는 사람들에게 경고가 됩니다.

경고라는 말씀입니다. 한국전쟁의 경고 때문에 뒤에 남은 사람들 그동안 하나님 앞에 바로 살았습니다. 그래서 오히려 하나님의 복을 받았습니다. 문제는 이 시대요 우리입니다. 과연 우리가 한국전쟁의 경고를 기억하고 있습니까? 다 잊어버렸지 않습니까? 여러분, 정신을 차려야 합니다. 잊어서는 안 됩니다. 우리는 교만하면 안 되고, 우리는 범죄하면 안 됩니다. 우리는 하나님 앞에 바로 살아야 하고, 우리는 하나님 주신 사명 감당해야 합니다. 한국전쟁의 경고를 절대로 잊어서는 안 됩니다.

영국의 코벤트리라고 하는 도시에 큰 예배당이 있었는데 2차 대전 때 폭격으로 다 무너져버리고 한쪽 벽만 을씨년스럽게 남았습니다. 전쟁이 끝난 후 새로 예배당을 지으면서 그 벽을 헐지 않고 그대로 남겨 두고 옆에다 예배당을 지었습니다. 많은 사람들로 하여금 전쟁의 현장을 그대로 보게 하여 그 교훈을 잊지 않게 한 것입니다. 독일의 베를린에도 카이제르라는 교회당이 있습니다. 이 교회당 역시 2차 대전 중 다 부서지고 종탑만 남아 우뚝 서 있습니다. 후에 교회당을 다시 지을 때 그 종탑만 남은 현장을 그대로 두고 옆에다 교회당을 지었습니다. 이 두 곳은 지금도 그 흔적을 볼 수 있습니다. 그들은 이걸 보면서 2차 세계 대전을 기억합니다.

유감스럽게도 우리에게는 한국전쟁의 아픔을 볼 수 있는 흔적이 없습니다. 정말 안타까운 이야기입니다. 어디에도 흔적이 없습니다. 그래서 그런지 한국전쟁은 점점 잊히고 있습니다. 아니, 시간이 점점 지남에 따라 이제는 마치 한국전쟁이 없었던 것처럼 살아가고 있습니다. 어떤 할아버지가 손자에게 한국전쟁 이야기를 하면서 그때는 먹을 것이 없어서 많이 굶었다고 이야기했더니 손자가 "먹을 것이 없으면 편의점 가서 컵라면 먹지요" 하더라는 이야기가 있지 않습니까? 이것이 실제 한국전쟁을 경험하지 못한 세대의 사고방식입니다. 참으로 문제가 아닐 수 없습니다.

언젠가 폴란드에 있는 아우슈비츠 수용소에 가본 적이 있습니다. 아우슈비츠는 1수용소, 2수용소가 있는데, 1수용소는 그대로 보전되어 관광을 할 수 있습니다. 여기 가면 처형당한 유대인들이 남겨 놓은 물건들을 방마다 산더미처럼 쌓아놓았습니다. 어떤 방에는 가방이, 어떤 방에는 안경이 산더미처럼 쌓여 있습니다. 그 비참했던 수용소의 현실을 실감할 수 있습니다. 그런데 그 수용소 건물을 들어가면 입구 실내에 철학자 조지 산타야나의 글을 써놓았습니다.

"역사를 기억하지 않는 사람은 그것을 되풀이할 수밖에 없다"
(The one who does not remember history is bound to live through it again.)

정말 중요한 말입니다. 역사를 기억하지 않는 사람은 그것을 되풀이할 수밖에 없다, 역사는 절대로 잊어서는 안 된다는 뜻입니다.

그렇습니다. 한국전쟁을 통해 하나님께서 주신 경고를 잊지 말아야 합니다. 이런 엄청난 사건을 통해 주신 하나님의 말씀을 잊어버린다면 그 민족은 하나님의 복을 받을 자격이 없습니다. 그런데 지금 어떻습니까? 한국전쟁이 준 경고를 다 잊지 않았습니까? 기도도 희미해지고 회개도 희미해지고, 그러면서 교회는 침체되고 힘을 잃어가고 있지 않습니까?

다른 것 생각할 것 없습니다. 하나님의 관심은 이 땅의 교회요, 우리 그리스도인입니다. "죄가 더 많아서인 줄 아느냐? 아니다. 너희도 회개하지 아니하면 이와 같이 망하리라."
우리가 회개해야 합니다. 아니 내가 회개하고 내가 바로 살아야 합니다. '이 땅에 수백만 그리스도인이 있는데 나 혼자 의롭게 살아서 무슨 소용이 있겠느냐?' 아닙니다. 소돔성이 멸망 당할 때를 생각해 보십시오. 소돔성은 죄가 많아 망했지만, 더 정확하게 말하면 의인 열 명이 없어 망했습니다. 아니 하나님 예루살렘을 심판하실 때 예레미야에게 말씀했습니다. 예레미야 5장 1절에 "너희는 예루살렘 거리로 빨리 다니며 그 넓은 거리에서 찾아보고 알라 너희가 만일 정의를 행하며 진리를 구하는 자를 한 사람이라도 찾으면 내가 이 성읍을 용서하리라"라고 하였습니다. 예루살렘에 정의를 행하며 진리를 구하는 한 사람이 없어 망했습니다. 내가 정의를 행하며 진리를 구하는 한 사람이 되면 됩니다. 다른 사람 쳐다볼 것 없습니다. 지도자들 원망할 것 없습니다. 모든 것은 내게 달려 있습니다. 내가 회개하고 내가 바로 살고 내가 기도하면 됩니다. 하나님은 나 한 사람을 보시고 이 민족을 용서하시고 이 민족에게 복을 주십니다. 내가 하나님 앞에 회개하고 기도하고 바로 서는 것, 이것이 한국전쟁을 통해 주시는 하나님의 말씀 앞에 바로 응답하는 것입니다.

하나님의 말씀에 내가 바로 응답할 때, 하나님이 계속해서 이 민족을 지켜주시고, 이 민족에게 복을 주시고, 이 민족을 통해 복음의 역사를 이루어가실 것입니다. 나 한 사람으로 말미암아 한국 교회에 회복과 부흥의 역사가 일어날 것입니다. 이 놀라운 은총이 우리 가운데 충만하기를 바랍니다.

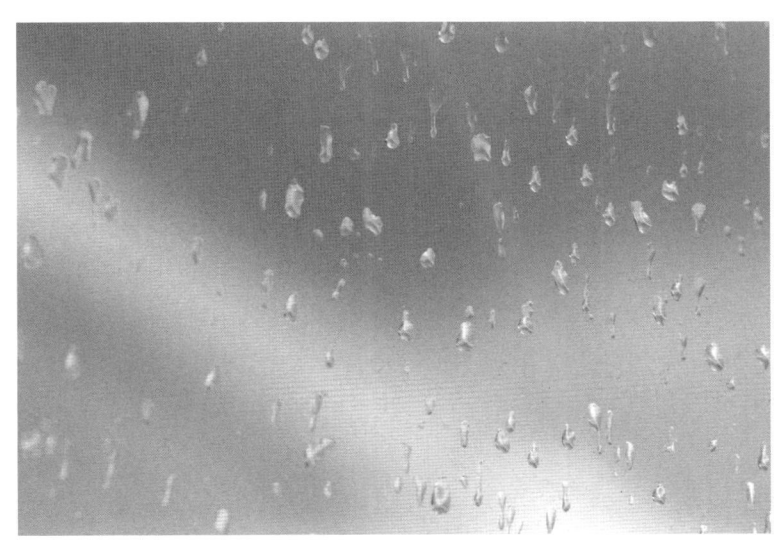

4부

시편 23편 강해

1.
여호와는 나의 목자

(시 23:1)

성경 말씀 중 가장 사랑받고, 가장 많이 읽히고 그래서 가장 많이 암송되는 한 장을 들라고 한다면 우리는 서슴없이 시편 23편을 듭니다. 정말 은혜로운 말씀입니다. 지금까지 헤아릴 수 없는 많은 사람이 이 시편을 통해 은혜를 받았습니다. 피곤하고 지친 사람들이 힘을 얻었고, 어려움 가운데 있는 사람들이 용기를 얻었습니다. 외로운 사람들이 위로받았고, 평안 가운데 있는 사람들은 더 큰 평안과 참된 만족을 누렸습니다. 임종을 앞둔 사람들마저 이 시편을 통해 죽음을 이기는 능력을 얻었습니다.

이제 시편 23편의 이 놀라운 은혜를 우리가 받기 원합니다. 그래서 저는 오늘부터 한 주일에 한 절씩 시편 23편을 본문으로 하여 설교하려고 합니다. 시편 23편은 6절이니 여섯 번 설교하겠습니다. 부탁을 하나 드립니다. 여섯 번 설교 하는 동안 여러분 모두가 이 시편

23편을 암송했으면 좋겠습니다.

어느 권사님의 이야기입니다. 이분이 암 4기 진단을 받고 치료받는데 기회 있을 때마다 시편 23편을 암송했다고 합니다. 힘들고 고통스러울 때는 말할 것도 없고 그저 시간 나는 대로 암송했답니다. 어떤 때는 몇 번이고 반복해서 암송했답니다. 그러면 하나님께서 그때마다 평안을 주셨답니다. 이분이 지금은 암 완치 판정받은 지 20년도 넘었는데 이분은 시편 23편이 자기를 살렸다고 간증합니다.

돌이켜보면, 이분은 시편 23편을 이미 암송하고 있었기에 그런 은혜를 누렸습니다. 암송하고 있지 못했다면 그 은혜를 누리지 못했습니다. 우리는 꼭 암 치료가 아니더라도 이 시편을 암송하고 있으면 언제 어디서나 암송하면서 이 은혜받을 수 있습니다. 아마 이미 암송하시는 분들도 많이 있으리라 생각합니다만 이번에 여러분 모두가 암송하셔서, 여섯 번째 설교할 때는 함께 암송으로 성경봉독을 하도록 하겠습니다. 이번 기회에 우리 모두 시편 23편을 암송하여 이 말씀을 온전히 내 것으로 삼는 기회가 되기를 바랍니다.

오늘은 1절 말씀입니다. 1절 다시 한번 읽겠습니다.

"여호와는 나의 목자시니 내게 부족함이 없으리로다."

무슨 뜻입니까? '하나님은 나의 목자시고 나는 그가 기르시는 한 마리의 양이다, 그래서 내게는 부족한 것이 없다, 나는 참된 만족을 누린다'는 뜻입니다. 이것이 1절 말씀의 의미입니다. 그리고 2절 이하는 이 1절 말씀의 구체적인 적용입니다. 하나님께서 목자로서 나를 어떻게 돌보시는가를 2절 이하에서 구체적으로 하나하나 말씀하고 있습니다. 마지막 6절은 모든 내용을 총정리하고 나아가 이 세상 이후의 영원한 삶에 대해 말씀합니다.

자, 그러면 오늘은 1절인데, 여호와는 나의 목자시니 내게 부족함이 없다고 했는데, 이 고백을 하기 위해 내게 필요한 것이 무엇입니까? 어떻게 하면 내가 여호와는 나의 목자시니 내게 부족함이 없다고, 고백할 수 있습니까? 먼저 내가 하나님 소유의 양이 되어야 합니다. 여호와는 나의 목자시니 내게 부족함이 없다고 고백하기 위해서는 내가 하나님 소유의 양이 되어야 합니다.

성경에 두 종류의 목자가 있습니다. 자기 소유의 양을 치는 목자가 있고, 돈을 주고 고용한 삯꾼 목자가 있습니다. 성경에서 참 목자를 말할 때는 언제나 자기 양을 직접 돌보는 목자를 말합니다. 예수님께서도 요한복음 10장 12절에 "삯꾼은 목자가 아니요 양도 제 양이 아니라 이리가 오는 것을 보면 양을 버리고 달아나나니 이리가 양을 물어가고 또 해치느니라"라고 하셨습니다. 돈을 주고 고용한 목자는 양이 자기 양이 아니기 때문에 성심성의껏 돌보지 않습니다. 사나운 짐승이 나타나면 양을 버리고 도망가 버립니다. 삯꾼 목자가 돌볼 때는 양이 참된 만족을 얻을 수 없습니다. 그러나 자기 양을 치는 목자는 사나운 짐승이 다가오면 양을 보호하기 위해 목숨을 걸고 짐승과 싸웁니다. 그래서 요한복음 10장 11절에 예수님께서 "나는 선한 목자라 선한 목자는 양들을 위하여 목숨을 버린다"고

하셨습니다. 양은 자기 양을 치는 목자가 돌볼 때 참된 돌봄을 받을 수 있습니다.

따라서 "여호와는 나의 목자"라고 고백하기 위해서는 내가 하나님의 소유의 양이 되어야 합니다. 내가 하나님의 양이 되는 것, 이것이 목자 되신 하나님의 돌보심을 받는 대전제입니다. 내가 하나님의 양이 아니면 여호와는 나의 목자라고 고백할 수 없습니다.

생각해보면 원래 우리 모든 인생은 하나님께서 창조하셨기 때문에 다 하나님의 소유였습니다. 하나님이 지으셨으니 주인 되신 하나님의 소유였습니다. 그러나 인간이 죄를 지었습니다. 죄를 지었다는 말은 인간이 스스로 하나님에게서 떠났다는 뜻입니다. 인생은 죄로 인해 하나님의 목장을 떠나 제 갈 길로 갔고, 결국 마귀의 지배를 받는 마귀의 소유가 되고 말았습니다.

하나님은 잃어버린 양을 하나님의 소유로 삼기 위해 값을 주고 다시 찾아와야 했습니다. 그것이 '구속'입니다. 구원이란 잃어버린 양, 마귀의 소유가 된 양을 다시 찾아오는 일입니다. 그 대가로 지불한 것이 예수님의 생명이었습니다. 이사야 53장 6절에 "우리는 다 양 같아서 그릇 행하여 각기 제 길로 갔거늘 여호와께서는 우리 무리의 죄악을 그에게 담당시키셨도다"라고 했습니다. 잃어버린 양을 예수님의 생명으로 값을 치르고 다시 사왔습니다. 구속, 혹은 구원을 통해 우리가 다시 하나님의 소유가 되었습니다.

그러므로 구원받지 못한 사람들, 다시 말해 예수님을 믿음으로 하나님의 소유 된 사람이 아니면 시편 23편은 아무 의미가 없습니다. 예수 그리스도를 통하여 구원받은 사람들, 다시 말해 십자가를 통해 하나님의 소유 된 사람들, 그들에게만 하나님은 목자가 되십니다.

혹 이 자리에 아직도 예수님을 내 구주로 믿지 않는 분 계십니까? 지금, 이 시간 겸손하고 진실한 마음으로 예수님을 믿기로 결심하십시오. "예수님이 내 죄를 대신해서 십자가에 돌아가셨다. 예수님이 나의 구주이시다." 이렇게 믿으면 됩니다. 여러분이 어떤 사람이든, 예수를 믿기만 하면 구원받습니다. 구원받아 하나님의 소유의 양이 됩니다. 하나님의 소유의 양이 될 때 비로소 '여호와는 나의 목자'라고 고백할 수 있게 됩니다.

이제 생각할 것은 내가 구원받아 하나님이 돌보시는 하나님 소유의 양이 되었는데, 그래서 하나님은 나의 목자라고 고백하게 되었는데, 왜 내가 부족함이 없다는 고백은 할 수 없느냐는 것입니다. 하나님의 양이 되었는데 왜 하나님의 돌보심을 제대로 받지 못하고 있느냐는 것입니다. 여러분, 어떻습니까? 여러분, 지금 나는 이대로 부족함이 없다고 고백할 수 있습니까? 그렇지 못하다면 두 가지를 점검해 보아야 합니다.

먼저 점검할 것은 내가 양으로 살고 있는가 하는 것입니다. 여호와는 나의 목자라는 말은 나는 양이라는 뜻입니다. 목자의 돌봄을 받기 위해서는 내가 양으로 살아야 합니다. 양의 가장 큰 특징은 무능하고 무력한 것입니다. 그러므로 양으로 산다는 말은 내가 무능하고 무력하다는 것을 인정한다는 뜻입니다.

양은 무능합니다. 가축을 길러보신 분은 아시겠습니다만 대부분의 가축이 스스로 자기 집을 찾을 줄 압니다. 저는 어릴 때 시골에서 자랐는데 친구 중에 집에서 염소를 기르는 친구가 있었습니다. 한번은 이 친구와 함께 염소를 몰고 뒷산에 올라갔는데 염소는 풀을 마음대로 뜯어 먹도록 염소를 맨 줄 끝에 말뚝을 달아 땅에 꽂아 놓고 우리는 산에서 실컷 뛰놀았습니다. 한참 놀다 보니 염소가 없어졌습니다. 말뚝을 깊게 꽂지 않았던 모양입니다. 염소가 말뚝을 뽑아가지고 가버렸습니다. 염소를 잃어버린 것입니다. 당시 가난한 집에 염소 한 마리가 어딥니까? 제 친구가 얼마나 겁이 났겠어요. 울면서 온 산을 다 찾아 헤매었습니다만 찾지 못하고 기진맥진해서 집으로 돌아오는데 집에 다 오니 친구 집 대문 앞에 염소가 먼저 와서 우리를 기다리고 있었습니다.

양은 이렇게 못합니다. 양은 스스로 집을 찾지 못합니다. 스스로는 아무것도 할 줄을 모릅니다. 우리가 바로 이와 같은 양이라는 뜻입니다. 스스로는 길을 찾을 수 없고 스스로는 풀밭도, 물도 찾아갈 수 없습니다. 목자가 없이는 아무것도 할 수 없습니다.

그런가 하면 양은 또한 무력합니다. 가만히 보면 가축들이 나름대로 자기 보호의 방편이 있습니다. 소는 뿔이 있고 말을 뒷발이 있고 개는 이빨이 있고 고양이는 발톱이 있습니다. 그러나 양은 무기가 될 만한 것이라곤 아무것도 없습니다. 자기보다도 덩치가 작은 동물한테도 잡아먹히기 일쑤입니다. 가장 나약한 가축이 양입니다. 무슨 뜻입니까? 우리가 목자 되신 하나님의 돌보심을 받기 위해서는 '나는 양이다. 내가 이렇게 무능하고 무력한 존재다.' 이것을 인정해야 한다는 뜻입니다.

그런데 우리가 어떻게 삽니까? 내가 결정하고, 내가 하고 싶은 대로 합니다. 그러면서 잘 안 되면 하나님께 도와달라고 합니다. 이건 양이 아닙니다. 도와 달라고 하는 것은 양이 아닙니다. 양은 도움이 필요한 가축이 아닙니다. 도움이란 스스로 하는 데 부족하기에 도와주는 겁니다. 양은 스스로 아무것도 하지 못합니다. 양은 처음부터 인도를 해주어야 합니다. 그러니 도와 달라고 하는 것은 양으로 살지 않는 겁니다. 양으로 살지 않고 있는데 어떻게 목자가 돌보아 줍니까? 모든 것을 하나님께 맡기고 하나님의 인도를 받는 자세, 그것이 양으로 사는 것입니다.

스스로는 아무것도 할 수 없다는 것을 인정하고 매사에 하나님의 인도를 구하라고 하면 우리는 이것을 쉽게 생각합니다. 그래서 기도합니다. "하나님! 나는 아무것도 모릅니다. 나는 무능합니다. 하나님 인도해주세요." 기도합니다. 그리고는 이제 기도했으니 하나님의 인도 따라 가면 된다고 생각합니다. 그러나 실상은 이게 진정한 의미에서 나의 무능을 인정하고 하나님의 인도를 구하는 것이 아닌 경우가 너무도 많습니다.

예를 하나 들어봅시다. 예수 잘 믿는 한 미혼 여성이 남성을 사랑하게 되었습니다. 모든 것을 잘 갖춘 훌륭한 남성이었습니다. 그런데 예수를 믿지 않습니다. 결혼하고 싶은데 예수 믿지 않는다는 것이 마음에 걸립니다. 기도해서 하나님의 뜻을 찾아야겠다고 생각하고 기도합니다. "하나님! 결혼을 해야 합니까? 하지 말아야 합니까?" 열심히 기도했습니다. 마침내 하나님의 인도를 찾았습니다. '하나님 내가 이 남자와 결혼해서 이 남자를 전도하라고 인도하시는구나.' 자, 보세요. 기도해서 하나님의 뜻을 찾았다고 하지만 정말 그렇습니까? 하나님의 뜻을 찾은 것이 아니라 내가 하고 싶은 것을 기도하면서 합리화했습니다. 내가 하고 싶은 것을 기도하면서 하나님의 뜻으로 포장했습니다. 이건 양이 아닙니다. 문제는 이게, 이 여성의 이야기만이 아니라는 겁니다. 우리 모두가 그러합니다.

양이 되려면 내 생각을 내려놓아야 합니다. 내 계산, 내 고집, 때로는 내 유익을 내려놓아야 합니다. 내 자존심을, 내 명예를 내려놓아야 합니다. 내 모든 것을 내려놓아야 합니다. 결코 쉬운 이야기가 아닙니다. 그래도 내려놓아야 합니다. 다 내려놓고 "하나님! 인도하여주세요" 하고 하나님의 인도를 따라야 합니다. 정말 순수한 마음으로 백지 같은 마음으로 하나님의 뜻을 구해야 합니다. 그게 목자를 따라가는 양의 모습입니다. 먼저 내 무능과 무력을 인정하고 양으로 살아야 한다는 것 잊지 마시기 바랍니다.

그다음 점검할 것은 내가 목자 되신 하나님의 음성을 듣고 그 음성을 따르고 있느냐는 것입니다. 앞서 양으로 살면서 목자의 인도를 받으라고 했습니다. 양이 어떻게 목자의 인도를 받습니까? 양은 모든 가축 중에 귀가 제일 발달한 가축입니다. 귀가 발달했기 때문에 양이 목자의 보살핌을 받을 때는 목자의 음성을 듣고 음성을 따름으로 목자의 돌봄을 받습니다.

유대인들은 부자 목자들은 자기 목장을 갖고 일반 목자들은 마을에 공동목장이 있습니다. 모든 양들이 공동목장에서 밤에 섞여서 함께 잠을 잡니다. 아침이 되면 목자가 자기 양을 데리고 가야 하는데 자기 양을 어떻게 찾습니까? 전부 섞여 있는데 어떻게 자기 양을 찾아냅니까? 간단합니다. 목자가 목장 문에 서서 자기 양의 이름을 부릅니다. 이 사실을 두고 요한복음 10장 3절 이하에 "양은 그의 음성을 듣나니 그가 자기 양의 이름을 각각 불러 인도하여 내느니라 자기 양을 다 내놓은 후에 앞서 가면 양들이 그의 음성을 아는 고로 따라오되"라고 했습니다. 목자가 이름을 부르면 양이 자기 목자의 음성을 알고 나옵니다. 그리고 목자의 음성을 듣고 따라갑니다. 양은 목자의 음성을 압니다.

미국에서 서부 개척시대에 있었던 일입니다. 한 목동이 양을 훔쳤다는 죄로 고소를 당해 법정에 끌려왔습니다. 그러나 그 목동은 한사코 자기는 잃어버렸던 자신의 양을 찾았을 뿐이라고 주장했습니다. 고소를 한 사람은 목동이 자기 양을 훔쳐갔다고 주장했습니다. 두 사람의 주장이 팽팽한데 증거가 없었습니다. 어떻게 해결해야 합니까? 사건을 맡은 판사가 양에 대해 잘 아는 사람이었습니다. 판사는 양을 재판정 안에 두고 원고에게 밖으로 나가서 양을 부르라고 했습니다. 원고가 밖으로 나가 양을 불렀습니다. 양은 아무런 반응을 보이지 않았습니다. 이번에는 피고에게 밖으로 나가 양을 부르라고 했습니다. 피고가 양을 부르자 양은 반가운 듯 뛰어나갔습니다. 양은 목소리로 목자를 압니다.

목자의 음성을 들어야 합니다. 목자의 음성을 듣지 않으면 목자의 돌봄을 받을 수 없습니다. 풀을 뜯느라 정신이 팔려 목자가 몇 번씩 이제 가자고 하는데 듣지를 못했습니다. 그러면 다른 양들은 가는데 나는 가지를 못합니다. 목자의 돌봄을 받을 수 없습니다.

목자의 음성을 어떻게 듣습니까? 성경 읽으시고 성경공부 하시고 설교 잘 들으세요. 제가 목회할 때 보면 설교를 듣지 않는 분들이 있습니다. 어떤 분 예배 잘 드리다가 설교만 시작하면 잠을 잡니다. 정확하게 설교 끝나면 눈을 뜹니다. 어떤 분은 설교를 시작하면 그때 주보를 봅니다. 아니 주보 받은 것이 언제인데 지금까지 무엇 하다가 설교 시작하면 봅니까? 그것도 그냥 보는 것이 아니라 이렇게 들고 봅니다. 얼굴이 주보에 가려 보이질 않습니다. 제가 마음속으로 '저분은 주보를 예배 마치고 주어야 했는데…' 이런 생각이 듭니다. 설교 시간에 엉뚱한 생각을 하고 계신 분들도 있습니다. 목자의 음성을 듣지 않는 것입니다.

목자의 음성을 들어야 합니다. 말씀을 가까이하고 설교를 들어야 합니다. 마음을 집중해서 설교를 잘 들어야 합니다. 눈을 초롱초롱 뜨고 목사를 뚫어지게 쳐다보면서 설교를 들어야 합니다.

그리고 들었으면 순종해야 합니다. 말씀이 시키는 대로 하는 것입니다. 아무리 많이 들어도 순종하지 않으면 소용없습니다. 양이 풀을 뜯어 먹으면서 목자가 이제는 가자고 하는 말을 들었습니다. 몇 번이나 들었습니다. 그런데 풀 뜯는 것이 좋아 따라가지 않으면 어떻게 되겠습니까? 들었으면 순종해야 합니다.

생각해보세요. 내가 지금 순종해야 할 목자의 음성은 무엇입니까? 순종해야 하는데 아직 순종하지 않고 있는 음성이 없습니까? 생각해보세요. 사랑하라고 말씀하시는데 미워하고 있지 않습니까? 순종하세요. 순종해야 합니다.

하나님은 말씀을 통해 우리를 보살피시고 인도하십니다. 말씀을 잘 듣고 순종하는 거기에 목자의 모든 돌보심이 있습니다. 순종하지 않으면 목자의 돌보심을 받을 수 없습니다. 하나님의 모든 은혜와 복은 하나님의 말씀을 잘 듣고 순종하는 데 있습니다.

이렇게 나를 내려놓고 전적으로 하나님을 의지할 때, 그리고 하나님의 음성을 듣고 순종할 때 비로소 "내가 부족함이 없다"라고 고백하게 됩니다. 그렇지 않겠습니까? 하나님이 목자가 되셨는데, 그래서 우리를 돌보시고 인도하시는데 무엇이 부족하겠습니까? 목자로서의 하나님의 능력을 생각해 보십시오. 이리나 사자 같은 무서운 짐승으로부터 넉넉히 우리를 지켜주십니다. 푸른 풀밭과 쉴 만한 물이 어디에 있는지 알고 계시고, 우리를 그리로 인도해주십니다. 가는 길에 위험한 골짜기를 지나가더라도 보호해주십니다. 그의 양이 된 우리에겐 참으로 부족할 것이 없습니다.

어떤 목사님이 후배 목사님으로부터 주일 오후 예배에 설교해달라는 요청을 받고 허락했습니다. 금요일에 주보에 실어야 하니 본문과 제목을 알려달라는 전화가 왔습니다. 목사님이 "본문은 시편 23편 1절부터 6절까지"라고 말하자, "제목은요?" 하고 물어 왔습니다. "제목은, 여호와는 나의 목자"라고 대답하였습니다. 후배 목사님은 받아 적으면서 "그다음은요?" 물었습니다. 목사님 "그거면 됐지, 뭐가 더 필요해?"라고 말했습니다. 그래서 인사를 나누고 전화를 끊었습니다.

주일이 되어 목사님 오후 예배에 약속한 교회를 갔는데 예배를 시작하면서 주보를 보고는 깜짝 놀랐습니다. 설교 제목이 "여호와는 나의 목자, 그거면 됐지, 뭐가 더 필요해?"라고 되어 있었습니다. 기가 막혔습니다. '이런 바보 같은 사람이 어디 있나.' 화가 났습니다. 설교를 시작하면서 '제목을 바로 잡아야지' 생각하는데 마음 한편에서 제목을 그대로 해도 되겠다 하는 생각이 듭니다. 고민 끝에 결심을 했습니다. "그래, 주보에 있는 제목대로 설교를 하자!" 목사님 설교하셨습니다. "여러분, 하나님이 나의 목자십니다, 그거면 됐지, 뭐가 더 필요합니까? 그렇지 않습니까? 여호와가 나의 목자인데, 그거면 됐지, 뭐가 더 필요합니까?" 모든 성도들이 "아멘, 아멘~" 하며 은혜를 받았다고 합니다. 그렇습니다. 하나님께서 나의 목자이신데 무엇이 더 필요하겠습니까?

이 시편의 저자인 다윗은 이것을 분명하게 체험했습니다. 다윗은 한 나라의 왕이었습니다. 엄청난 부귀영화를 누렸습니다. 왕으로서 막강한 권한을 가졌습니다. 아름다운 여인들을 아내로 삼았습니다. 그러나 그는 그러한 것들로 만족하지 않았습니다. 그의 만족은 오직 하나님이었습니다. "하나님이 나의 목자가 되셨기 때문에 내게 부족함이 없다"라고 간증했습니다.

이제 중요한 것은 우리 자신입니다. 양으로 살아야 합니다. 나의 무능과 무력을 인정하고 매사에 하나님 의지해야 합니다. 나를 완전히 내려놓고 오직 하나님의 인도에 따라 살아야 합니다. 그리고 목자 되신 하나님의 음성을 듣고 그 음성을 따라야 합니다. 하나님의 음성에 순종해야 합니다. 그리할 때 위대한 목자이신 하나님께서 우리를 돌보아주십니다. 그 돌보심 속에서 우리는 기쁨과 감격 가운데 "여호와는 나의 목자시니 내게 부족함이 없으리로다." 고백하게 됩니다. "여호와는 나의 목자시니 내게 부족함이 없으리로다." 이 아름다운 고백이 우리의 살아 있는 체험적 간증이 되기를 주님의 이름으로 축복합니다.

2.
눕게 하시는 하나님

(시 23:2)

　시편 23편이 성경말씀 중에서도 남다른 사랑을 받는 데는 몇 가지 이유가 있습니다. 우선 아름답습니다. 시편 중에 아름다운 시편들이 많이 있습니다만 시편 23편은 그중에서도 특별히 아름답습니다. 서정적이고 리듬이 있어 아름다운 시로서의 특성을 잘 갖추고 있습니다. 읽거나 암송하면 아름다움에 감동이 됩니다. 아름다움이 사랑받는 이유 중의 하나입니다.

　그다음 표현이 간결하고 명료합니다. 다른 성경말씀 대할 때 느끼는 복잡하거나 어렵다는 생각이 전혀 들지 않습니다. 누구나 쉽게 이해할 수 있도록 간결하고 명료하게 표현되어 있습니다. 읽을 때마다 친근감을 느끼고 내용이 마음에 와 닿습니다. 표현이 간결하고 명료한 것이 사랑받는 이유 중 하나입니다.

그러나 이 시편 23편이 특별한 사랑을 받는 가장 큰 이유는 이러한 외적인 특징에 있는 것이 아니라 내적인 특징, 다시 말해 내용에 있습니다. 내용이 좋습니다. 시편 23편은 우리가 인생 살면서 당하는 모든 여건에 필요한 은혜를 약속하고 있습니다. 한마디로 하나님이 우리 인생을 책임지신다는 것입니다. '하나님이 책임지시니 하나님을 믿으라. 하나님 풍성한 은혜로 돌보시니 하나님을 신뢰하라.' 이것이 시편 23편의 주제입니다. 힘들고 어려운 현실이지만 하나님 돌보아주시는 것을 믿고, 하나님을 의지하며 살아가면 된다는 이 내용이 우리가 이 시편을 사랑하는 가장 중요한 이유입니다.

지난 시간에는 1절 말씀을 살펴보았습니다. "여호와는 나의 목자시니 내게 부족함이 없으리로다." 이제 2절 이하는 1절의 구체적 적용입니다. 하나님 목자로서 양들을 어떻게 돌보시는가 하는 것이 구체적으로 하나씩 나타나고 있습니다.

오늘은 2절입니다. 2절 함께 읽겠습니다.

"그가 나를 푸른 풀밭에 누이시며 쉴 만한 물가로 인도하시는도다."

이 2절 말씀이 주는 가장 강한 인상이 무엇입니까? 아마 '평화'라고 생각할 겁니다. 그렇습니다. 푸른 풀밭, 쉴 만한 물가, 누워 있는 양 떼와 그들을 돌보시는 목자. 마치 한 폭의 평화로운 그림 같습니다. 평화입니다.

하지만 좀 더 깊이 살펴보면 이 2절의 주제는 '만족'입니다. 물론 평화도 있습니다만 가장 중요하게 말씀하고 있는 것은 만족입니다. 푸른 풀밭. 풀이 드문드문 있으면 푸른 풀밭이 아닙니다. 풀이 시들어도 푸른 풀밭이 아닙니다. 푸른 풀밭, 양이 먹을 수 있는 풀이 많다는 뜻입니다. 풍성함을 보여주고 있습니다. 쉴 만한 물가. 잔잔한 물가라고 번역한 성경도 있습니다. 폭포처럼 물이 마구 떨어지거나 물살이 빠른 시내가 아니라 흐름이 완만한 물가입니다. 양이 물을 충분히 마실 수 있습니다.

자, 보십시오. 풍부한 음식이 있고 충분한 물이 있습니다. 목자는 자기 양들에게 풀과 물을 풍족하게 제공하고 양들은 그 풍족함을 통해 참된 만족을 누린다는 뜻입니다. 이 만족이라는 주제는 특별히 "푸른 풀밭에 누이시며"라고 할 때, '누이시며'라는 말에서 잘 나타나 있습니다.

2절의 핵심 단어, 결정적 단어는 '누이시며', 눕게 한다는 말입니다. 2절 다시 봅시다. "푸른 풀밭에 누이시며 쉴 만한 가로 인도하시는도다." 여기 누이시며 라는 말을 빼고 푸른 풀밭으로 쉴 만한 물가로 인도하신다고 해도 자연스럽습니다. 또 푸른 풀밭 다음에 말을 넣는다면 푸른 풀밭에서 풀을 뜯게 하신다고 해도 자연스럽습니다. 그런데 누이신다고 했습니다. 여기 특별한 의미가 있습니다.

우리는 양에 대해 잘 모르니 '누이시며'라고 해도 특별한 생각이 없습니다. '눕고 싶으니 눕겠지, 자려고 눕겠지. 쉬려고 눕겠지.' 생각합니다. 그렇지 않습니다. 양은 잠을 자거나 쉴 때 눕지 않습니다. 양은 좀처럼 눕지 않는 가축입니다. 이 시편의 저자인 다윗은 목자 출신이기에 누구보다 양에 대해 잘 알고 있습니다. 양은 좀처럼 눕지 않고 그래서 어떤 경우에 눕는지를 알고 있기 때문에 눕게 한다고 했습니다.

양은 잠을 잘 때 네 다리를 다 접고 가슴과 배를 땅에 데고 엎드려 잡니다. 쉴 때도 엎드려 쉽니다. 눕는다는 말은 개나 고양이가 잘 때처럼 옆으로 눕는다는 뜻인데 양은 특별한 경우에만 눕습니다. 양이 누울 때는 적어도 세 가지 조건이 완전히 충족되어야 합니다. 첫째, 두려움이 없어야 합니다. 일체의 두려움이 없어야 합니다. 둘째, 긴장이나 고통이 없어야 합니다. 긴장이나 고통이 조금도 없어야 합니다. 셋째, 배가 고프지 않아야 합니다. 이 세 가지 조건이 완전히 충족될 때 양은 비로소 눕습니다. 그러니 눕게 하신다는 말은 하나님 우리의 이 세 가지 문제를 완전히 해결해 주신다는 뜻입니다. 놀라운 사실입니다. 하나씩 차례대로 생각해봅시다.

첫째, 양은 두려움이 없어야 눕습니다

양은 겁이 많기 때문에 조금만 무서워도 이리저리 왔다 갔다 하면서 초조해합니다. 또 잘 놀라기 때문에 숲에서 토끼 한 마리가 갑자기 뛰어나와도 놀라 도망갑니다. 양 한 마리가 놀라서 뛰어가면 다른 양들은 영문도 모르고 우르르 함께 뛰어갑니다. 이런 상황에서 양은 절대로 눕지 않습니다. 양을 눕게 하기 위해서는 목자가 모든 두려움을 해소시켜 주어야 합니다. 그래서 양이 스스로 나는 백 퍼센트 안전하다고 확신할 때 비로소 눕습니다. 그러므로 눕게 한다는 말은 하나님은 우리의 모든 두려움을 완전히 해소시켜 주신다는 뜻입니다.

생각해보면 우리는 양과 같아서 작은 일에도 잘 놀라고 두려워합니다. 이 두려움이 얼마나 우리를 괴롭히는지 모릅니다.

이런 이야기가 있습니다. 옛날 서양의 왕들은 광대를 곁에 두는 왕들이 있었다고 합니다. 왕도 사람인데 항상 격식을 차려야 합니다. 농담도 하고 장난도 치고 싶은데 그럴 수가 없습니다. 그래서 곁에 광대를 한 사람 두고 한가로울 때 농담도 하고 장난도 친 것입니다. 어느 나라에서 광대가 왕에게 그만 지나친 농담을 했습니다. 왕은 기분이 상해서 혼을 내주기로 했습니다. 임금은 광대에게 농담으로 사형을 선고했습니다. 광대는 처음에는 그것이 농담인 줄 알고 대수롭지 않게 넘겼습니다. 그런데 얼마 후에 진짜로 형장에 끌고 가는데 형장에 가보니 시퍼런 칼을 든 집행관이 서 있습니다. 집행관이 광대에서 무릎을 꿇게 하더니 가리개로 눈을 가렸습니다. 그리고는 목을 길게 내밀게 했습니다. 이윽고 "그놈의 목을 쳐라!" 하는 날카로운 음성이 들렸습니다. 사실은 모두 연극이었습니다. 왕이 "목을 쳐라!" 하면 광대의 목에 칼 대신 물 한 방울을 떨어뜨리도록 명령을 내려놓았습니다. 광대의 목에 칼 대신 물 한 방울이 떨어졌습니다. 왕은 껄껄 웃으면서 "네 이놈, 다시는 농담을 함부로 하지 말렸다!" 하며 광대에서 고개를 들라·했습니다. 그러나 광대는 고개를 들지 않았습니다. 목에 물 한 방울이 떨어지는 순간 두려움에 심장마비로 죽은 것이었습니다. 두려움이 이렇게 무섭습니다.

이런 무서운 두려움인데 우리는 세상 살아가면서 이런저런 일로 두려워합니다. 이 두려움이 우리를 힘들게 하고 괴롭게 하고 심지어 병들게까지 합니다. 그러므로 중요한 것은 어떻게 이 두려움을 극복할 수 있느냐는 것입니다.

목자가 양의 두려움을 해소하는 방법은 간단합니다. 양이 겁을 집어먹고 두려워서 이리저리 서성거리며 초조해하면 목자는 양들 사이로 왔다 갔다 합니다. 계속해서 왔다 갔다 합니다. 목자가 양들 사이로 왔다 갔다 할 때 두려워하던 양들이 '목자가 곁에 있구나' 의식합니다. 목자가 곁에 있다는 것을 의식할 때 마음이 든든해지면서 모든 두려움이 사라집니다. 비로소 눕습니다.

밤에 아기가 엄마 곁에서 잠을 자다가 깨어보니 캄캄합니다. 캄캄하니 무섭고 무서우니 웁니다. 이 우는 아기 어떻게 해야 울음을 그치고 다시 잠이 듭니까? 엄마가 옆에 있다가 아기 가슴에 손을 토닥토닥 두드립니다. 왜 두드립니까? 엄마 여기 있다는 뜻입니다. "토닥토닥. 엄마 여기 있다. 엄마 여기 있다." 아기가 본능적으로 '엄마가 곁에 있구나' 확인하면서 두려움은 사라지고 잠이 듭니다.

우리가 두려워할 때 주님이 우리 곁에 오십니다. 내 곁에서 왔다 갔다 하십니다. 왔다 갔다 하시며 말씀하십니다.

"두려워하지 말라 내가 너와 함께함이라"(사 41:10).

두려워하지 말라, 내가 여기 있다는 말씀입니다. 이 하나님을 확인할 때 모든 두려움이 사라집니다. 오늘 본문에서 하나님 나를 높게 하신다고 고백한 다윗은 다른 시편에서도 이 사실을 분명하게 간증했습니다. 시편 27편 1절에 말씀했습니다.

"여호와는 나의 빛이요 나의 구원이시니 내가 누구를 두려워하리요 여호와는 내 생명의 능력이시니 내가 누구를 무서워하리요."

하나님이 곁에 계시는데 누구를 두려워하며 누구를 무서워하겠습니까? 다윗은 하나님을 믿고 하나님을 신뢰함으로 모든 두려움을 이겼습니다.

하나님이 우리 곁에서 우리를 어느 정도로 보호하십니까? 시편 17편 8절을 보면 눈동자같이 보호하십니다. 여러분, 우리가 눈동자를 얼마나 잘 보호합니까? 위험이 닥치면 제일 먼저 본능적으로 눈을 감습니다. 누가 뺨을 때려도 먼저 눈을 감습니다. 우리가 가장 예민하게 보호하는 것이 눈동자입니다. 하나님은 우리를 그렇게 보호하십니다.

그런데도 우리가 두려워하는 것은 하나님을 확인하지 않고 두려움의 대상만 바라보고 있기 때문입니다. 하나님이 지금 곁에서 내가 여기 있다고 말씀하시는데, 하나님을 보지 않고 두려움의 대상만 보고 있습니다. 여러분, 베드로를 보십시오. 예수님만 바라볼 때는 물 위를 걸어갔습니다. 그러나 몰려오는 파도를 보았을 때 두려워하며 물에 빠지고 말았습니다.

하나님을 바라보아야 합니다. 풍랑을 바라보지 말고 하나님을 바라보세요. 하나님을 확인하세요. 하나님에게만 초점을 맞추세요. 곁에서 보호하시는 하나님을 믿으세요. 하나님만 신뢰하고 하나님만 의지할 때 두려움이 사라집니다. 목자 되신 하나님을 신뢰할 때 두려움은 사라지고 푸른 풀밭에 눕게 됩니다.

둘째, 양은 긴장이나 고통이 없어야 눕습니다
양은 서로 싸우거나, 혹은 곤충이나 벌레로부터 고통을 당할 때 눕지 않습니다. 모든 긴장이나 고통에서 완전히 해방될 때 비로소 눕습니다. 그러므로 눕게 하신다는 말은 하나님은 우리를 모든 고통과 긴장에서 구해주신다는 뜻입니다.

세상은 고통과 긴장이 계속되는 곳입니다. 끊임없이 우리를 피곤하게 만들고 괴롭게 하는 일들이 생겨납니다. 소위 스트레스라는 것입니다. 우리는 정말 더 이상 견딜 수 없을 것 같은 그런 스트레스를 받을 때도 있습니다. 문제는 이 스트레스를 어떻게 해소하느냐 하는 것입니다. 뭐, 요즈음 스트레스 해소에 대해 여러 가지 방편이 이야기되고 있습니다. 어느 정도는 도움이 될 겁니다. 하지만 스트레스를 해소하는 진정한 길은 그런 데 있는 것이 아닙니다. 스트레스 해소에 가장 좋은 방편은 목자 되신 하나님을 믿고 모든 어려움과 긴장, 스트레스를 목자에게 맡기는 것입니다.

생각해보면 우리의 목자 되신 하나님은 이미 내 모든 형편을 잘 아십니다. 내 모든 여건을 아시고 세밀하게 보살피고 계십니다. 중요한 것은 내가 이것을 믿고 모든 고통과 긴장을 하나님께 맡기는 것입니다. 베드로전서 5장 7절에도 "너희 염려를 다 주께 맡기라 이는 그가 너희를 돌보심이라"라고 했습니다. 하나님이 돌보심이라. 하나님이 이미 돌보고 있습니다. 맡기라는 말은 하나님이 돌보고 있으니 내 손에서 놓으라는 뜻입니다. 그런데 하나님께 맡기지 않고 내 손에 꼭 쥐고 있습니다. 그래서 계속 스트레스를 받습니다.

한국교회 초창기에 이런 재미있는 이야기가 있습니다. 어느 미국인 선교사가 선교를 하는데, 보다 빨리, 보다 많은 곳에 선교하러 다니기 위해 지프차를 타고 다녔습니다. 하루는 지프를 타고 시골길을 가다가 한 할머니가 허리는 구부러졌는데 지팡이를 짚고 머리에 보따리를 이고 갑니다. 그 모습이 안쓰러워 차를 세우고 뒷자리에 타시라고 권했습니다. 할머니, 몇 번 사양하다가 고맙다고 하고 올라 탔습니다. 선교사님 얼마쯤 운전하고 백미러로 보니 할머니가 보따리를 머리에 이고 앉아 있습니다. 선교사가 "할머니, 무거우실 텐데, 그 짐 내려놓으세요." 말했습니다. 할머니 대답이 재미있습니다. "내가 자동차에 탄 것도 죄송스러운데, 어떻게 보따리까지 올려 태워요?" 여러분, 생각해보세요. 몸이 자동차에 탔으면 머리에 이고 있는 짐 보따리도 이미 자동차에 탔습니다.

우리가 예수를 믿으면 하나님이 나의 목자가 되십니다. 하나님이 나의 목자가 되는 순간 내 모든 것은 하나님 책임지십니다. 내 모든 문제가 목자 되신 하나님의 손에 있습니다. 그러니 우리의 근심 걱정도 하나님의 손에 있습니다. 그런데 왜 내가 움켜잡고 있습니까? 주님께 맡기세요. 복음송 중에 이런 가사 있습니다.

"넘지 못할 산이 있거든 주님께 맡기세요. 넘지 못할 파도 있거든 주님께 맡기세요."

주님께 맡기세요. 내 문제도, 내 걱정도, 내 생명까지도 다 하나님께 있습니다. 맡기기만 하면 됩니다. 맡긴다는 말은 내 손에서 놓는다는 뜻입니다. 내 손에서 놓으면 평강을 누리며 눕게 됩니다. 이게 안 되면 기도하세요. 기도해도 염려가 되면 다시 기도하세요. 계속 기도하세요. 하나님의 손에 맡겨져 있음이 믿어질 때까지 기도하세요. 계속 기도할 때 하나님이 맡아주셨음이 믿어집니다. 믿어질 때 참된 평강 누리면 눕게 됩니다.

셋째, 양은 배가 고프지 않아야 눕습니다

양은 배가 고프면 눕지 않습니다. 계속해서 서성거립니다. 양은 배가 고프면 어떤 방법으로도 눕게 할 수 없습니다. 양을 눕게 하기 위해서는 배가 부르게 해 주어야 합니다. 그런데 하나님 눕게 해주신다고 했습니다. 배부르게 해주신다, 모든 필요를 채워주신다는 뜻입니다. 하나님은 우리의 모든 필요를 채워주십니다.

하나님께서 우리의 필요를 채워주신다고 하면 '아니 내가 이렇게 배고픈데, 다시 말해 내가 이렇게 부족한 것이 많은데…' 생각할 수 있습니다. 맞습니다. 여러분 필요한 것, 부족한 것 너무 많습니다. 하지만 다시 한번 깊이 생각해봅시다. 여러분은 여러분이 원하는 것 그것 가지면 만족할 것 같습니까? 여러분 중에는 지금 돈이 없어 천만 원만 있으면 소원이 없겠다, 생각하는 분 있다고 합시다. 그분, 천만 원 가지면 만족하겠습니까? 지금 전셋집에 살기에 내 집 갖는 것이 평생소원인 분도 있을 겁니다. 그분, 내 집 가지면 만족 누리겠습니까? 만족을 누리겠지요. 그러나 그게 얼마나 가겠습니까?

마릴린 먼로라는 유명한 여배우가 있었습니다. 젊은 분들 중에서는 이름을 듣지 못한 분들도 있겠군요. 1950년대 60년대, 미국에서 가장 매력적인 여배우 중 한 사람이었습니다. 이 여성은 세상 사람들이 갖고 싶은 것은 모두 다 가졌습니다. 엄청난 재산을 가졌고, 남다른 인기를 가졌고, 최고의 미모를 가졌습니다. 당시 모든 남성이 흠모했던 여성이었습니다. 그런데 36세의 젊은 나이에 자살했습니다. 돈이 없어서 자살한 것이 아닙니다. 당시 그녀가 남긴 유산이 2억 불이 넘었습니다. 인기가 없어서 자살한 것도 아닙니다. 모든 남성, 그것도 유명한 남성들의 흠모의 대상이었습니다. 생각해보면 그녀는 좋은 것이라는 좋은 것은 다 누리고 살았습니다. 그러나 마음은 채워지지 아니했습니다. 텅텅 비어있었습니다. 세상 그 무엇으로도 만족을 얻을 수 없었고 결국은 자살하고 말았습니다.

반면에 여러분, 사도 바울을 한번 생각해 보십시오. 그는 재물을 가지지 못했습니다. 권력도 명예도 없었습니다. 세상적으로 보면 아무것도 없었습니다. 그런데 그는 감옥에서 이런 고백을 합니다. 빌립보서 4장 11절에 "어떠한 형편에든지 나는 자족하기를 배웠노니"라고 하였습니다. 지금 이 모습 이대로 나는 만족한다는 뜻입니다. 감옥에 있습니다. 감옥에 있는 사람이 아쉬운 것이 없겠습니까? 병원에 입원만 해도 아쉬운 것이 얼마나 많습니까? 그런데 그는 감옥에서 '나는 부족한 것이 없다, 나는 만족한다.' 고백합니다. 그러면서 그는 이어 "내게 능력 주시는 자 안에서 내가 모든 것을 할 수 있느니라"(빌 4:13) 고백했습니다. 여기 내가 모든 것을 할 수 있다는 말은 불가능이 없다, 그런 뜻이 아닙니다. 어떤 형편에도 나는 만족할 수 있다는 뜻입니다. 어떤 형편에서도 만족한다, 어떻게 그것이 가능합니까? '내게 능력 주시는 자 안에서'라고 했습니다. 내게 능력 주시는 자가 누구입니까? 하나님이십니다. 하나님 안에서. 하나님의 돌보심 안에서 하나님의 돌보심을 믿을 때 어떤 형편에서도 만족한다는 것입니다.

그는 유대에서 재판받을 때도 말했습니다. 그때 바울 앞에는 베스도 총독이 있었고 아그립바 왕이 있었고 유대의 고관대작들이 있었습니다. 바울은 그들 앞에서 당신들이 나와 같이 되었으면 좋겠다고 했습니다. 이 자리에서 내가 제일 행복하다는 고백입니다. 사실이 그랬습니다. 거기 그 자리에 참된 만족을 누리는 사람은 바울밖에 없었습니다.

만족은 더 가진다고 얻는 것 아닙니다. 더 가져서 만족을 얻는다면 인간은 세상 모든 것을 다 가져도 만족을 얻지 못합니다. 참된 만족은 오직 목자 되신 하나님을 믿고 하나님을 신뢰하는 데 있습니다. 하나님은 나를 사랑하시고 나를 인도하시고 나를 위해 모든 것을 섭리하십니다. 세밀하게 나를 보살피고 계십니다. 이 하나님을 믿으면 이 모습 이대로 하나님은 나의 모든 필요로 채워주시고 있음을 믿게 됩니다.

사실 솔직히 우리 현실을 돌아보면 부족한 것도 많고 어려운 일도 많습니다. 그러나 목자 되신 하나님은 여전히 나를 사랑하시고 나를 돌보고 계십니다. 내게 일어나는 모든 일들도 목자의 돌보심 안에 있습니다. 실패도 질병도 고통도 하나님의 돌보심 앞에서 나를 성숙하게 하고 내게 유익을 이룹니다. 사랑의 돌보심입니다. 이것을 믿을 때 이대로 만족하고 이대로 행복합니다. 내가 가진 것, 내가 누리는 모든 것이 은혜요, 얼마나 감사한지 모릅니다. 참된 만족을 누립니다. 눕게 되는 것입니다.

"그가 나를 푸른 풀밭에 누이시며 쉴 만한 물가로 인도하시는도다." 목자 되신 하나님은 그의 양인 우리를 눕게 하십니다. 두려움을 해소시켜 주십니다. 내 곁에서 모든 두려움을 해소시켜 주십니다. 하나님이 곁에 계심을 믿을 때 모든 두려움이 사라집니다. 긴장과 고통을 해소시켜 주십니다. 나의 긴장과 고통을 다 해결해 주십니다. 하나님께 맡기기만 하면 됩니다. 필요를 채워주십니다. 내 모든 필요를 채워주십니다. 이 모습 이대로 하나님은 나의 모든 필요를 채워주시고 있습니다. 우리는 하나님의 이 돌보심 속에서 참된 만족을 누리며 눕게 됩니다. 목자의 눕게 하시는 이 돌보심을 누리며 살아가는 여러분 다 되기를 바랍니다.

3.
소생시키시는 하나님
(시 23:3)

　우리 신앙생활의 문제 중 하나는 우리의 영적 상태가 항상 좋기만 한 것이 아니라는 사실입니다. 좋을 때도 있지만 좋지 않을 때도 있습니다. 올라갈 때도 있지만 내려갈 때도 있습니다. 내려갈 때, 다시 말해 영적 침체기가 있습니다. 우리 모두에게 영적 침체기가 있습니다. 영적 침체기, 영적 침체기가 문제입니다.

　구약의 엘리야 선지자를 생각해봅시다. 그는 혼자 바알과 아세라, 우상 선지자 850명과 대결해서 승리했던 선지자였습니다. 우상 선지자들과 각자 자기의 신에게 기도해서 하늘에서 불이 떨어지면 그 신이 참 신이라고 약속하고, 하나님께 기도해서 하늘에서 불이 떨어지게 했던 위대한 하나님의 사람이었습니다. 그런데 이런 엘리야도 영적으로 침체될 때가 있었습니다. 열왕기상 19장을 보면 엘리야가 광야의 한 그루 로뎀 나무 아래서 너무 피곤하고 지쳐 죽기를 소원합니다. 더 이상 하나님의 일 못하겠다고, 차라리 죽는 것이 낫겠다고 했습니다. 엘리야 같은 위대한 선지자도 이렇게 영적으로 침체될 때가 있었다면 우리는 더 말할 필요가 없습니다.

알아야 할 것은 우리가 이렇게 영적으로 침체될 때도 하나님은 목자로서 우리를 돌보신다는 사실입니다. 본문 3절이 이 진리를 말씀하고 있습니다. 3절을 함께 암송하겠습니다.

"내 영혼을 소생시키시고 자기 이름을 위하여 의의 길로 인도하시는도다."

'내 영혼을 소생시키시고', 내 영혼을 소생시킨다고 했습니다. 양이 영혼이 있는 것은 아닙니다만 다윗은 양을 이야기하면서 실제 자신의 영혼에 대해 말하고 있습니다. 소생시킨다고 했습니다. 소생시킨다는 말은 피곤하고 지친 상태를 전제로 하고 있습니다. 그렇지요. 피곤하고 지친 상태가 아니면 소생시킬 필요가 없습니다. 소생시킨다는 말 자체가 소생함을 받아야 할 만큼 피곤하고 지친 상태에 있다는 뜻입니다. 그러니 하나님의 돌보심을 받는 양도 소생함을 받아야 할 만큼 피곤하고 지칠 때가 있습니다.

피곤하고 지친 상태, 다시 말해 소생함을 받아야 할 상태란 양의 어떤 상태를 두고 하는 말이겠습니까? 필립 켈러라고, 8년간 목자생활을 하신 분으로 목사가 되신 분이 있습니다. 이분이 자신의 목자생활을 경험으로 시편 23편에 대해 《양과 목자》라는 책을 썼습니다. 이 책을 보면 양이 소생함을 받아야 할 경우는 양이 뒤집힐 때라고 말합니다. 뒤집힐 때. 양은 간혹 뒤집힐 때가 있다고 합니다. 지난 시간 양은 잘 때 엎드려 잔다고 했습니다. 네 다리를 다 접고 배와 가슴이 땅에 닿는 자세입니다. 참된 만족이 있을 때는 눕는다고 했습니다. 개나 고양이가 잘 때처럼 옆으로 눕는 것을 말합니다. 이렇게 엎드리거나 옆으로 눕는 것이 아닌 완전히 뒤집힐 때, 배가 하늘로 향하고 네 다리가 공중에 떠 있는, 뒤집힐 때가 있다는 것입니다. 양은 이렇게 뒤집히면 스스로 일어나지를 못합니다. 꼼작 못하고 그렇게 있어야 하는데 그렇게 있으면 위장에 가스가 차고 사지에 혈액 순환이 잘되지 않아 결국 죽습니다. 구름이 끼고 시원한 날은 이삼 일까지 견딜 수 있지만 햇볕이 쨍쨍 내리쬐는 날은 수 시간 안에 죽는다고 합니다. 소생시킨다는 말은 바로 이러한 경우를 두고 한 말이라는 것입니다.

목자는 이렇게 뒤집힌 양을 발견하면 즉시로 달려가서 양을 일으켜 세웁니다. 일으켜 세운 다음 온몸을 마사지하여 혈액순환이 회복되도록 합니다. 상당한 시간 양의 몸통과 다리를 주물러 주고, 그리고 먹을 것을 줍니다. 그래도 이 양은 다시 걷게 될 때 비틀거리고 주저앉으면 목자는 다시 주물러주고 먹을 것을 줌으로 마침내 완전하게 회복시킵니다. 소생시키는 것입니다.

그렇다면 여기서 양이 어떤 경우에 뒤집히는지 알아볼 필요가 있습니다. 앞서 말씀드린 필립 켈러의 책에 의하면, 양이 뒤집히는 것은 크게 세 가지 경우가 있습니다. 첫째는 털이 너무 길 때 뒤집히기 쉽습니다. 양의 털은 원래 하얗습니다. 그런데 우리가 양을 보면 양의 털이 회색입니다. 털에 먼지가 묻었기 때문입니다. 그런데 간혹 털을 깎아야 할 때 깎지 않아 털이 너무 긴 양이 있습니다. 이런 양은 그 털에 진흙, 풀, 배설물, 가시덤불, 진드기 등 온갖 것들이 들러붙습니다. 이러한 것들이 들러붙어 엉켜지면 행동이 부자연스럽게 되고 행동이 둔해지니 균형을 잘못 잡을 수 있고 결국 뒤집히는 것입니다. 이렇게 털이 너무 길게 자랄 때 뒤집힙니다.

무엇을 생각나게 합니까? 이 양의 털이 우리의 옛사람의 욕망이라고 생각되지 않습니까? 양의 털이 길어지면 여러 가지가 들러붙듯이, 우리의 옛사람도 그냥 두면 세상의 쾌락과 향락과 죄악의 오물들이 들러붙습니다. 들러붙으면 우리의 신앙은 둔해지고 결국 뒤집힙니다.

목자는 털이 긴 양을 볼 때 털을 깎아 버립니다. 털을 깎는 것이 양이 뒤집히는 것을 미리 막는 것입니다. 옛사람의 습성, 옛사람의 관심을 잘라야 한다는 뜻입니다. 털을 깎는 것이 양에게 즐거운 일이 아니듯이 옛사람을 죽이는 일은 즐거운 일이 아닙니다. 괴롭고 고통스러운 일입니다. 그러나 그것이, 뒤집히는 것을 막는 일입니다.

여러분, 분명히 하십시오. 옛사람은 그냥 버려두면 그것 때문에 넘어집니다. 옛사람을 그냥 버려두지 마세요. 옛사람의 욕망, 과감하게 잘라버려야 합니다. 내 아내나 내 남편이 아닌 다른 이성에 끌리는 마음 없습니까? 포르노나 음란에 끌리는 마음은 없습니까? 다른 사람 미워하는 마음 없습니까? 이런 마음은 버려야 합니다. 그렇지 않으면 거기 쓰레기 같은 것들이 들러붙습니다. 다른 이성에 끌리는 마음을 그대로 두면 거기 실제 다른 이성이 들러붙을 수 있습니다. 음란에 끌리는 마음을 그대로 두면 음란의 노예가 될 수 있습니다. 미워하는 마음 그대로 두면 내 마음이 지옥이 될 수 있습니다. 옛사람의 욕망, 과감하게 버리세요. '하나님, 이런 마음이 올라옵니다. 이것 잘라내게 해주세요.' 간절히 기도하고 버려야 합니다. 어떤 일이 있어도 버려야 합니다.

털이 길게 자라는 것 때문에 뒤집힌다고 양의 털을 뽑아 버릴 수 없듯이 옛사람도 완전히 제거할 수는 없습니다. 털이 자랄 때마다 계속 깎듯이 옛사람도 계속해서 죽여야 합니다. 그래서 바울은 고린도전서 15장 31절에 "나는 날마다 죽는다"라고 했습니다. 날마다 옛사람이 올라올 때마다 죽여야 합니다. 날마다 옛사람을 죽여야 뒤집히지 않습니다.

둘째로, 양은 살이 쪄서 뚱뚱하게 될 때 뒤집히기 쉽습니다. 지나치게 살이 찌는 것은 사람에게도 좋지 않습니다만 동물에게도 좋지 않습니다. 양도 너무 비대하면 건강하지도 못하고 활동도 둔해집니다. 활동이 둔하니 잘못하면 뒤집힙니다.

무슨 뜻이겠습니까? 살이 찌고 비대해질 때, 다시 말해 일이 잘되고 그래서 자신감을 가지고 자신의 능력을 신뢰할 때 뒤집히기 쉽다는 말씀입니다. 그렇습니다. 우리는 영적으로 비대해질 때 다시 말해 자만해질 때 뒤집히기 쉽습니다.

베드로를 생각해 보십시오. 그는 주님 붙잡히시기 직전에 자신감에 차 있었습니다. 영적으로 비대해져 있었습니다. 예수님 제자들에게 "너희가 다 나를 버리리라" 하실 때 "다 주를 버려도 나는 주를 버리지 않습니다"라고 말했고, 그냥 '내가 주님 버리지 않는다'고 하면 되었지, '다 주를 버려도…' 이 말은 왜 합니까? 다른 사람 무시하고 교만해져 있는 것입니다. 주님이 다시 베드로에게 "닭 울기 전에 세 번 나를 부인하리라"라고 하셨을 때 "죽었으면 죽었지, 나는 주님을 부인하지 않습니다"라고 말했습니다. 자신만만했습니다. 영적으로 살이 너무 찐 것입니다. 바로 이때가 뒤집히는 때였습니다.

여러분은 영적으로 너무 뚱뚱하지 않습니까? 너무 자신에 차 있거나 자신을 믿고 있지 않습니까? 조심해야 합니다. 뒤집히기 쉬운 때이기 때문입니다. 그래서 고린도전서 10장 12절에 "그런즉 선 줄로 생각하는 자는 넘어질까 조심하라"라고 했습니다. 섰다고 생각하는 것이 뭡니까? 나는 됐다는 겁니다. 그때 넘어지기 쉬우니 조심하라는 말씀입니다.

목자는 뚱뚱한 양에게는 얼마 동안 먹이를 줄입니다. 살을 빼도록 합니다. 너무 살이 찐 하나님의 백성에게 하나님께서 징계의 규정식을 먹입니다. 징계를 통해 살을 빼도록 합니다. 징계는 고통스럽고 힘듭니다. 징계를 받기 전에 스스로 자만을 버려야 합니다. 어떻게 살을 뺄 수 있습니까? 하나님 앞에서의 내 모습을 생각하면 됩니다. 내가 어떤 존재입니까? 하나님 아니면 1초도 살 수 없는 연약한 인생입니다. 말할 수 없는 죄인입니다. 내가 죄인 중의 괴수입니다.

내 모습 명심할 때 겸손해집니다. 내 모습 잊지 않음으로써, 항상 겸손하게 주님 의지함으로 교만해지지 않을 때 넘어지지 않습니다.

셋째로, 양이 뒤집히는 것은 편안하고 우묵한 곳을 좋아하는 양의 습성 때문입니다. 양은 만족스럽고 편안할 때 옆으로 눕는다고 했습니다. 이렇게 누울 때 움푹 들어간 장소를 찾아 눕기를 좋아합니다. 그런데 이런 곳에 눕다가 자칫 조금만 더 돌아가면 뒤집힙니다. 옆으로 눕는다는 것이 굴러서 아예 벌렁 뒤집히는 것입니다.

신앙생활도 마찬가지입니다. 편안한 곳, 안락한 곳, 아늑한 자리를 찾는 신앙생활에는 위험이 있습니다. 눕는 것이 조금만 지나치면 뒤집히기 때문입니다.

시편 23편을 기록한 다윗을 생각해봅시다. 그는 누구보다도 신실하게 하나님을 의지했던 하나님의 사람이었습니다. 물맷돌 하나로 하나님만 의지하고 거인 골리앗을 쓰러뜨렸습니다. 사울 왕을 피하여 도망 다닐 때도 정말 하나님 굳게 의지했습니다. 왕이 되어서도 블레셋을 비롯한 여러 원수들과 전쟁터에서 싸울 때 그는 하나님을 신뢰했습니다. 그러나 나라를 평정하고 이제는 궁전에서 평화로운 생활을 하게 됩니다. 더 이상 골리앗의 도전도 사울 왕의 추격도 전쟁의 위험도 없었습니다. 모든 것이 평안하고 좋았습니다. 점점 더 평안하게 되었습니다. 그 결과가 무엇입니까? 남의 아내와 간통하고 그것도 모자라서 그 아내의 남편을 죽이는 무서운 죄를 범했습니다.

다윗 같은 위대한 신앙인이 뒤집혔다면 여기에는 누구도 예외가 될 수 없습니다. 누구든지 신앙생활을 평안하게 하려고 할 때 뒤집힐 수 있습니다.

신앙생활은 힘들게 해야 합니다. 구원은 예수를 믿기만 하면 얻습니다. 쉽게 얻습니다. 그러나 구원받은 다음 신앙생활은 쉽게 하는 것이 아닙니다. 어렵게 해야 합니다. 주님 십자가를 지고 나를 따르라고 하셨습니다. 십자가가 무엇입니까? 끔찍한 사형틀입니다. 십자가를 지고 나를 따르라는 말은 힘들게 예수 믿어야 한다는 뜻입니다. 말씀대로 살면 손해가 있습니다. 그 손해가 바로 십자가입니다. 손해 보아야 합니다. 세상의 빛으로 소금으로 살려면 희생해야 합니다. 그 희생이 십자가입니다. 교회도 말없이 묵묵히 끝까지 섬기려면 모든 것을 참아야 합니다. 그 참는 것이 십자가입니다. 신앙생활은 이렇게 힘들게 하는 것입니다.

가만히 한번 보십시오. 사람들이 언제 뒤집힙니까? 평안할 때입니다. 병들고 뒤집히는 사람 없습니다. 건강할 때 뒤집힙니다. 실패하고 뒤집히는 사람 없습니다. 성공하고 뒤집힙니다. 평안할 때가 위험한 때인 줄 알고 평안할 때 예수를 더 어렵게 믿어야 합니다. 평안할수록 그리스도인으로 살기 위해 손해 보고 희생하고 참아야 합니다. 평안할수록 더 열심히 신앙생활 해야 합니다. 그래야 끝까지 뒤집히지 않을 수 있습니다.

이렇게 양들은 뒤집힐 수가 있습니다. 털이 너무 길어서, 혹은 너무 뚱뚱해서, 때로는 안락한 자리를 찾다가, 뒤집힙니다. 그러면 목자는 즉시로 달려가 그 양을 일으켜 세웁니다. 그리고는 온몸을 주물러 혈액순환이 회복되도록 합니다. 상당한 시간 정성껏 주물러 줍니다. 그리고는 먹을 것을 줍니다. 그래도 양이 다시 걷게 될 때 비틀거리고 주저앉으면 목자는 다시 주물러주고 먹을 것을 주어서 끝까지 그 양을 돌보아 마침내 온전히 소생시킵니다.

"내 영혼을 소생시키시고." 우리는 혹 뒤집혀도 망하지 않습니다. 뒤집힌 채로 끝나지 않습니다. 소생시키시는 위대한 목자의 손길이 있기 때문입니다. 앞서 설교를 시작할 때 엘리야 이야기를 했습니다. 엘리야가 피곤하고 지쳐서 광야의 한 그루 로뎀 나무 아래서 하나님께 더이상은 하나님의 일 못하겠다고 했습니다. 차라리 죽는 것이 더 낫겠다고, 이제 그만 죽여 달라고 했습니다. 하나님 이런 엘리야 어떻게 하셨습니까? 그냥 무관심하셨습니까? 버리셨습니까? 아닙니다. 죽여 달라고 떼를 쓰다가 잠이 든 엘리야에게 천사가 찾아와 그의 몸을 어루만져주었습니다. 엘리야의 몸을 주물러준 것입니다. 그리고 천사가 엘리야를 깨워 떡을 먹고 물을 마시게 했습니다. 엘리야는 음식을 먹고 난 다음 다시 잠이 들었습니다. 천사가 다시 찾아와 엘리야의 몸을 주물러주고 음식과 물을 먹게 하였습니다. 보세요. 목자가 뒤집힌 양을 소생시킬 때 주물러주고 먹을 것을 준다고 했는데, 하나님 엘리야를 주물러주시고 먹을 것 주셨습니다. 뒤집힌 양에게 하는 것과 똑같이 했습니다. 뒤집힌 엘리야를 소생시킨 것입니다. 이렇게 하여 엘리야는 로뎀 나무 밑에서 완전히 소생해서 시내산까지 40일을 걸어갔고 시내산에서 하나님을 만나 하나님의 사역을 새롭게 시작했습니다. 하나님께서 엘리야를 소생시키신 것입니다.

하나님은 피곤하고 지친 우리를 이렇게 소생시켜주십니다. 오늘 이 예배에 마음을 모아 참여해보세요. 순서 순서를 통해 하나님 우리의 심령을 어루만져주십니다. 진실한 마음으로 참회기도를 드릴 때 우리의 죄악을 덮어주십니다. 마음을 모아 찬송을 불러보세요. 마음 깊은 곳에서 상처를 싸매어주시고 심령을 만져주십니다. 사모하는 마음으로 말씀을 들어보세요. 말씀을 통해 우리 심령을 어루만져주시고 하늘 양식으로 먹여주십니다. 예배를 통해 우리를 소생시키십니다. 개인적으로도 영적으로 피로하고 지쳤을 때 진실하게 하나님을 바라보며 기도하거나 찬송을 부르거나 말씀 묵상하면 하나님이 우리의 심령을 어루만져주시고 우리의 영혼을 먹여 힘을 주십니다. 우리의 심령을 소생시키십니다.

본문에 자기 이름을 위하여 의의 길로 인도하신다고 했습니다. 의의 길로 인도한다는 말은 바른길로 인도한다는 뜻입니다. 소생시킨 양을 계속해서 바르게 보살펴주십니다. 소생시킨 다음에도 끝까지 책임지십니다. 의의 길로 인도하십니다.

"자기 이름을 위하여"라고 했습니다. 하나님의 이름을 위해서입니다. 이 말씀이 중요합니다. 하나님의 이름이 어떤 이름입니까? 천지 만물 가운데 가장 위대한 이름, 영광 받으셔야 하는 이름입니다. 하나님의 이름은 절대로 욕되게 할 수 없습니다. 하나님은 하나님의 이름이 피조물에 의해 조롱받도록 허락하시지 않습니다.

　모세는 이 진리를 잘 알고 있었습니다. 모세가 하나님의 법도를 받기 위해 시내산에 올라가 40일 금식하며 하나님과 교제하고 있었을 때, 이스라엘 백성들은 모세가 산에 올라간 지 39일째 되던 날 금송아지를 만들었습니다. 하나님은 모세에게 이 사실을 알려주시면서 "이 백성은 목이 곧은 백성이다. 다 진멸해버리고 내가 너로 큰 민족을 만들어 이 백성을 대신하게 하겠다"라고 말씀하셨습니다. 이 때 모세가 백성들을 위해 기도했는데, 그 핵심이 이것이었습니다. "하나님, 저들의 죄를 용서하여 주시옵소서. 애굽에서 그 큰 능력으로 구원하셨는데, 이제와서 하나님 저들을 진멸하시면 애굽 사람들이 무엇이라 하겠습니까? 여호와가 자기 백성을 멸망시키려고 애굽에서 인도하여 내었다고 하지 않겠습니까?" 무슨 뜻입니까? "하나님, 하나님께서 만약 여기서 이스라엘을 진멸하시면 이방인들이 뭐라고 말하겠습니까? 이방인들이 '하나님이 자기 백성을 멸망시키려고 애굽에서 구원했다. 웃기는 하나님이네'라고 말하게 됩니다"라는 것입니다. '하나님이 자기 백성을 구원하려고 시작했으나 중간에서 실패했다. 하나님도 실패하는 하나님이네.' 이렇게 비아냥거리게 된다는 겁니다. 하나님 이 기도를 들으시고 백성을 향한 진노를 거두셨습니다. 하나님의 이름이 이만큼 소중합니다.

　그런데 여러분! 우리에게 하나님 이름이 있다는 사실을 아십니까? 우리는 하나님의 자녀요 하나님의 양입니다. 우리가 예수 믿는 순간 하나님의 이름이 우리에게 붙여집니다. 〈에어포스 원〉이란 영화를 본 적이 있습니다. 에어포스 원, '공군 1호기'라는 뜻인데 미국 대통령 전용기를 가리킵니다. 특별한 장비와 기능을 가진 세계 최고의 비행기입니다. 영화의 내용은 대통령이 타고 가던 에어포스 원을 테러범들이 점령한다는 이야기입니다. 그래서 에어포스 원 안에서 한바탕 싸움이 벌어집니다. 복잡한 내용을 거쳐 결국 테러범들은 다 소탕됩니다만 마지막에 에어포스 원도 추락합니다. 에어포스 원이 추락하기 때문에 추락하기 직전 미국 대통령과 몇 사람이 다른 구조 비행기로 구출됩니다. 제가 이 영화를 보면서 정말 인상적인 것이 있었습니다. 구조 비행기로 구조를 하는데 어쩌다 보니 대통령이 마지막으로 구조됩니다. 지상에서는 부통령을 비롯해 많은 관계자들이 모여 구조 비행기의 기장에게 대통령이 구조되었느냐고 안타깝게 묻습니다. 대통령이 거의 구조되는 순간 기장은 한동안 대답을 하지 않습니다. 아직 대통령이 구조 비행기에 들어오지 못했기 때문이었습니다. 그러다가 대통령의 구조가 성공적으로 이루어져 대통령이 구조 비행기 안으로 들어오는 순간 그 비행기의 기장의 말이 정말 인상적이었습니다. "대통령이 구조되었습니다." 혹은 "대통령 구조를 성공했습니다." 이렇게 말하지 않았습니다. 기장은 감격스러운 목소리로 이렇게 말했습니다. "지금부터 이 비행기의 호출 명, 이 비행기를 부를 때 이름, 호출 명을 변경합니다. 지금부터 이 비행기는 에어포스 원입니다."

그 말을 듣는 순간 지상의 사람들은 박수를 치며 환호성을 지릅니다. 제가 그 영화에서 잊을 수 없었던 것이 바로 그 기장의 선언이었습니다. 평범한 비행기였습니다. 보통 비행기, 그냥 구조 비행기였습니다. 그런데 미국 대통령이 그 비행기에 발을 디디는 순간 그 비행기가 에어포스 원이 되는 것이었습니다.

우리는 평범한 사람들입니다. 아무것도 아닌 사람들입니다. 그러나 하나님께서 우리를 구원하시고 성령님께서 우리 속에 오시는 순간 우리는 하나님의 양들이 됩니다. 하나님의 이름이 우리에게 붙여졌습니다. 이 이름은 영원히 떨어지지 않습니다. 하나님은 하나님의 이름을 위해 우리를 절대로 버리지 않으십니다. 우리가 실패로 끝나면 하나님이 자기 양을 먹이기 시작하셨는데 실패로 끝났다는 말을 듣게 됩니다. "하나님 실패하셨다." 하나님 그런 말 들을 수 없습니다. 어떤 경우에도 우리를 소생시키시고 의의 길로 인도하십니다.

여러분, 혹 지금 피곤하고 지쳐 있습니까? 목자 되신 하나님을 바라보십시오. 우리는 하나님의 양입니다. 하나님은 하나님의 이름을 위하여 우리를 소생시켜주십니다. 일으켜 세워주시고 어루만져주시고 먹을 것을 주셔서 의의 길, 복된 길로 인도하십니다. 이 목자를 신뢰하십시오. 목자 되신 하나님을 굳게 믿고, 하나님의 돌보심 안에서 소생시키시는 은혜를 누리는 우리 모두 될 수 있기를 바랍니다.

4.
사망의 음침한 골짜기

(시 23:4)

　미국에 해럴드 쿠쉬너(Harold Kushner, 1935.4.3.-2023.4.23.)라는 유대인 랍비가 있었습니다. 이분에게 아론이라는 아들이 있었는데 이 아이가 세 살 때 조로증이라는 병을 가진 것으로 진단받습니다. 조로증이란 말 그대로, 조로(早老), 빨리 늙는 병입니다. 제대로 자라지도 못하고 10대가 되면 몸은 벌써 70, 80 노인이 되어 결국은 죽습니다. 이 아들은 14살에 노인이 되어 늙어 죽었습니다. 여러분, 사랑하는 아들이 자기 눈앞에서 자기보다 더 늙어 죽어 가는 모습을 지켜보아야 했던 아버지의 마음이 어떠했겠습니까? 그는 원래 미국의 매사추세츠 주의 작은 도시에서 랍비로서 다른 사람들이 겪는 고통과 슬픔을 상담해 주던 사람이었습니다. 그는 아들이 아프고 나서 자기가 지금까지 남들에게 이야기했던 고통이라는 것이 얼마나 피상적이었던가를 깨닫습니다. 아들이 희귀한 병으로 죽어 가는 것을 지켜보면서 비로소 인간이 당하는 고난에 대해 뼈아프게 실감합니다.

아들이 죽은 후 그가 한 권의 책을 출간했는데 그 책 제목이 "When Bad Things Happen to Good People"입니다. 우리말로는 《착한 사람이 왜 고통을 받습니까?》라는 제목으로 변역되었습니다. 제가 볼 때 이해하기가 조금은 어려운 책입니다. 이야기들로 연결되어 있어서 읽기는 쉽지만 이해하기는 쉽지 않습니다. 그런데 1981년 이 책이 발간되었을 때 미국에서 베스트셀러가 되었습니다. 일반적으로 이해하기 어려운 책은 베스트셀러 되기 어렵습니다. 그런데 이 책은 어떻게 베스트셀러가 되었겠습니까? 저는 이 책을 책 제목을 보고 산 사람이 많았으리라 생각합니다. "착한 사람이 왜 고통을 받습니까?" "착한 사람에게 왜 나쁜 일이 일어납니까?" 수많은 사람이 이 질문을 가지고 있었고, 이 질문에 답을 얻고 싶었기 때문이라는 것입니다.

그렇습니다. 우리도 묻습니다. '왜 내게 이런 나쁜 일이 일어납니까? 왜 우리 가정이 이런 어려움을 겪어야 합니까?' 실제 우리 모두 나름대로 이해할 수 없는 어려움을 겪으며 세상을 살아가고 있습니다.

이 질문은 세상 그 누구도 답을 알지 못합니다. 그렇지 않습니까? 누가 이 질문에 대한 정확한 답을 알겠습니까? 그런데 놀랍게도 시편 23편은 이 질문에 답을 줍니다. 완전한 답을 줍니다. 그것이 바로 시편 23편 4절입니다. 4절을 함께 읽겠습니다.

"내가 사망의 음침한 골짜기로 다닐지라도 해를 두려워하지 않을

것은 주께서 나와 함께하심이라 주의 지팡이와 막대기가 나를 안
위하시나이다."

'사망의 음침한 골짜기'라고 했습니다. 사망의 음침한 골짜기가 무엇입니까? 인생의 골짜기, 인생의 어려움, 인생의 고난을 가리킵니다. 사망의 음침한 골짜기라고 했으니, 죽음까지 포함해서 정말 힘들고 어려운 고난을 가리킵니다. 그러면 이 4절이 인생의 고난에 대해 가르치는 진리는 무엇입니까? 크게 세 가지 진리를 가르치고 있습니다.

첫째, 이 골짜기에 목자의 인도를 받고 왔다는 사실입니다

우리가 고난을 당하는 데는 여러 가지 이유가 있습니다. 다른 사람 때문에 고난을 당하는 경우가 있습니다. 사기를 당하거나 미움을 받거나 다른 사람의 말을 듣고 뭔가를 했다가 잘못되는 경우가 있습니다. 그런가 하면 내 잘못으로 고난당하는 경우도 있습니다. 내가 판단을 잘못해서, 내가 생각을 잘못해서 골짜기로 들어오는 경우도 있습니다. 그리고 많은 경우 우리는 왜 고난을 당하는지 이유를 모른 채 고난을 당합니다. 하지만 어떤 경우든 이제부터 우리는 분명히 해야 합니다. 어떤 이유로 내가 골짜기에 들어왔건 우리를 골짜기로 인도하신 분은 목자 되신 하나님이라는 사실입니다. 어떠한 경우든 이 골짜기에 들어온 것은 목자 되신 하나님께서 인도하셨기 때문입니다.

앞서 이 시편 1절에 말씀했습니다. "여호와는 나의 목자시니." 하

나님은 목자고 나는 그가 기르시는 한 마리 양이라는 뜻입니다. 4절에서도 하나님은 여전히 나의 목자입니다. 주의 지팡이와 막대기가 나를 안위한다고 했기 때문입니다. 지팡이와 막대기에 대해서는 나중 말씀드리겠습니다만 분명한 것은 이건 목자가 들고 있는 겁니다. 사망의 음침한 골짜기에서도 여전히 하나님 나의 목자입니다. 그렇다면 양이 골짜기를 지나가는 것은 목자가 양을 골짜기로 인도했기 때문입니다.

왜 목자가 양을 골짜기로 인도합니까? 이스라엘 지방은 풀이 많지 않기 때문에 한 곳에서 계속 양을 먹일 수 없습니다. 여기 풀을 다 먹으면 다른 풀밭으로 옮깁니다. 거기 풀을 다 먹으면 또 다른 풀밭으로 옮깁니다. '유목'이지요. 유목, 이렇게 양들이 이동할 때, 때로는 음침한 골짜기를 지나갑니다. 왜 지나갑니까? 이유는 하나입니다. 다른 풀밭으로 가기 위해서는 이 골짜기를 지나가야 하기 때문입니다. 길을 잃어서 지나가는 것 아닙니다. 그냥 이유 없이 심심해서 지나가는 것 아닙니다. 다른 풀밭으로 가는 길이 이 골짜기밖에 없기에 이 골짜기를 지나가는 것입니다.

그러므로 지금부터 더 이상 내가 당하는 어려움의 다른 이유는 생각할 필요가 없습니다. 앞서 말씀드렸듯이 우리가 당하는 어려움에는 이런저런 이유가 있을 수 있습니다. 다른 사람 때문일 수 있고 때론 나 때문일 수도 있습니다. 우리는 자꾸 이 이유를 생각합니다. 지금부터는 그런 것 생각하지 마십시오, 그런 생각은 아무런 도움이 되지 않습니다. 다른 사람 때문이라고 생각하면 불평 원망만 생기고, 나 때문이라고 생각하면 자책감만 생깁니다. 더 이상 그런 생각하지 마십시오. 목자 되신 하나님이 인도하셨습니다. 내 생각에 어떤 이유가 있건 배후에 하나님의 인도가 있었습니다. '하나님이 나를 골짜기로 인도하셨다.' 이것을 분명하게 믿어야 합니다. 이유는 하나, 이 골짜기를 지나야 다른 풀밭, 더 좋은 풀밭으로 가기 때문입니다.

한 가지 알아야 할 것이 있습니다. 우리는 다른 풀밭, 더 좋은 풀밭으로 간다고 하면 쉽게 내 환경이나 여건이 달라지거나 더 좋아지는 것을 생각할 수 있습니다. 다른 풀밭, 더 좋은 풀밭은 환경이나 여건이 달라지거나 좋아진다기보다 내가 영적으로 더 성숙하고 그래서 더 풍성한 은혜를 누리는 것으로 생각해야 합니다. 다른 은혜가 다른 풀밭이요 더 풍성한 은혜가 더 좋은 풀밭입니다.

다윗을 생각해봅시다. 다윗은 골리앗을 죽이고 그 후 블레셋과의 전쟁에서 승리한 다음 사울 왕의 미움을 받습니다. 사울이 죽이려 하자 도망을 다닙니다. 필사적으로 도망을 쳤습니다. 광야로 굴로 숲으로 산으로 심지어 블레셋 땅으로 두 번이나 도망을 갔습니다. 얼마나 다급했으면 블레셋 땅으로까지 도망을 갔겠습니까? 일촉즉발의 위기 속에 10년 정도 도망을 다녔습니다. 정말 힘들고 고통스러운 시간이었을 것입니다. 그런데 보세요. 다윗이 그렇게 하나님을 잘 섬기는 훌륭한 왕이 될 수 있었던 것은 바로 이 도망 다니는 세월이 있었기 때문이었습니다. 그 세월은 그에게 인생의 골짜기였습니다. 사망의 음침한 골짜기였습니다. 그 골짜기를 통과했을 때 그는 철저하게 하나님만 의지하는 사람, 모든 일을 두고 먼저 하나님께 기도하는 사람, 하나님을 사랑하고 하나님만 높이는 사람이 되어 있었습니다. 다윗에게 골짜기가 없었다면 그런 사람 될 수 없었습니다. 하나님은 도망이라는 인생의 골짜기를 통해 다윗을 더 푸른 풀밭, 더 풍성한 은혜의 세계로 인도하셨던 것입니다.

모세도 생각해봅시다. 그는 젊은 시절 자기 백성을 구하겠다는 결심도 있었고 용기도 있었습니다. 그런 그를 하나님은 광야로 보내셨습니다. 광야, 얼마나 황량한 곳입니까? 광야에서 40년 양을 치면서 40년을 살게 하셨습니다. 외롭고 쓸쓸하고 비참한 시간이었습니다. 광야 40년은 모세에게 골짜기였습니다. 괴로운 시간, 고난의 시간이었습니다. 그러나 이 광야를 지나오면서 모세는 자신을 다 내려놓고 하나님만 의지하는 사람으로 변화됩니다. 자신을 의지하지 않고 철저하게 하나님만 의지하는 사람으로 변화됩니다. 그 많은 이스라엘 백성들을 애굽에서 가나안까지 인도하기 위해서는 그런 사람이 되어야 할 필요가 있었기에 하나님이 모세를 광야라는 골짜기를 지나가게 하심으로 그런 사람으로 변화시키신 것입니다.

우리도 하나님의 양입니다. 다윗을 인도하시고 모세를 인도하신 하나님께서 오늘 우리도 인도하십니다. 우리는 모릅니다. 왜 내가 이런 고난을 당해야 하는지, 왜 내가 이런 골짜기를 지나가야 하는지 모릅니다. 그러나 하나님은 아십니다. 하나님이 보실 때 내가 이 골짜기를 지나갈 필요가 있습니다. 이 골짜기를 지나가야 내게 더 좋은 풀밭이 있습니다. 이 골짜기를 지나가야 내가 더 성숙한 하나님의 사람이 됩니다. 그래서 이 골짜기로 인도하셨습니다. 하나님은 착오가 없으십니다. 하나님은 실수하지 않으십니다. 하나님을 신뢰해야 합니다. 하나님이 이 골짜기로 인도하셨으니 좋은 풀밭으로 가는 줄 믿어야 합니다. 하나님 인도하신다. 하나님을 믿고 모든 것 하나님께 맡기고, 인생 골짜기에서 승리해야 합니다.

둘째, 이 골짜기는 지나가는 곳입니다

우리말 성경에는 그 의미가 정확하게 나타나 있지 않습니다만 영어 성경에는 여기 'through'라는 전치사가 사용되어 있습니다. Though I walk through the valley of the shadow of the death. walk through, 지나간다는 뜻입니다. 이 골짜기는 통과하는 골짜기, 지나가는 골짜기라는 뜻입니다. 들어갔는데 뒤가 막혀 있거나 그 끝이 낭떠러지나 절벽으로 되어 있는 그런 골짜기가 아닙니다. 그러면 through라는 전치사를 쓸 수 없습니다. 이 골짜기는 마치 터널과 같습니다. 이쪽으로 들어가서 통과해서 저쪽으로 나갑니다.

다른 풀밭으로 가기 위해 이 골짜기로 인도했으니 당연히 이 골짜기는 지나가는 골짜기입니다. 우리는 인생의 골짜기에서 '이 골짜기는 지나가는 골짜기'라는 사실을 믿어야 합니다.

돌이켜보면 지나간 여러분의 인생 여정에도 이런 골짜기를 통과한 적이 있었을 것입니다. 말할 수 없는 슬픔을 당한 적도 있었고 앞이 보이지 않아 이제는 정말 다 끝났다고 생각한 적이 있었을 것입니다. 그러나 우리는 결국은 그 골짜기를 통과하여 나왔습니다.

그 골짜기가 막혔더라면 우리는 지금 이 자리에 앉아 있을 수가 없습니다. 그때는 절망하고 낙심했었지만 결국은 다 지나갔습니다. 지금 골짜기도 마찬가지입니다. 지나가는 골짜기입니다.

양들이 이 골짜기 통과하므로 또 다른 풀밭으로 나오는 것처럼 우리도 골짜기들을 통과하여 또 다른 은혜의 세계로 나아갑니다. 인생 골짜기를 통과할 때마다 우리는 은혜의 더 깊은 세계, 더 풍성한 세계로 나아갑니다.

그래서 우리가 마지막 통과하는 골짜기가 죽음입니다. 많은 사람이 죽음은 끝이라고 생각합니다. 예수 믿는 사람 중에서도 무의식 중에 그렇게 생각하는 분들이 있습니다. 누군가가 죽었다고 하면 '골짜기를 통과하지 못하고 끝났구나' 생각합니다. 아닙니다. 죽음도 통과하는 골짜기입니다. 죽음은 우리 모두 지나가야 할 인생의 마지막 골짜기입니다. 가장 좋은, 가장 풍성한 영원한 풀밭으로 나아가는 마지막 지나가는 골짜기가 죽음입니다. 죽음도 지나가는 골짜기라는 것을 잊지 말아야 합니다.

여러분! 지금 그 골짜기, 염려 마십시오. 지나가면 됩니다. 통과하고 있습니다. 하나님을 신뢰하고 인내하십시오. 고통스럽고 힘들어도 하나님을 믿고 묵묵히 하나님의 인도만 따라가십시오. 절대로 여러분, 거기서 주저앉지 않습니다. 거기서 망하지 않습니다. 거기서 끝나지 않습니다. 끝까지 따라가다 보면 언젠가는 골짜기는 끝나고 골짜기 이편에서는 상상도 하지 못했던 아름다운 풀밭이 여러분 앞에 펼쳐지게 될 것입니다. through. 이 골짜기는 지나가는 골짜기라는 것 잊지 말아야 합니다.

셋째, 이 골짜기를 지날 때 목자가 곁에 있습니다

양들은 골짜기에서 겁을 집어먹습니다. 이상한 바위 그림자에도 놀라고 부스럭거리는 소리만 들려도 놀랍니다. 그러나 양들은 두려워하고 놀라기는 하지만 결코 해를 당하지는 않습니다. "내가 사망의 음침한 골짜기로 다닐지라도 해를 두려워하지 않을 것은 주께서 나와 함께하심이라" 주께서 나와 함께하신다고 했습니다. 그렇습니다. 골짜기에서 목자가 곁에 있습니다. 목자가 바로 곁에서 인도하고 보호합니다. 양은 목자가 바로 곁에서 인도하고 보호한다는 것을 인식할 때 겁을 먹지 않습니다. 두려워하지 않습니다. 평안을 누립니다.

밤에 아기가 자다가 깼습니다. 사방이 캄캄하니 겁이 나서 웁니다. 엄마가 어떻게 합니까? 손으로 아기의 가슴을 토닥토닥 두드려 줍니다. 무슨 뜻입니까? 토닥토닥. 엄마 곁에 있다, 엄마 곁에 있다, 엄마 곁에 있으니 겁내지 말라는 뜻입니다. 엄마가 토닥거려주면 아기는 엄마가 곁에 있다는 것을 확인하고 마음에 평안을 누리고 다시 잠이 듭니다.

오늘 우리의 인생 골짜기가 그러합니다. 우리가 인생 골짜기를 지나갈 때 하나님 곁에 계십니다. 보호하고 인도하십니다. 곁에 계시는 하나님의 보호와 인도를 확신할 때 참된 평안을 누립니다.

더욱 감사한 것은 우리가 인생의 골짜기를 통과할 때 목자가 보통 때보다 우리에게 더 가까이한다는 사실입니다. 본부 목장에 있을 때는 목자가 밤이 되면 집에 가서 잠도 잡니다. 그렇게 해도 거기는 안전하기 때문입니다. 이제 본부 목장을 떠나 이동을 하게 되면 목자는 양의 곁을 떠나지 않습니다. 같이 움직이고 같이 먹고 잠도 같이 잡니다. 그러다가 골짜기를 지나가게 되면 목자는 모든 관심을 총집중해서 양을 인도하고 보호합니다. 그래서 시편 23편에서도 '주께서 나와 함께하신다'는 말은 여기 4절에만 나옵니다.

저는 딸이 둘인데 둘 다 결혼했고 서울에 삽니다. 손주는 셋인데 하나는 중학생, 둘은 초등학생입니다. 한 번은 서울 한강변에 놀러 갔습니다. 점심을 먹고 손주들은 잔디밭에서 공을 차고 어른들은 한쪽에 앉아서 이야기를 나누고 있었습니다. 공을 차는 손주들은 애들 아빠 중 한 사람이 한 20m 정도 뒤에서 지켜보았습니다. 그렇게 떨어져 있어도 잔디밭에서 공을 차고 있기에 걱정할 것 없습니다. 그런데 제 손주가 캄캄한 밤에 골목길을 혼자 간다고 합시다. 그때도 아빠가 20m 뒤에서 따라갑니까? 아닙니다. 바로 곁에서 손을 꼭 잡고 갑니다. 아들이 겁을 먹으면 아들의 손을 잡은 아빠의 손에 힘이 들어갑니다. 목자 되신 우리 하나님이 그러하다는 말씀입니다. 우리가 위험한 골짜기를 지날 때 바로 우리 곁에 가까이 오셔서 함께하십니다.

창세기에 보면, 요셉에 관한 기록이 상당히 많습니다. 대략 10장 정도가 요셉에 관한 기록입니다. 그 많은 기록 중 하나님이 요셉과 함께했다는 말씀은 딱 세 번 나옵니다. 먼저 39장 2절인데 함께 읽겠습니다.

"여호와께서 요셉과 함께하시므로 그가 형통한 자가 되어 그의 주인 애굽 사람의 집에 있으니"

이게 언제입니까? '주인'이 나오니 노예일 때입니다. 그 다음은 39장 3절인데 "그의 주인이 여호와께서 그와 함께하심을 보며 또 여호와께서 그의 범사에 형통하게 하심을 보았더라"라고 했습니다.

이건 언제입니까? 여기도 '주인'이라는 말이 나오니 노예일 때입니다. 두 번이 요셉이 노예 생활할 때입니다. 마지막 한 번은 39장 21절인데 "여호와께서 요셉과 함께하시고 그에게 인자를 더하시며 간수장에게 은혜를 받게 하시매" 이건 언제입니까? '간수장'이라는 말이 나오니 감옥에 있을 때입니다. 여러분, 놀랍지 않습니까? 요셉의 그 긴 생에 가운데 하나님께서 요셉과 함께하셨다는 말씀은 딱 세 번 나오는데, 두 번은 노예살이할 때, 한 번은 감옥에 갇혔을 때, 다른 말로 하면 요셉이 사망의 음침한 골짜기를 지나갈 때입니다. 정말 놀라운 사실입니다. 다른 때는 하나님 요셉과 함께하지 않았습니까? 요셉은 경건한 사람이었고 하나님은 항상 요셉과 함께하셨습니다. 요셉의 한평생 하나님이 요셉과 함께하셨습니다. 그러나 하나님이 요셉을 가장 가까이한 것은 노예 생활할 때와 감옥에 있을 때였습니다. 요셉이 인생의 골짜기를 지날 때였습니다. 요셉은 그때 하나님 함께 하심을 실감했습니다. 하나님 그때 요셉에게 가장 가까이 계셨고 요셉은 그것을 체험한 것입니다.

여러분, 지금 고난 가운데 있습니까? 그렇다면 지금이야말로 하나님이 곁에 계십니다. 하나님을 확인해야 합니다. 하나님을 바라보세요. 기도하며 하나님을 의지하세요. 곁에 계시는 하나님을 확인할 수 있습니다. 양이 목자를 확인할 때 염려와 두려움이 사라지고 평안해지는 것처럼 우리도 하나님을 확인할 때 염려와 두려움이 사라지고 평안을 누립니다. 그러니 내 마음에 평안이 올 때까지 하나님을 찾아야 합니다. 하나님을 확인해야 합니다. 그러다가도 평안이 사라질 수 있습니다. 다시 골짜기를 쳐다보고 염려하며 두려워할 수 있습니다. 그러면 다시 하나님을 확인해야 합니다. 골짜기가 끝날 때까지 계속해서 하나님을 확인하고 하나님을 확인해야 합니다. 그래서 계속해서 하나님을 체험할 때 사망의 음침한 골짜기에서 끝까지 평안을 누리며 승리할 수 있습니다.

본문에는 목자가 우리를 골짜기에서 보호하고 인도하신다는 사실이 강조되어 있습니다. "주의 지팡이와 막대기가 나를 안위하시나이다"라고 했습니다. 여기 지팡이와 막대기는 목자가 지팡이와 막대기, 이렇게 두 개를 든 것이 아닙니다. 지팡이를 들었습니다만 양을 인도할 때는 지팡이로 사용되고, 맹수로부터 양을 보호할 때는 막대기로 사용됩니다.

그러니 지팡이로 인도하시고 막대기로 보호하십니다. 여러분, 지팡이와 막대기를 들고 내 곁에 서 계시는, 목자 되시는 우리 하나님을 생각해 보십시오. 얼마나 든든합니까? 골짜기에 있지만 고난 가운데 있지만 지금 하나님이 지팡이로 인도하십니다. 가장 좋은 길로 인도하십니다. 막대기로 모든 위험에서 보호하십니다. 그 누구도 나를 해칠 수 없습니다. 어떤 골짜기에서도 지켜주십니다. 주의 지팡이와 막대기가 나를 안위하십니다.

여러분, 여러분은 지금 어떤 인생의 골짜기를 지나가고 있습니까? 여러분이 어떤 골짜기에 있든지 분명한 것은 그 골짜기, 목자가 인도했습니다. 하나님 인도하시니 당연히 또 다른 풀밭으로 갑니다. 더 좋은 풀밭으로 갑니다. 이것을 믿어야 합니다. 그다음, through. 통과하는 골짜기입니다. 지나가면 됩니다. 아무리 골짜기가 길어도 끝이 있습니다. 지나간다는 것, 믿어야 합니다. 마지막으로 목자가 지팡이와 막대기를 들고 바로 곁에 있습니다. 바로 곁에서 인도하시고 보호하십니다. 목자를 확인해야 합니다. 이 하나님을 확인하고 신뢰하십시오.

"내가 사망의 음침한 골짜기로 다닐지라도 해를 두려워하지 않을 것은 주께서 나와 함께하심이라 주의 지팡이와 막대기가 나를 안위하시나이다."

이 말씀의 능력으로 인생의 골짜기에서 승리하는 우리 모두가 될 수 있기를 바랍니다.

5.
넘치는 잔

(시 23:5)

시편 23편은 4절과 5절에서 두 개의 큰 변화가 나타납니다.

첫 번째 변화는 4절부터 나타나는데 인칭의 변화입니다. 1절에서 3절까지 이 시편 저자는 하나님을 3인칭으로 표현했습니다. "여호와는 나의 목자시니 내가 부족함이 없으리로다. 그가 나를 푸른 풀밭에 누이시며…" 하나님을 '그', 영어로 'he', 즉 제3자로 표현했습니다. 우리 성경에는 이것이 잘 나타나 있지 않지만, 원문에는 "그가 나를 푸른 풀밭에 누이시고, 그가 나를 쉴 만한 물가로 인도하시는도다 그가 내 영혼을 소생시키시고, 그가 그의 이름을 위하여 의의 길로 인도하시는도다" 이렇게 '그'라는 말이 다섯 번이나 사용되고 있습니다. 하나님과 나와의 관계를 '그와 나'의 관계로 묘사하고 있는 것입니다.

그런데 4절에 와서는 하나님에 대한 표현이 3인칭에서 2인칭으로 바뀝니다. 우리 성경에는 이 또한 분명하지 않습니다. "내가 사망의 음침한 골짜기로 다닐지라도 해를 두려워하지 않을 것은 주께서 나와 함께하심이라." 주께서 나와 함께하심이라고, '주'라고 표현하고 있기 때문입니다. 하지만 여기 원어에 사용된 말은 영어로 'you, 당신'입니다. 우리 말 '당신'은 하나님에 대해 2인칭으로 사용하기에 적절한 말이 아니기에 당신이라는 말을 쓰지 않고 주로 번역한 것입니다. 본문을 그대로 번역하면 "내가 사망의 음침한 골짜기로 다닐지라도 해를 두려워하지 않을 것은 당신이 나와 함께하심이라. 당신의 지팡이와 당신의 막대기가 나를 안위하시나이다. 당신이 내 원수의 목전에서 내게 상을 차려주시고 당신이 기름을 내 머리에 부으셨으니 내 잔이 넘치나이다. 내 평생에 당신의 선하심과 인자하심이 반드시 나를 따르리니 내가 여호와의 집에 영원히 살리로다." 이렇게 되어 있습니다. 당신이라는 말이 여섯 번 나타납니다.

하나님을 3인칭으로 표현하는 것과 2인칭으로 표현하는 것의 차이가 무엇입니까? 하나님을 3인칭으로 표현하면 하나님께서 내게 베푸시는 은혜를 독자들에게 말하는 것이 됩니다. 이런 경우 그것이 사실이라는 것이 강조됩니다. 그런데 하나님을 2인칭으로 표현하면 하나님께서 베푸신 은혜를 하나님께 고백하는 것이 됩니다. 이런 경우는 표현으로 나타나지는 않아도 내 마음을 나타냅니다. "이래서 감사합니다. 그래서 기쁩니다" 하는 뜻이 됩니다.

우리는 이 점에서 이 시의 점진성을 볼 수 있습니다. 1절에서 3절은 하나님과 나와의 관계가 '그와 나'의 관계였습니다. 하나님이 목자로서 나를 돌보시는 은혜를 객관적으로 묘사했습니다. '나를 푸른 풀밭에 눕게 하시고 내 영혼을 소생시켜주셨습니다.' 4절부터는 하나님과 나의 관계가 당신과 나의 관계입니다. '내가 사망의 음침한 골짜기를 갈 때도 당신이 나와 함께하셨습니다. 당신의 지팡이와 막대기가 나를 안위하십니다. 감사합니다.' 이런 의미가 됩니다. 하나님과 더 가까워지고 하나님과의 관계가 더 깊어진 것입니다.

두 번째 변화는 5절에서 나타나는데, 장면 즉 모습의 변화입니다. 우리는 이 시편 23편을 생각할 때 목자와 양의 모습을 떠올립니다. 목자와 양이 이 시의 주된 모습인 것 분명합니다. 그러나 이 시편 전체가 목자와 양의 비유로 되어 있는 것은 아닙니다. 이제 오늘 말씀 드리는 5절은 새로운 모습, 새로운 장면을 보여주고 있습니다.

자, 보십시오. 하나님께서 상을 차려주셨는데 아주 풍성한 식탁입니다. 잔이 넘치고 있습니다. 하나님께서 나의 머리에 기름을 부었다고 했습니다. 머리에 기름을 붓는 것은 손님을 최고로 환영하는 유대인의 풍습입니다. 유대인은 귀한 손님이 왔을 때 머리에 기름을 부어줍니다. 이렇게 볼 때, 5절부터는 하나님과 나의 관계를 하나님은 나를 위해 풍성한 식탁을 차려놓으신 주인의 모습으로, 나는 거기에 최고의 예우로 초대된 손님의 모습으로 그리고 있음이 분명합니다. 하나님은 주인이고 나는 최고의 예우로 초대된 손님인 것입니다.

이 시편이 이렇게 두 가지 비유로 되어 있다는 사실이 이 시편의 통일성을 훼손하는 것 아닙니다. 오히려 이 두 가지의 비유는 점진적인 성격을 가지고 있습니다. 시편의 내용이 뒤로 갈수록 더 깊어지고 풍성해지고 있습니다. 그와 나의 관계로 나타나면서 '목자'와 '양'의 비유로 묘사되다가 '당신'과 '나'의 관계로 나아가고, 마침내 이제는 '주인'과 '아주 극진한 손님'의 관계로 발전되어 묘사되고 있는 것입니다.

이렇게 뒤로 갈수록 하나님과 나의 관계가 더 가까워지고 하나님 베푸시는 은혜가 더 풍성한데, 6절은 결론이기 때문에 오늘 본문 5절 말씀이 시편 23편의 절정, 클라이맥스입니다. 하나님의 은혜의 절정이 5절에 나타납니다. 5절 함께 읽겠습니다.

"주께서 내 원수의 목전에서 내게 상을 차려주시고 기름을 내 머리에 부으셨으니 내 잔이 넘치나이다."

주께서 내 원수의 목전에서 내게 상을 차려주셨다고 했습니다. 이 상이 무엇을 의미합니까? 상은 하나님께서 우리에게 주시는 영육간의 모든 은혜, 모든 돌보심을 말합니다. 하나님의 사랑의 대상으로서, 독생자를 주고 구원하신 하나님의 가장 귀한 손님으로서 우리가 받는 모든 은혜가 이 상 위에 차려져 있습니다.

여기에는 영적인 돌보심과 육적인 돌보심이 다 차려져 있습니다. 요즈음 우리 주위에는 너무 육신적 복을 강조하는 신앙의 흐름이 있습니다. 예수 믿는 것을 세상에서 육신적으로 복 받는 것으로 직결시키는 사람들이 있습니다. '예수 잘 믿으면 부자 되고, 성공하고, 출세한다.' 이런 가르침은 잘못입니다. 그러나 하나님의 돌보심을 영적인 의미로만 해석해서 육신적인 것은 하나님께 기대하지 않아야 한다는 생각도 잘못입니다. 하나님께서 우리의 영혼을 먼저 구원하시는 것처럼 복도 영적인 복을 먼저 받아야 합니다. 영적인 복이 더 귀하고 더 중요합니다. 그러나 하나님의 육신적인 관심과 육신적인 복도 무시해서는 안 됩니다.

예수님은 마태복음 6장 33절에서 말씀하셨습니다.

"그런즉 너희는 먼저 그의 나라와 그의 의를 구하라. 그리하면 이 모든 것을 너희에게 더하시리라"

하나님 나라와 하나님의 의를 먼저 구하라고 했는데 하나님 나라와 하나님의 의가 무엇입니까? 하나님을 기쁘게 해드리는 것이요 영적인 것을 구하는 것입니다. 그런데 여기 영적인 것을 구하면 그것으로 끝이 아닙니다. 영적인 것을 먼저 구하면 그다음 이 모든 것을 너희에게 더하시리라고 했습니다. 이 모든 것이 뭡니까? 앞의 말씀을 보면 '무엇을 먹을까, 무엇을 마실까, 무엇을 입을까?' 육신적인 것들입니다. 영적인 것을 구하면 육신적인 것도 채워주신다는 뜻입니다. '먼저 그의 나라와 그의 의를 구하라.' 먼저, 순서를 바꾸지 말라는 것이지, 육신적인 것 하나님께 기대하지 말라는 뜻이 아닙니다. 하나님은 우리의 영혼의 필요를 채워주시고, 우리의 육신의 필요도 채워주십니다. 영육 간에 풍성하게 상을 차려주십니다.

'나는 풍성한 은혜를 받지 못하고 있는데?' 생각하십니까? 하나님의 은혜를 물량적으로 이해하고 있는 것은 아닙니까? 하나님의 은혜가 양적으로 많아야 풍성한 것으로 생각하는 것이 잘못입니다. 보세요. 한 달에 천만 원을 벌어도 가난한 사람 있고, 백만 원을 벌어도 부유한 사람 있습니다. 가진 것이 많은데도 더 못 가져서 불만인 사람이 있고 가진 것이 적은데도 나는 많이 가졌다고 생각하고 가난한 사람들과 나누며 사는 사람이 있습니다. 진수성찬 앞에서도 불평과 불만이 가득한 사람이 있는가 하면, 밥 한 그릇 반찬 한두 가지 앞에서도 경건한 마음으로 두 손을 모아 쥐고 뜨겁게 감사의 기도를 드리는 사람이 있습니다. 누구의 식탁이 더 풍성합니까?

하나님이 내게 주시는 은혜를 믿음의 눈으로 보아야 합니다. 하나님은 이 모습 이대로 지금 나를 위해 풍성한 식탁을 차려놓고 계십니다. 하나님은 지금 나에게 영육 간에 은혜를 베풀고 계십니다. 깊이 생각해보세요. 지금 내게 주시는 하나님의 은혜는 넘치고 있습니다.

그다음 생각해야 할 것은, 이 상이 어디에서 차려졌는가 하는 것입니다. 원수의 목전에서 내게 상을 차려주셨다고 했습니다. 원수는 나를 미워하고, 나를 괴롭히고, 어떻게 하든지 나를 망하게 하려는 세력입니다. 원수의 목전에서 상을 차려주셨습니다.

우리에게는 많은 원수가 있습니다. 우리를 미워하고 괴롭히는 사람도 있고, 건강을 위협하는 질병도 있고, 어떻게 하든지 우리를 넘어뜨리려는 사탄의 공격도 있습니다. 원수의 목전이라는 말은 바로 이 원수를 목전, 눈앞에서 만났다는 뜻입니다. 우리 속담에 원수는 외나무다리에서 만난다는 말이 있는데, 바로 그 뜻입니다. 원수의 위협 앞에서 꼼짝할 수 없는 상황에 빠졌다는 뜻입니다. 그러니 원수의 목전에서 상을 베푸신다는 말은 바로 이러한 때, 즉 절망적인 위기의 자리에서 하나님 나를 향해 그 위대하고 전능하신 구원의 팔을 펴신다는 말씀입니다.

이 시편의 저자인 다윗에게는 원수가 많았습니다. 시편 3편 1절에 "여호와여 나의 대적이 어찌 그리 많은지요 일어나 나를 치는 자가 많으니이다" 했습니다. 젊은 시절 사울 왕에게 미움을 받아 쫓겨 다녔을 때 여러 번 절망적인 자리에 처했습니다. 왕이 된 이후에도 많은 대적들이 있었습니다.

그러나 다윗은 이러한 생애 한가운데에서 고백합니다. "주께서 내 원수의 목전에서 내게 상을 차려주셨습니다." 나는 절망할 수밖에 없었고, 나는 끝났다고 생각했는데 주님은 그때마다 나를 구원해주셨고 은혜를 베풀어주셨다는 간증입니다.

실제 그러했습니다. 한 가지만 예를 들면 사무엘상 23장을 보면 다윗이 사울을 피해 도망 다닐 때 한번은 마온 황무지라는 곳에 있었습니다. 그런데 어떤 사람이 이 사실을 사울에게 알려주었습니다. 사울이 다윗이 있는 곳을 포위했습니다. 완전히 포위했습니다. 다윗이 꼼짝없이 죽게 되었습니다. 원수의 목전이었습니다. 절체절명의 위기였습니다. 그런데 하나님 어떻게 하셨습니까? 갑자기 블레셋이 쳐들어옵니다. 블레셋이 쳐들어오니 사울이 블레셋과 싸우기 위해 급히 물러갈 수밖에 없었습니다. 원수의 목전에서 상을 차려주시는 하나님의 손길이었습니다.

여러분, 혹 원수의 목전에 있습니까? 이제부터 하나님의 역사가 시작됩니다. '사람의 끝은 하나님의 시작'이라는 말이 있습니다. 맞는 말입니다. 이제부터 하나님의 역사가 시작됩니다. 하나님을 믿고 하나님을 의지하십시오. 원수의 목전에서 그 전능한 오른팔을 펴시어 풍성한 상을 차려주시는 하나님의 역사, 이 역사를 우리는 믿어야 합니다.

이제 관심을 기울여야 할 것은 이 상의 풍성함입니다. 상 위에는 하나님이 준비하신 음식이 가득 차려져 있습니다. 풍성합니다. 풍성하다는 것을 어떻게 아느냐고요? 본문에 이 식탁이 풍성하다는 것을 증거하는 두 가지가 있습니다.

하나는 주인이 나의 머리에 기름을 부었다는 사실입니다. '내 머리에 기름을 부으셨으니.' 하나님 내 머리에 기름을 부으셨습니다. 손님의 머리에 기름을 붓는 것은 유대인들도 아무에게나 하는 것은 아닙니다. 귀한 손님을 초대했을 경우 베푸는 특별한 예의입니다. 그것도 보통은 하인이 기름을 붓지만, 최고로 귀한 손님은 주인이 직접 기름을 붓습니다. 본문은 하나님이 직접 내 머리에 기름을 부으셨다고 했습니다. 지금 하나님은 나를 최고의 손님으로 대접하고 있다는 뜻입니다. 손님이 귀한 분이라면 그를 위해 예비한 상이 풍성하리라는 것은 당연한 이치입니다.

또 한 가지는 지금 내가 마시는 잔이 넘치고 있다는 사실입니다. "내 잔이 넘치나이다." 이 고백이 시편 23편의 절정입니다. 잔이 넘친다는 말이 무슨 뜻입니까? 잔이 실제 넘치는 것은 아닙니다. 음료를 잔에 넘치도록 따르진 않습니다. 이건 이 풍성한 식탁을 받은 다윗의 마음의 상태를 표현한 것입니다. 이 식탁이 너무 풍성해서 다시 말해 하나님 주시는 은혜가 너무 커서 마음의 잔이 넘치고 있다는 것입니다. '내 잔이 넘치나이다.' 완전한 만족, 넘치는 기쁨, 말할 수 없는 감격, 말할 수 없는 행복의 고백입니다.

우리는 먼저 세상의 그 어떤 것으로도 "내 잔이 넘치나이다"라고 고백할 수 없음을 알아야 합니다. 돈으로 우리의 잔이 채워지겠습니까? 채울 수 없습니다. 하나님을 떠난 인생에게 돈은 많은 경우 오히려 더 많은 갈증을 가져오게 하는 원인이 될 뿐입니다. 쾌락은 어떠합니까? 수많은 현대인이 쾌락으로 잔을 채우려고 발버둥치고 있습니다. 불행한 일입니다. 목마른 사람이 바닷물 마시는 것과 같습니다. 더 갈증을 느낄 뿐입니다. 명예도, 권력도 다 마찬가지입니다. 채워질 듯, 채워질 듯하지만 채워지지 않습니다. 세상의 그 무엇으로도 이 잔은 채워지지 않습니다.

2차 세계대전 때 이야기입니다. 사막에서 전투를 할 때, 낙오한 병사들이 사막에서 많이 죽었습니다. 나중에 시체를 찾고 보니 한 가지 이상한 것은 한결같이 모래를 가득 먹어 모래가 식도를 막아 죽어 있었습니다. 아니 어떻게 사막에서 모래를 먹고 죽습니까? 사막에서 낙오하여 헤매니 마지막에 찾아오는 고통이 목이 마른 것입니다. 목이 말라 견딜 수가 없습니다. 목이 말라 고통 가운데 죽어 가는데 갑자기 앞에 가물가물하게 뭔가가 보입니다. 자세히 보니 나무가 있고 푸른 풀밭이 있고 맑은 시냇물이 흐릅니다. 얼마나 반갑습니까? 달려가서 물속으로 뛰어들어 손으로 물을 마구 퍼마십니다. 하지만 그것은 신기루입니다. 모래밭인데 그렇게 보입니다. 모래를 퍼먹는 것입니다. 모래가 식도에 들어가 질식해 죽었습니다. 세상 것들로 우리의 갈증을 해소시키려는 것이 이와 같습니다. 신기루입니다. 허무와 허탈감밖에 남는 것 없습니다.

그런데 다윗은 어떻게 해서 그의 잔이 넘쳤습니까? 하나님의 은혜를 깨달은 것입니다. 하나님의 은혜, 하나님의 은혜를 진정으로 깨달을 때 우리의 잔은 넘치게 됩니다. 중요한 것은 다윗이 깨달은 하나님의 은혜는 그림자라는 사실입니다. 은혜의 실체는 예수님이요, 은혜의 정점은 십자가입니다. 다윗은 십자가의 은혜를 그림자로 체험했습니다. 그런데도 잔이 넘친다고 고백했습니다. 우리는 십자가의 은혜를 실제 체험했습니다. 십자가의 은혜를 받았습니다. 그러므로 우리의 잔은 더욱 넘쳐야 합니다.

십자가에 달리신 주님을 생각해 보십시오. 양손과 양발에 큰 못이 박혀서 구멍이 뚫렸습니다. 그 구멍으로 몸속에 있는 물과 피가 다 쏟아져 내립니다. 체내의 모든 피가 다 흘러내릴 때 입술이 갈라지고 혀가 갈라지고 속에서 불이 타오르면서 견딜 수 없는 갈증의 고통이 찾아옵니다. 모든 것을 참으신 주님입니다만 이 갈증만은 참을 수가 없습니다. 마침내 십자가 위에서 "내가 목마르다" 부르짖었습니다.

왜 주님이 목이 말라야 했습니까? 그는 목이 말라야 할 분이 아니지 않습니까? 이사야 55장 1절에 "너희 목마른 자들아 물로 나아오라 돈 없는 자도 오라 너희는 와서 사 먹되 돈 없이, 값없이 와서 포도주와 젖을 사라"라고 목마른 자들에게 생수를 주시겠다고 초청하신 장본인이 바로 주님이십니다. 사마리아 수가성 우물가에서 영적으로 목말라 허덕이던 여인을 영원히 목마르지 않는 생수로 채워주신 분이 예수님입니다. 아니 그는 하늘나라 생명수 강의 주인입니다. 그런데 그가 왜 십자가 위에서 그토록 목이 말라야 했습니까?

고린도후서 8장 9절은 말씀합니다.

> "우리 주 예수 그리스도의 은혜를 너희가 알거니와 부유하신 이로서 너희를 위하여 가난하게 되심은 그의 가난함으로 말미암아 너희를 부유하게 하려 하심이라."

그의 가난으로 말미암아 우리가 부유하게 되었다는 말씀입니다. 그의 목마름으로 말미암아 우리가 생수를 마시게 되었다는 진리입니다. 내가 목말라야 할 텐데, 내가 지옥에서 영원히 고통 가운데 목마르다고 부르짖어야 할 텐데 주님이 십자가 위에서 그 갈증을 대신 당하시고 우리에게는 영원히 갈하지 않는 생수를 주셨습니다. 주님의 그 목마름을 대가로 우리의 잔이 넘치게 된 것입니다.

"내 잔이 넘치나이다."

십자가 은혜의 고백입니다. 우리는 시편 23편의 절정에서 주님의 십자가를 봅니다.

여러분, 십자가를 생각해 보십시오. 하나님의 독생자 예수님이 내 죄를 대신해서 십자가의 죽으셨습니다. 내 죽음을 대신하셨습니다. 그리고는 내게 영생을 주셨습니다. 예수님이 십자가에서 하나님에게서 끊어지셨습니다. '엘리 엘리 라마사박다니.' 하나님에게서 끊어진 것이지요. 내가 죄로 인해 하나님과 끊어져 있었는데 예수님 대신 끊어지시고 나는 하나님의 자녀가 되어 하나님과 영원한 교제를 나누게 되었습니다. 예수님 십자가에서 수치를 당하셨습니다. 내가 죄로 인해 수치를 당해야 하는데 예수님 대신 당하시고 나는 영광스러운 하나님의 백성 되게 해주셨습니다. 얼마나 큰 은혜입니까? 이 은혜를 바로 깨달을 때 우리의 잔은 넘치고 있습니다. 십자가의 은혜로 지금 이대로 우리의 잔은 넘치고 있습니다.

찬송가 305장 "나 같은 죄인 살리신" 찬송은 존 뉴턴이 지은 것입니다. 그는 원래 아프리카 흑인을 노예로 팔아먹던 노예 상인이었습니다. 죄 없는 흑인들을 잡아다가 백인사회에 팔아먹는 것을 직업으로 했던 사람이었습니다. 노예 상인을 하면서 노예를 상대로 못된짓 많이 했습니다. 그러던 그가 하나님의 은혜로 구원받았을 때 그 감격을 노래한 것이 이 찬송입니다.

"나 같은 죄인 살리신 주 은혜 놀라워
잃었던 생명 찾았고 광명을 얻었네."

'나 같은 죄인, 얼마나 큰 죄를 밥 먹듯 일삼던 나 같은 죄인인데, 나 같은 죄인을 대신해서 주님 십자가에 못 박혀 죽으셨는가!' 생각하면 할수록 그 은혜가 놀라웠습니다. 십자가 앞에서 은혜의 잔은 넘쳤습니다. 그래서 그는 이 찬송을 지어 한평생 이 은혜를 간증했습니다.

여러분! 여러분은 이 찬송을 부를 때 무슨 생각을 하십니까? '뉴턴은 노예 상인으로 못된 죄를 많이 지었으니까, 나 같은 죄인이라고 고백했지. 나야 뭐 그런 죄는 짓지 않았으니까…' 이렇게 생각하십니까? 깊이 생각해 보십시오. 하나님 앞에서 내 모습 숨김없이 드러내 볼 때, 하나님 앞에서 내 마음 깊은 곳에 있는 죄악들을 다 드러낼 때 내가 죄인 중의 괴수 아닙니까? 나야말로 나 같은 죄인 아닙니까? 나 같은 죄인을 위해 주님 십자가에서 죽으셨습니다.

얼마나 큰 은혜요, 얼마나 놀라운 감격인지 모릅니다. '내 잔이 넘치나이다.' 나의 고백 나의 간증입니다. 이 은혜로 우리는 환경을 이깁니다. 이 은혜로 우리는 어떤 환경 속에서도 감사와 기쁨으로 승리하며 살아갑니다. 참으로 '내 잔이 넘치나이다.' 이 은혜, 이 감격이 우리의 심령에 충만할 수 있기를 바랍니다.

6.
영원한 삶

(시 23:6)

    신학교 다닐 때 졸업여행을 제주도로 갔는데, 덕분에 한라산 등반을 했습니다. 한라산은 그때 한 번 올라가 보고 다시 올라가 보지 못했으니 그것이 제게 유일한 한라산 등반이었습니다.

    한라산을 등반할 때 세 가지 기쁨이 있었습니다. 하나는 올라갈 때의 기쁨이었습니다. 올라가는데 세 시간 이상 걸렸는데 물론 땀도 나고 힘도 들었습니다만 펼쳐지는 자연의 아름다움 속에서 하나님의 솜씨를 보는 것은 큰 기쁨이 아닐 수 없었습니다. 한라산은 신기하게 높이에 따라 색깔과 모양이 달랐습니다. 올라가면서 계속 다른 장면을 보여주었습니다. 그 경치를 감상하면서 창조주 하나님을 생각한다는 것은 참으로 큰 기쁨이었습니다.

    두 번째는 정상에 섰을 때의 기쁨이었습니다. 불어오는 시원한 바람에 땀을 씻을 때 가슴이 한없이 넓어지고, 삶의 찌꺼기들이 다

씻겨 나가는 것 같았습니다. 우리는 거기서 "주 하나님 지으신 모든 세계" 찬송을 함께 불렀습니다. 그것은 감동 그 자체였습니다.

한 가지 기쁨이 더 있었습니다. 산에서 내려오기 위해 반대편 봉우리에 섰을 때입니다. 우리는 동쪽에서 올라갔기 때문에 서쪽으로 내려왔는데, 산에서 내려오기 위해 서쪽 봉우리에 서니 거기에는 지금까지 보지 못했던 새로운 세계가 펼쳐져 있었습니다. 올라올 때 보았던 산의 모습과는 전혀 다른 탁 트인 푸른 초원이 끝없이 펼쳐져 있었습니다. 그 장면을 마주하고 섰을 때 가슴이 벅차던 기억이 지금도 생생합니다. 그 장관은 산꼭대기를 넘어선 사람만이 볼 수 있는 풍경이요, 그 기쁨은 산 정상을 지나온 사람만이 맛볼 수 있는 기쁨이었습니다.

우리가 지금까지 시편 23편이라는 산을 등반했다고 생각해봅시다. 이 산으로 올라오는 동안 하나님의 솜씨들을 보았습니다. 시시때때로 이모저모로 돌보시는 하나님의 은혜, 푸른 풀밭에 눕게 하시고, 영혼을 소생시키시고, 사망의 골짜기에서 함께하시는 은혜를 보면서 기뻐했습니다. 지난주에는 이 산의 정상에 섰습니다. 우리는 이 산의 정상에서 주님의 십자가를 보았고, 그 십자가 밑에서 내 잔이 넘친다고 감격했습니다. 이제 오늘 본문 6절 말씀은, 산의 정상을 지나 산 너머에서 펼쳐지는 새로운 세계입니다. 지금까지는 볼 수 없었던 세계요, 이 산의 정상을 지나온 사람만이 볼 수 있는 세계입니다. 6절을 함께 암송하겠습니다.

"내 평생에 선하심과 인자하심이 반드시 나를 따르리니 내가 여호와의 집에 영원히 살리로다."

여기 여호와의 집에 영원히 산다고 했습니다. 영원한 세계가 눈앞에 펼쳐져 있습니다. 영원한 세계, 지금까지 볼 수 없었던 산 너머의 세계요, 십자가의 정상을 지나온 사람만이 볼 수 있는 세계임이 분명합니다.

여호와의 집, 영원한 삶은 죽음 이후부터 시작됩니다. 죽음 이후 영원한 세계가 열립니다. 그러므로 우리에게는 영원한 삶이 시작될 때까지 이 세상에서의 삶이 아직 남아 있습니다. 이 삶에 대한 약속의 말씀도 필요합니다. 그래서 본문에는 영원한 삶이 지금 앞에 펼쳐져 있습니다만 거기에 대해 말하기에 앞서 남은 삶에 대한 말씀을 합니다. 내 평생에 선하심과 인자하심이 나를 따른다는 말씀입니다. 우리 성경은 "선하심과 인자하심이 나를 따르리니 내가 여호와의 집에 영원히 거하리로다"라고 해서 하나의 문장으로 되어 있습니다만 원래는 두 개의 문장입니다. '내 평생에 선하심과 인자하심이 나를 따른다. 내가 여호와의 집에 영원히 산다.' 이렇게 되어 있습니다.

선하심과 인자하심 우리의 남은 삶에 대한 약속의 말씀입니다. 선하심과 인자하심은 원문에는 당신의 선하심과 인자하심입니다. 하나님의 선하심과 인자하심입니다. 나를 따른다는 말은 나와 함께 한다는 뜻인데 미래형입니다. 앞으로 남의 생애에 그렇게 한다는 뜻입니다.

생각해보면 하나님은 변함이 없으신 분이기에 우리의 미래도 과거에서 지금까지 우리를 돌보신 것과 똑같이 돌보십니다. 우리가 지금까지 살펴본 시편 23편 1-5절 말씀은 하나님이 우리를 지금까지 돌보신 은혜입니다. 이 은혜가 우리의 미래에도 똑같이 우리를 돌봅니다. 이렇게 볼 때 1-5절의 우리를 돌보시는 하나님의 은혜를 총정리해서 요약한 것이 선하심과 인자하심입니다.

'선하심'은 히브리어로 '토브'(טוב)라는 단어인데 '좋다', '선하다'라는 뜻입니다. 하나님은 선하시기 때문에 우리를 잘 돌보아주시고 보살펴주십니다. 내 모든 형편과 사정을 살펴서 적절하게 보살펴주시고 간섭하시고 인도하시는 모든 은혜는 하나님의 선하심입니다. 날마다 우리에게 영육 간에 필요한 복을 주시는 것은 하나님의 선하심입니다.

'인자하심'은 히브리어로 '헤세드'(חסד)라는 말인데 우리의 죄악과 부족함에도 불구하고 은혜를 베푸시는 하나님의 성품으로 구약에서 하나님의 성품을 묘사하는 단어로 제일 많이 나타납니다. 하나님은 인자하시기 때문에 우리가 죄를 지을 때 때 참으시고, 회개할 때 용서해 주십니다. 우리가 거듭해서 죄를 지어 하나님의 마음을 아프게 하지만 하나님 노하지 아니하시고, 용서를 구할 때마다 용서해 주시는 것은 하나님의 인자하심이 우리와 함께하시기 때문입니다.

선하심과 인자하심, 선하심만이 아닙니다. 우리는 죄를 용서받아야 합니다. 인자하심만도 아닙니다. 죄 용서받는 것만으로 세상을 살아갈 수는 없습니다. 그래서 인자하심은 우리의 죄를 용서하시고 선하심은 우리로 세상을 살아갈 수 있는 은혜를 베푸십니다.

하나님을 두려운 하나님, 무서운 하나님으로 생각하는 분들이 있습니다. 제가 목회할 때 어떤 분이 제게 말했습니다. "목사님! 저는 요즈음 모든 것이 잘 되는데, 이러다가 하나님 저를 탁 치는 것 아닌지 겁이 납니다." 이 분은 자기가 신앙생활 하는 것을 생각할 때 복 받을 자격이 없는 것 같은데, 모든 것이 잘 되니 불안하다는 겁니다. '하나님이 이러다가 언제 갑자기 벌을 주실 거야.' 이런 생각을 하고 있었습니다. 정말 잘못된 생각입니다. 그런데 이런 생각 갖고 계신 분이 예상외로 많습니다.

여러분, 분명히 아세요. 하나님은 선하고 인자하십니다. 시편 성도도 거듭 말했잖아요. "그는 선하시고 그 인자하심이 영원함이로다." 하나님의 이 성품을 믿어야 합니다. 저는 성경에서 하나님의 이 두 성품을 제일 잘 보여주는 사건이 누가복음 15장에 탕자가 집에 돌아올 때라고 생각합니다. 여러분, 탕자 이야기 잘 아시지요. 아버지 아직 살아 계시는데 자기 재산 미리 달라고 했습니다. 유대인 사화에서는 이 자체가 큰 불효입니다. 그리고는 먼 나라로 가서 허랑방탕하고 거지가 되어 죽을 지경이 되니 집에 돌아옵니다. '아버지 집에는 먹을 것이 풍성한 품꾼도 많은데…' 생각하고, 자신을 품꾼 중 하나로 받아달라고 말하기로 결심하고 집에 돌아옵니다.

이런 아들을 아버지가 어떻게 대했습니까? 여기서 아버지의 성품을 정확하게 나누기는 어렵지만 대강 한 번 나누어 보십시다. 아버지는 멀리서 아들을 알아보고 달려고 목을 안고 입을 맞춥니다. 왜 집을 나갔느냐, 왜 허랑방탕 생활했느냐 한마디도 묻지 않았습니다. 아들이 돌아온 그 순간에 이런 질문 했으면 어떻게 되었겠습니까? 그런데 다 덮었습니다. 한마디도 묻지 않았습니다. 그냥 품에 안고 입을 맞추고 기뻐합니다. 인자하심입니다. 그렇지요. 아들의 모든 허물을 다 덮어주는 하나님의 인자하심입니다. 그리고는 말합니다. "죽었던 아들이 돌아왔다. 손에 가락지를 끼워라. 발에 신을 신기라. 살찐 송아지를 잡아 잔치를 베풀어라." 선하심입니다. 선하심이지요. 얼마나 인자하시고 얼마나 선하십니까? 바로 이 선하심과 인자하심이 나와 함께한다는 것입니다. 다른 사람이 아닌 바로 나를 하나님의 선하심과 인자하심으로 대하십니다. 얼마나 감사한지 모릅니다.

선하심과 인자하심이 내 평생에 나를 따른다고 했습니다. 여기 '평생'이란 말, 영어로는 "all the days of my life"입니다. 앞으로 남은 나의 삶의 모든 날들입니다. 그냥 평생보다 더 좋은 표현입니다. 나의 삶의 모든 날들에 그것이 어떤 날이든 관계없이 그 하루하루마다 하나님의 선하심과 인자하심은 나와 함께하실 겁니다. 내 생애의 모든 날들에 단 하루도 예외 없이 하나님의 선하심과 인자하심은 나와 함께합니다.

우리에게는 기쁜 날도 있지만 슬픈 날도 있습니다. 기쁜 날, 좋은 날, 행복한 날, 하나님의 선하심과 인자하심이 함께한다는 것을 믿는 것 어렵지 않습니다. 문제는 우리에게 기쁘고 좋은 날만 있는 것이 아니라는 사실입니다. 사업에 실패하기도 합니다. 질병으로 괴로움을 겪는 날도 있습니다. 말 못할 괴로움으로 고통당하는 날이 있습니다. 사랑하는 사람의 죽음을 경험하는 날도 있고 내가 세상을 떠나는 날도 있을 것입니다. 이런 날도 하나님의 선하심과 인자하심은 나와 함께하십니다.

앞서 우리가 찬송가 390장 불렀습니다. 3절 옛날 가사가 이렇습니다. "괴로우나 즐거우나 예수가 거느리시네" 우리가 세상 살다 보면 괴로울 때가 있고 기쁠 때가 있습니다. 괴로울 때도 주님이 거느리고 기쁠 때도 주님이 거느리십니다. 풍파 중에도, 평안할 때도 하나님의 선하심과 인자하심이 나와 함께하십니다.

여러분, 여러분이 어떤 환경에 있든 하나님은 선하심과 인자하심으로 보살펴주시고 은혜를 베풀어주십니다. 내 생애 모든 날들에 하나님의 선하심과 인자하심이 나와 함께하심을 믿고 하루하루 날마다 승리하며 살아가야 합니다.

이제 영원한 세계를 바라봅시다. "내가 여호와의 집에 영원히 살리로다." 이것은 분명히 산 너머의 세계입니다. 산 이편에서는 볼 수 없었던 산 저편의 세계입니다. 이제 절정을 넘어 새로운 세계가 펼쳐지고 있는 것입니다.

이 새로운 세계는, 우리에게는 세상의 삶이 모든 것이 아님을 가르칩니다. 지금까지 시편 23편은 우리가 세상에 사는 동안 우리에게 필요한 모든 은혜를 약속했습니다. 그러나 이것이 전부가 아닙니다.

성도가 누리는 최종적인 은혜는 세상에서 받는 것이 아닙니다. 세상은 우리의 영원한 집이 아닙니다. 우리는 이 땅에서 어디까지나 나그네요, 순례자입니다. 하나님의 모든 돌보심, 하나님의 선하심과 인자하심의 모든 은혜도 순례길에서 받는 복입니다. 마지막 복, 가장 큰 은혜는 여호와의 집에서 영원히 살게 되는 것입니다.

여호와의 집, 하나님의 나라, 이것이야말로 성도의 궁극적 복이요, 최고의 복이요, 최고의 소망입니다. 우리의 구원은 거기서 비로소 온전히 이루어집니다. 하나님이 우리에게 주시는 모든 은혜와 복은 거기서 완성됩니다. 그런데 보십시오. 오늘 우리에게 이 소망이 흐려져 가고 있습니다. 천국에 대한 믿음 자체가 희미해져 가고 있습니다. 성경 한 곳만 보겠습니다. 고린도후서 5장 1절에 "만일 땅에 있는 우리의 장막 집이 무너지면 하나님께서 지으신 집 곧 손으로 지은 것이 아니요 하늘에 있는 영원한 집이 우리에게 있는 줄 아느니라"라고 하였습니다. 땅에 있는 우리의 장막 집은 우리의 몸입니다. 장막집이 무너진다는 말은 몸이 무너지니 죽는 것입니다. 죽으면 어떻게 된다고 했습니까? 하늘에 영원한 집이 있다고 했습니다. 영원한 집으로 이사를 가 영원히 살게 된다는 진리입니다.

영원한 집, 죽음 이후의 여호와의 집이 영적인 장소로 존재합니다. 바울은 환상 중에 천국에 이끌리어 간 적이 있었는데 그곳이 너무 좋아 자신이 몸 안에 있었는지, 몸 밖에 있었는지 모를 지경이라고 했습니다. 거기에서 들은 말은 사람의 언어로 옮길 수가 없다고 했습니다. 황홀 상태를 가리킵니다. 우리는 바로 그 천국에서 하나님과 영원히 살게 됩니다.

하나님과 함께 사는 것, 이것이 천국의 기쁨의 본질이요, 핵심입니다. 여러분이 신앙생활 가운데 하나님의 임재를 체험했을 때가 있을 것입니다. 우리가 찬양을 하면서 성령의 만져주심을 체험할 때가 있습니다. 얼마나 좋은지 모릅니다. 기도하면서 주님이 품에 꼭 안아주시는 것 같은 체험을 합니다. 말로 표현할 수 없는 행복이 있습니다. 때로는 말씀을 들으면서 감격과 기쁨 가운데 하나님을 체험합니다. 이런 것들이 세상에서 하나님의 임재를 체험하는 것입니다. 그때 여러분, 아마 말로 표현할 수 없는 은혜와 위로와 기쁨을 느꼈을 것입니다. 이 세상에서 하나님이 함께하심을 그림자로나마 체험할 때 그렇게 좋은데, 천국에서 실제 주님과 얼굴과 얼굴을 마주하게 될 때, 얼마나 좋겠습니까? 우리가 세상에서 하나님의 임재를 체험하는 기쁨과 행복의 천 배, 만 배 되는 기쁨과 행복을 누리게 될 것입니다. 그래서 은혜받은 성도는 찬송을 불렀습니다.

"구주를 생각만 해도 이렇게 좋거든 주 얼굴 뵈올 때에야 얼마나 좋으랴."

천국은 주님의 얼굴을 뵙는 곳입니다. 하나님과 함께 사는 곳입니다. 그래서 그곳이 여호와의 집입니다. 하나님의 집에서 하나님과 함께 사는 것이 천국의 행복입니다. 우리가 세상의 순례길을 끝마치는 날, 바로 이 영광된 천국에 개선의 입성을 하게 됩니다. 그리고 거기서 주님과 함께 영원히 살게 됩니다.

1980년 4월 15일 프랑스 파리의 부르셀 병원에서 20세기에 가장 존경받았던 지성인이 세상을 떠났습니다. 장 폴 사르트르입니다. 그는 20세기에 최고의 지성이라고 불릴 만큼 위대한 철학자였습니다. 그는 무신론적 실존주의 철학자로 인간은 죽으면 무로 돌아간다고 생각했습니다. 그는 자유를 강조했고 죽음도 그대로 받아들이고 죽음으로부터도 자유해야 한다고 주장했습니다. 그가 죽을 때 그의 평생 연인이요 동반자였던 시몰드 보부아르가 간병하며 곁을 지켰습니다. 그리고는 사르트르가 죽은 후 《이별의 의식》이라는 책에 사르트르의 마지막 모습을 기록했습니다.

　이 책에서는 보부아르는 사르트르가 죽음을 두려워했고 죽음 앞에서 불안해했다고 솔직하게 기록했습니다. 이 책이 출간되었을 때 프랑스 지성인들은 그토록 죽음으로부터의 자유를 외쳤던 사르트르가 왜 죽음을 두려워했는지, 왜 죽음 앞에서 불안해했는지 웅성거렸습니다. 그때 어떤 독자가 신문사에 이런 글을 투고했답니다. "사르트르의 말로가 그렇게도 비참했던 이유는 사르트르에게는 죽음 이후 돌아갈 고향이 없었기 때문입니다." 어떻게 생각합니까? 이름 없는 무명의 독자의 글이었지만 정곡을 찌르는 말이었습니다. 그에게는 돌아갈 고향이 없었습니다. 그가 아무리 죽음으로부터의 자유를 부르짖었어도 돌아갈 고향이 없었기에 그는 죽음 앞에 비참할 수밖에 없었습니다.

　그러나 여러분, 이와 대조되는 한 사람을 생각해봅시다. 사도 바울입니다. 그가 로마의 감옥에서 죽음을 앞두고 있을 때 마지막으로 무엇이라 고백했습니까? 디모데후서는 그의 유서와 같은 편지입니다. 그중에서도 4장 7-8절은 죽음 앞에서 그의 모습을 잘 보여줍니다. 먼저 7절을 봅시다.

"나는 선한 싸움을 싸우고 나의 달려갈 길을 마치고 믿음을 지켰으니."

내 인생이 끝났다는 뜻입니다. 이제 나는 죽는다는 뜻입니다. 죽으면 내가 어떻게 된다고 했습니까. 8절을 봅시다.

"이제 후로는 나를 위하여 의의 면류관이 예비 되었으므로 주 곧 의로우신 재판장이 그날에 내게 주실 것이며 내게만 아니라 주의 나타나심을 사모하는 모든 자에게도니라."

내 앞에 의의 면류관이 예비되어 있다고 했습니다. 주님이 면류관을 들고 나를 기다리고 계시고 죽음은 그 주님에게서 면류관을 받는 것이라고 했습니다. 여기 어디 두려움이 있고 불안이 있습니까? 그는 죽음 앞에서 불안하거나 두려운 것이 아니라, 오히려 승리의 개가를 불렀습니다. 이것이 아버지의 집에 영원히 살게 될 성도의 모습입니다.

19세기에 사역을 감당했던 한 선교사의 이야기를 읽은 적이 있습니다. 그는 남미에서 복음을 전하다가 이제 나이가 많아 선교를 끝내고 고향인 미국으로 돌아오고 있었습니다. 그는 수많은 어려움과 고통을 견디면서 오로지 복음만을 위하여 평생을 바쳤습니다. 그리고는 고향인 미국으로 돌아오는데 마침 남미에서 휴가를 마치고 돌아가던 미국 대통령과 같은 배를 탔습니다.

오랜 항해 끝에 배가 미국에 도착했습니다. 대통령을 위해 부두에는 붉은 카펫이 깔리고 군악대의 팡파르가 울려 퍼졌습니다. 수많은 환영 인파가 거리를 메웠습니다. 그런데 선교사를 환영하러 나온 사람은 한 사람도 없었습니다. 대통령은 고작 휴가를 마치고 돌아왔는데도 그토록 성대히 환영하는데, 자기는 하나님의 복음을 위해서 한평생을 바쳤건만 고국에서 자기를 환영하는 것이라곤 아무것도 없었습니다. 마음은 점점 허전하고 슬퍼졌습니다.

숙소에 들어갔을 때 방에 들어가 문을 잠그고 그만 울음을 터뜨렸습니다. 하나님이 야속했습니다. 평생을 주님을 위해 헌신하고 고향에 돌아왔는데 반겨주는 사람 한 사람 없다니, 이럴 수가 있나 싶었습니다. "주님, 이럴 수가 있습니까?" 한참을 흐느끼며 울고 있는데 그의 귓가에 주님의 음성이 들려왔습니다. 주님 말씀하셨습니다. "왜 그렇게 슬퍼하느냐? 너는 아직 고향에 돌아온 것이 아니지 않느냐. 네가 고향에 돌아오는 날, 내가 친히 너를 영접하고 환영할 것이니라."

그렇지요. 그렇습니다. 영원한 고향에 돌아가는 날 주님이 친히 천천만만 성도들과 함께 영접하실 것입니다. 그리고 거기서 주님과 함께 영원히 살게 될 것입니다. 이 진리 앞에 무슨 말을 더할 것입니까? 그는 이 주님의 음성을 듣고, 위로를 받고, 힘을 얻어, 마지막 남은 생애마저도 남미로 다시 돌아가 힘차게 복음을 전했다고 합니다.

이제 말을 맺습니다. 우리는 세상을 살아갑니다. 하나님은 세상에서 우리에게 이모저모로 은혜를 베푸십니다. 선하심과 인자하심입니다. 그러나 아무리 이 땅 위에서 선하심과 인자하심이 풍성해도 우리는 언제까지 여기에 머물러 있을 수는 없습니다. 여기는 우리의 본향이 아니기 때문입니다. 우리는 나아갑니다. 그리하여 언젠가는 옵니다. 우리의 이 순례길이 끝나고 아버지의 집에 들어가는 그날이 옵니다. 천천만만 성도들의 환영 속에 기다리는 주님 품에 안기는 그날이 옵니다. 그날 우리는 주님과 함께 여호와의 집에서 영원히 살기를 시작할 것입니다. 이 영광의 날을 소망하며 이 영광의 날을 바라보고 그날까지 선하심과 인자하심으로 땅 위의 순례길에서 승리하며 살아가는 우리 모두가 될 수 있기를 바랍니다.

더 많이 빚진 사람

1판 1쇄 인쇄 _ 2025년 11월 24일
1판 1쇄 발행 _ 2025년 11월 29일

지은이 _ 박삼우
펴낸이 _ 이형규
펴낸곳 _ 쿰란출판사

주소 _ 서울특별시 종로구 이화장길 6
편집부 _ 745-1007, 745-1301~2, 743-1300
영업부 _ 747-1004, FAX 745-8490
본사평생전화번호 _ 0502-756-1004
홈페이지 _ http://www.qumran.co.kr
E-mail _ qrbooks@daum.net / qrbooks@gmail.com
한글인터넷주소 _ 쿰란, 쿰란출판사
페이스북 _ www.facebook.com/qumranpeople
인스타그램 _ www.instagram.com/qrbooks
등록 _ 제1-670호(1988.2.27)
책임교열 _ 최진희·김영미

ⓒ 박삼우 2025 ISBN 979-11-24013-29-8 93230

책값은 뒤표지에 있습니다.
이 출판물은 저작권법에 의해 보호를 받는 저작물이므로 무단 복제할 수 없습니다.
파본(破本)은 구입처에서 교환해 드립니다.